神の似姿《テオモルフィスム》

磯崎新

鹿島出版会

#［神の似姿］目次

まえがき　神の似姿《テオモルフィスム》……1

第1章　降臨の形式――カルナック神殿……13

祝祭のレリーフ　18　　神という記号　21
「うつし」の世界　25　　にせ扉　28
ムロ　30　　『死者の書』　34
神権対王権　40　　神の形象　44
不可視の神　49　　陽光のなかの闇　53
継起的空間　56　　風化というアポリア　60

第2章　闇に浮ぶ黄金――サン・ヴィターレ聖堂……63

充満するモナド　68
谷崎潤一郎の闇　73
光悦の漆黒に浮ぶ金　79
ガルラ・プラチディアの蒼穹　83
サン・ヴィターレの光　89
深奥性と上昇性　95

第3章　排除の手法――ル・トロネ修道院……101

肉体への敵意　106　　神の回路　108
排除の法則　110　　樹状分岐　112
タイポロジー　115　　邂逅　117
拒絶された図像　120　　掟　123
光の臨界点　125　　声　128
棺　131　　日常的空間　133
回廊　136

第4章　示現の装い——シャルトル大聖堂……141
残存と再生　146
交代劇　151
大全と大聖堂　155
聖ベルナールvsシュジェール　160
構造——その合理主義的解釈　167
空間——その近代主義的翫案　176
図像——その伝達論的視点　184
第5章　楕円の背後——サン・カルロ・アッレ・クアトロ・フォンターネ聖堂……189
ストイシズム　194
カンピドリオ　200
惑星軌道　203
水平軸vs垂直軸　210
確執　215
劇性と空間性　226
楕円というクリシエ　232
潔癖と狂気　236
第6章　いま、何故アール・デコ——クライスラー・ビル……243
クライスラー・ビルを浮上させるには　250
主導権争い——シカゴ派とダニエル・バーナム　253
シカゴ・トリビューン・コンペとレイモンド・フッドの軌跡　258
欲望という神話　266
ノイエ・ザッハリッヒカイトとインターナショナル・スタイル　273
デザインの消費　284
消費される建築　288
あとがき　293

掲載された図版は磯崎新アトリエ提供による

装幀——鈴木一誌

神の似姿《テオモルフィスム》

二〇世紀がおわった頃、私たちは、自らの身体が住みこまされているリアルな世界に加えて、ウェッブ・サイトという、もうひとつの世界が生みだされていることを否応なしに認めざるをえなくなっている。信じられない桁のマネーが、ウェッブ・サイトを利用したもののところに集まるという事実が、そのもうひとつの世界の存在を証明したからだ。このリアルな世界に住みこんでいる身体は、空間と時間という二つの基体概念によってその存在が支えられている。つまり、空間（場所）時間（記憶）身体（自己）を組み合わせさえすれば、すべてのリアルな世界の存在についての言説は可能であるとみられてもいた。ところが、ウェッブ・サイトにあっては、身体はコード番号であり、空間は関係性でしかなく、時間はたんなる順序となってしまう。身体が存在している領域も、空間内座標を成立させている距離も、時間を測定する時計の目盛りも、それぞれ無意味となる。おそらく、このもうひとつの世界は、現在という瞬間の裂け目に口をのぞかせているのだろう。そこで、ひとつの原理的な問いが生まれることになった。

はたして、ウェッブ・サイトに、空間・時間・身体は存在するのか。

この状況を一九世紀末に巻きもどし、ウェッブ・サイトの替わりに、建築を充当させてみる。すると次のような問いになる。

建築に、空間・時間・身体は存在するか。さらには、建築を空間・時間・身体という基体概念によって説明できるか。

二〇世紀の建築にかかわる言説はこうして始まったといっても過言ではない。建築家たちの問題意識もこの順序で推移している。

建築を建築として語ろうとしたのがルネサンスと呼ばれる一五世紀であったとしても、これからしばらくの間はローマ・ギリシャにできあがった規範に、あらたにできあがった解釈をひきあてて検証するのがせいいっぱいで、これが古典主義だった。すなわち、建築にはみずから内包する原理があり、これを様式として論じることに努力が集中した。一八世紀までは、前の時代よりの漸進的な展開が進化論的になされていくのが正統だとみられたわけで、その中心には古代に成立した古典へと立ちかえりつづけることが前提とされていたから、当然ながら古典主義と呼ばれていい。おそらくその展開が危機に陥ったのが一八世紀末で、あらためて新古典主義が国民国家を建設するという時代が要請した大規模建造物にひきあてられるが、その間にロマネスクやゴシックという中世に発達したヴァナキュラーや大航海以後の植民地経営の過程でオリエントより採集された数々、エジプト、イスラム、インド、中国、日本等々が新古典主義と並列して利用可能な建築様式に認定される。一九世紀が、折衷主義の時代と呼ばれる由縁である。この数世紀間の建築的言説をとりまとめれば、建築を建築として論じるという自己言及的な形式性において一貫している。このとき建築様式が建築を代理表象していた。それが分類整理や細部の構成の差異認定に利用される。とはいっても、あくまで建築をその建築物に所属する特性を介してのみ論じるわけだから論理は自己言及的にならざるをえない。

すなわち建築を建築物に附随する属性によって語ることが限界に到達したと思われたのが一世紀前の問題構制だった。そこで空間・時間・身体という、建築を内在的に支えている基体概念によって語ろうとする試みがなされ始める。ヘーゲルの美学講義でも明らかなように、建築は美術（芸術）の一部であり、その展開は一九世紀の美術史もしくは美学の成果として語られるから、ここで触れる必要はない。建築は空間的な芸術だ、といまでは誰もが考えているし常識になったし、それこそが決定的な命題だと思われているとしても、それはたかだか一世紀前のことであって、当時としては最新の理論だったことを想い起こしてみる必要があろう。時間的要素を導入するのも同時だっただろう。身体については遅れている。哲学領域では一九二〇年代に時間がとりだされたときに身体へも注目がなされ、現象学や人間学という領域が開拓されたが、建築的言説に登場するのは二〇世紀も中期以降ではないか。

空間・時間・身体の問題を建築的言説の主軸においた一世紀間について私がこだわる理由は、私が建築的な思考を始めようとしたのが、ちょうどその中間の一九五〇年頃のことで、この国においては、こんな問題意識は萌芽的な段階であって、これらが決定的な問題構制となり得るとも思われていなかったからでもある。信頼できる建築的テクストは皆無であった。そんな状態で迷っていた頃、アメリカに亡命したジークフリード・ギーディオンがハーバード大学でやった講義をまとめた『空間・時間・建築』の初版が日本にも到着した。学生だった私はアメリカの超高層建築の展開を卒業論文にしようと準備していたので、さっそくこの本の、ほとんどはじまりにおかれたシカゴ派の発生の章と、最後のレーモンド・フッドらによるロックフェラー・センターの開発に関する章とを参考にした。この二章がギーディオン渡米後の研究であり、中間の近代建築デザインの展開は、彼のCIAMの事務局長時代、同時代の運動への関与の経験を、自らの出自であるチューリッヒの美術史学の学統に接続させながら総括したもので、モダニズムとしての近代建築運動が、時間＝空間概念としての四次元的表現をねらいさだめてきたことを軸にして記述されている。勿論、立体派、未来派の時間的要因の導入による空間の解体と、これをバック・アップするミンコフスキーの四次元空間論等が参照されている。数多くの近代建築の提案を同時代の前衛美術運動と接続させて考察するという、正統的な美術史学における構図が見込まれていることは明らかだろう。私にとって印象的なのは、この本のタイトル『空間・時間・建築』で、この三つの言葉こそが二〇世紀の中期における建築的な問題構制の核心だということを適確にしめしていた。学生の私にとって、ここに語られている近代建築は、当然ながらフォローするべき時代の動向とみていた。空間・時間・建築の三つの言葉はそれを理解し解釈する鍵のような役割をしていた。

建築家たらんとして出発するとき、誰もがその出発地点を明確にすることをまずせまられる。一九五〇年代の初めにこの国にあっては、近代建築の巨匠のなかでル・コルビュジエが筆頭に挙げられることが通例になっており、この人の著作が『建築をめざして』となっていたためもあり、そのなかにアテネのアクロポリスが、近代を代表する機械としての自動車と併置された有名なイラストレーションがあり、これは機械でさえ、建築における最高の美に匹敵すると読まれていたが、何はともあれ、めざされている建築は、機械でありながらパルテノンのような完璧な美をそなえるものだと断言されていた。そこにおける建築は、数世紀にわたり展開した古典主義が代理表象したにすぎないと悟るには、私たちに与えられた予備知識はあまりに限られており、私はまずは建築のありかを疑ったりせず、この巨匠が啓示を享けたと告白する地中海の白い幾何学としての建築物へと、機械を介して到達する目標を定めようと考えた。何度も語ったことだが、「アクロポリスが私を反逆者に仕立てた！」（ル・コルビュジエ）という言葉にのせられた。究極的な建築美を象徴するアクロポリスがあまりに美しいので、これに反逆する他に道はない、と私は解釈することにした。私は反逆することだけが自らの生を充実し遂行することになると感じていたためでもあったが、あくまで眼前には美の女神たるパルテノン神殿、すなわち建築が圧倒的な力で立ちふさがっていた。そのためだろうか。私は『人体の影』にまとめることになった古典主義の建築についての論考にとりかかるまでの二〇年間、建築を正面から語ることを回避しつづけた。建築を、外周をめぐりながら、建築という言葉を用いずに建築を浮かびあがらせる、こんな堂々めぐりをやっていた感もする。そしてある日、大文字の建築、もしくは《建築》という超越的な概念でならば、あのとき回避した建築に接近できると気づいた。時代は建築を捨て去ろうとしていた。そのとき、大文字の建築、をもちだすことは、とてつもなくアナクロニックだった。反時代的でもあった。それが故にル・コルビュジエから挑発された反逆者の気分が少しばかり味わえるようにも思った。そして二〇年つき合ったあげくに世紀末が到来し、建築がウェッブ・サイトと置換されるといった事態が起こったとき、ここまでつき合った建築に引導を渡しても口惜しくはないとさえ感じることができる。言説として私は二〇年間ひたすら建築に奉仕したのだ。建築を消去したのではない。建築が失われたのでもない。言説が停止することがあっても、私は《建築》を創りつづけることは可能だと感じている。

これまでより、もっと自由に、どんな建築でもデザインしてしまうだろう。建築とは、私にとっては禅の公案のようなものだった。それがル・コルビュジエとギーディオンという、建築を捨てたはずの近代建築運動の中核にいた連中でさえ、建築を言説の中心に据えているという矛盾として、学生の時代の私に突きつけられた課題であった。解答不能と思えた。二〇年間棚上げにしておいた。大文字とか《　》とかを見つけて、その解答にとりかかってやはり二〇年かかった。そして、いまなら禅の公案のようにいうこともできる。

　建築を捨てよ！　それはゴーストにすぎない。根こそぎ忘れちまったときに、お前ははじめて建築家になれるだろう。

　ゴーストは相変わらず立ち現れるに違いない。だがもうお前はそれに気づくまい。デミウルゴスは本来非知なのだから。

　二〇世紀の中期、建築家として出発せねばならないと考えていた頃、私たちの眼前は矛盾に満ちていた。堅固で恒久不変の表象とみなされていた建築は空爆で簡単に破壊され、焼亡した。ひとつの都市でさえ、ヒロシマのように瞬時に失消した。建築も都市も柔らかく脆弱なものだったのだ。リアルな世界に発生したこの事実を、それまでの言説に従って説明しようとすれば、破壊のあとの再建、崩壊のあとの再構築といった建築の定義の裏にひそむ建設という概念にむけて、事態を補修する、つまり単なる構築の反復へとロジックを編成するのがせいいっぱいで、第二次大戦後の都市再建という政治的スローガンへ収約されるにすぎない。近代建築家たちが初期に手がかりにした機械論的思考によって都市を論じること自体が無意味になったはずなのだ、と私には思えた。都市として存在している物体は、その姿と位置を固定されたのではなく、全体が流動化《フラックス》しているのにすぎない。

市は変転するし、消滅もするではないか。物質は流れであり、私たちにはその流れの一断面がみえているにすぎない。過程《プロセス》こそが信じられていい。かなりな短絡ではあるが、これを拡張すれば、存在を時間が侵略したあげく存在が流動化し、絶え間ない有為転変の相に立ちかえるという日本の伝統的思考の罠にからめとられる危険もあったが、私は論理よりも方法に賭けることにした。

『プロセス・プランニング』(一九六二)は、具体的にはひとつの図書館を設計するにあたって「決定不可能性」でしかないプログラムを取り扱いながら、これを決断によって「切断」するしか決定はありえないという私なりの体験に基づいて、その経過を記述したものだった。この文章を記述する以前に、都市状況や現代美術のなかでのアクション・ペインティング等を観察して、都市は生成する過程《プロセス》そのものでしかないことを『孵化過程』というイラストレーションで提示したりしたが、建築物の具体的な設計をすすめるなかで、ここから方法を抽出することを意図していた。それには若干の時代背景があった。当時、前衛芸術と呼ばれていた美術や音楽において、その表現を一般化する呼称として、数列音楽や抽象表現が語られたが、私にはそんな一般化する説明ではなく、ジャクソン・ポロックの「アクション・ペインティング」、ジョン・ケージの「チャンス・オペレーション」といった自ら開発した方法そのものの呼称のほうが、より強い伝達力をもっていると考えたためで、私は自らの方法を、あえて「プロセス・プランニング」と呼ぶことにした。それが、時間論であり、決定不可能性をめぐる決断の問題に接続できると考えたのはもっと後になってのことである。同じように都市・建築における時間を取り扱っているとしても、チームXの「変化と成長」、メタボリズム・グループの「新陳代謝」にたいして、アーキグラムが「プラグ・オン」と自らの方法を呼んでいたことを比較してみるといい。前者は一般化を意図した啓蒙性をもつタイトルであるのにたいして、後者は単純にカプセルをくっつけることを言っている。私が理屈抜きにアーキグラムにシンパシイをもつのは、方法の呼称に賭けているからでもあるが、「プロセス・プランニング」もそんな呼称のひとつだった。

方法を語るには、そのなかに時間が包含されていなければならない。むしろ時間を自らの内部に引きよせて、そこに発生する流れ《フラックス》に身をまかす。作家という主体は、あくまで物質の流れのなかを漂流するのだ。流れに距離をとり、観察し、これに決定を下すという古い主体の位置とは違う。当然ながら、流れにもみくちゃにされ、主体が変容する。いずれ、自我を基準にした単一の主体という観点さえ崩れてしまうことになるが、そのすべての事件の前提に、実は時間が、近代が依拠したヘブライ的な終末の一点にむかって均質な歩みを刻む線分的時間が、その絶対的な軸を失って、あらゆる種類の時間がバラバラのまま進行するという相対化の極に追いこまれる。こんな予感をもちながらも、言葉にすることができず、ただ流動化した過程だけを注視する、そんな出発を私は選択することになった。当然のこととしてギーディオンが提示してあった近代建築の時間にたいする批判的な視点を獲得することが目標だった。「プロセス・プランニング」の結果として設計された大分県立中央図書館(一九六六)を私は、私なりに出発として学んできた近代建築にたいして提示したディプロマ、と呼ぶことになる。この方法論において相変わらず私は計画《プランニング》という言葉を用いている。その意図は近代という世界を支えている広義の計画概念が失効しながら、それでも近代の枠内にあるこの社会において、計画という手続きしか公共空間を形成する手段がない、そんな状況と切り結ぶしか事態の進行はありえない、と考えるに到った、そんな端緒にこのときの方法と設計と建築作品を位置づけておきたいという意図だった。計画を批判するために計画という言葉や概念を用いねばならない。そのトートロジーに陥りかねない記述法は、少なくともル・コルビュジエが建築を否定するために建築を賞賛するという逆説的な論法を用いていたことと無縁ではないだろう。これを自己撞着とみることもできる。この自己撞着《トートロジー》こそが、がんじがらめになった旧い形式を喰い破る唯一の手段になる。私にとって、建築における時間はこんな具合に、危機にしのびよる亀裂のようにやってきたものだった。

六〇年代を通じて記した文章を一冊の本にまとめるに際して、『空間へ』というタイトルをつけた。ここで扱った主題はまちまちで論文とは呼べず、体系的記述もなく、「日付のついたエッセイ」としか呼べないものだったのに、あえて「空間」という言葉をとりだした。これはやはりル・コルビュジエが『建築をめざして』と最初の著作を命名したのにあやかってのものに違いないと推定されても、私は反論する気はない。確かにそんな気分もあった。だが、このいくつもの文章のなかに、たったひとつだけ「闇の空間」(一九六三)と題したエッセイがあり、後にも先にも、この文章ひとつだけでもいいのだ、と考えていた。ギーディオンの本のタイトルのうち「建築」は正面から扱うことを回避していた。二〇年後にやっともどってくる。「時間」は『プロセス・プランニング』で私なりのディプロマとしての解釈を提示した。正直なところデザインされた結果としての大分県立図書館は建築作品としての評価は受けたが、それが私なりの「時間」論であり、近代の時間論の転倒を意図したものだったなどとは誰一人評価してくれることもなく、長い間、書いた本人も確信がもてず、ひとつの記録として、この本に収録するといった扱いだった。おそらく、三〇年後に本になった『対論　建築と時間——磯崎新・土居義岳』(岩波書店・二〇〇一年)で、この時間論がやっと浮かびあがった感じがしている。それが書かれた頃は殆ど失敗だとみていたぐらいだった。もうひとつの「空間」についてはこのエッセイのなかで、少なくとも近代の通念となった空間と異なる解釈を提出できたのではないかと考えていた。先の「時間」論がいずれ自我を支える身体を分裂させる要因をひそませていたように、この「空間」論は最初から意図的に身体を介在させ、その精神内部の闇へむけて下降するという、近代科学がデカルト座標として依拠した、均質で連続した空間とは異なった種類の空間、いいかえると、現象学的と呼びうるような空間と、メディア・テクノロジーが開発しはじめた虚と呼んだバーチャル空間の両側に開口した空間をとりだそうとしたものだったからである。

現象学的・人間学的もしくは解釈学的と呼ばれるような空間理解は、一九五〇年代の日本の建築的言説においては、まったくみることができなかった。中井正一が「委員会の論理」でとりだしたコミューナルな共同感覚が、人間学として一九三〇年代に語られた視点を回復しようとしたものであったとしても、あるいは立原道造がその卒論「方法論」で現象学的な空間理解を試みていたとしても、それらは少数のマイナーな視点にすぎず、あらたまった評価もされず、近代科学がめざしたとされる四次元空間のみが、建築的言説の基準とされており、あくまで空間は均質たらざるをえず、ミースの「無限定空間」やル・コルビュジエのドミノの「自由な平面」が決定的なモデルにされ、そこから究極の均質空間が導かれるという構図が支配的で、ギーディオンがそれを美術史家として保証していた。

『闇の空間』は、谷崎潤一郎の『陰翳禮讃』と、カフカの『城』のなかで記述された「闇」と「虚」、いずれも「空間」と呼びうる領域の現象であり、そのような「空間」論が成立するためには、空間を場所と、時間を機会という具合に読み替えること。すなわち抽象化した一般性から、限定された特殊性へと視点を変換することが必要だと考えた。これを私はマルティン・ブーバーのアイディアに基づいたアルド・ヴァン・アイクの説に学んだ。チームXのひとりであるこの建築家は、他の同僚がいずれもテクノロジカルな新案の開発にむかうのに対抗して、むしろ文化人類学的な考察へと、人間の集合的生活とそこで発生する集合的意識へと関心を移しており、そのなかからマルティン・ブーバーの自己と他者との関係論に注目していた。少なくとも当時の私はこんな背後に流れる文脈など知ってない。むしろ場所と機会へと、すなわち固有の場と決定的瞬間とが同時に感知されうるような構図を捜していたのだと思う。それだけの手がかりで、ひとつの「空間」論を仕立てたにすぎない。これが現象学的・人間学的な視点だということも後になって了解する始末。何よりも近代建築家たちに固定概念のようにうえつけられているデカルト的座標空間からの離脱、それだけが目標であった。当然のことながら、この空間は身体と深くかかわっている。むしろ身体がそのなかに住みこむことによって感知するもの、感覚器官を介して身体の内部に立ちあがるイマーゴ、それを介してしか空間の存在は確認できない。こんな意図を、この短いエッセイはもっていた。それを哲学領域にもちこむことは私の任ではない。むしろ具体的な建築の生みだす場に踏みこんで、その独自性、特殊性、固有性を私の身体的知覚を通じて記述することをこそやるべきだと考えた。

いいかえると、時間と空間に関しての私のはじめてのエッセイ「プロセス・プランニング」と「闇の空間」は二〇世紀になって、建築的言説の中核を占めるようになったこの二つの基体概念を、私なりに把握しなおしてみるための最初の原理的試行であった。時間と空間をつきとめさえすれば、建築も自ずと言説化可能であろうと見込みをたてていた。磯崎新＋篠山紀信『建築行脚』全一二巻の企画をたてたのは、具体的な建築のなかに踏みこんで、「時間」と「空間」とを、「建築」とのかかわりにおいて記述することを実践してみることだった。前にも述べたように、はじめてのエッセイを書いてから二〇年が経過している。その二〇年は語るべき建築の所在を確認することについやした。一二の建物をえらびだしてから、さてとりかかると、信じがたいほどに手強い相手だとわかってきた。手間がかかった。刊行が遅延した。三年で完結する予定が一二年に延びてしまった。

さらに一〇年が過ぎて、間歇的に書いた文章を整理してみると、二つに分類可能と思われた。ひとつは「建築」概念を展開させる起動力たりつづけた古典主義の系譜で、それを『人体の影――アントロポモルフィスム』

（鹿島出版会、二〇〇〇年）としてひとくくりにした。人体の投影された形式が下敷きモデルになっていることをアントロポモルフィスムと呼んだ。こんな呼称は一般的ではないが、意味は通じている。古典主義が生成させた《建築》を私はこのように解釈した。

そして本書でまとめたのは、その残余である。古典主義として語ることの無理な建築とわたりあうときに、私は結局のところ「空間」と「時間」を非近代的な概念と結合させながら語りはじめたあの端緒の視点が、やみくもに回復させられていることをわれながら驚きながら確認する次第であって、はじまりから逃れることが出来ないことを思い知った。それを『神の似姿——テオモルフィスム』と題することにしたのは、建築的思考の始源に、常に超越的ななにものかがかかわり、これを視覚化するにあたって形態になるまえに、それぞれの固有の場に独自の時間と空間の解釈がからみ合っていることが、少しずつ理解できるように思えたためでもある。

結局のところ、私なりの「空間」「時間」「建築」は近代建築の創始者たちの限定された枠組みを超えて、遠くへ翔んでいってしまった。その記録がここにまとめた二冊の本だった。そして、この続編の一部は『造物主義論——デミウルゴモルフィスム』（鹿島出版会、一九九六年）として一部が本になっているが、それは前半だけで、後半をこれからはじめるべく準備中である。そのとき、あらためてウェッブ・サイトにおける問題構制が浮上するだろう。建築がたんにウェッブ・サイトに替えられたのではない。建築は意図的に消去させられたのだ。その復活の鍵がデミウルゴスの手に握られている。そんな行方をあらためて語りたい、と私は思っている。

第1章

降臨の形式

カルナック神殿

ナイルの祝祭——カルナック神殿

エジプトの三千年の歴史のなかから、とりあげられるべき建築的遺構の数は多い。

サッカラの階段状ピラミッド、ギザの大ピラミッド群、さらにハトシェプスト女王葬祭殿やメディネト・ハブのようにかなり外形を保っている新王朝時代の葬祭殿がある。アブ・シンベルは、移転されたうえで再建されている。時代が下るとはいえ、エドフ、コム・オンボ、エスナの神殿のように、その内部空間が直接感知できるほど保存の良好なものもある。

そのなかからカルナック、ルクソールの二神殿をえらんだのは、かなりの崩壊がすすみ、そのオベリスクの幾本かは後世になって略奪されてヨーロッパの諸都市に運ばれ、彫像やレリーフのかなりのものも同様な運命にあっているとはいえ、いまだにかつての偉容を髣髴させるだけの架構が残されており、さらにはこれが第一八、一九王朝という、エジプトの建築や美術の最盛期に、国家的事業として集中的に建設されたものだからである。

カルナックはその中心にアメン大神殿が置かれる幾つかの神殿の複合体である。アメン神は元来、テーベ（今日のルクソール）の土地神であったが、ここが首都になってから格上げされて国家神の他位についた。その過程で太陽神ラーや豊饒神ミンと習合してアメン・ラーやアメン・ミンとなった。

ルクソール神殿は、このアメン神がオペト祭を執り行う場としてつくられた。

そこで、毎年洪水季の第二月に、一一日間の祝祭が行われるとき、カルナック神殿から、アメン、ムト、コンスの三柱の神体が聖舟にのせられて、ルクソール神殿へ行幸した。この祭列の光景をトゥトアンクアメン(ツタンカーメン)が神殿中央部の大列柱廊の両側の壁に連続した大レリーフとして残したために、今日でもその過程を追うことができる。

それによると、聖舟にのせられた神像は神官の肩にかつがれて、ナイル河岸にむかう(カルナックの中心部アメン大神殿の軸線は東西にはしり、第一塔門はナイル河にむかってひらいている)。そこに待機している河舟に聖舟はのせられ、上流へと曳航される。ルクソール神殿の横に到着したのち、ふたたび肩にかつがれて、神殿内部の安置所にむかう(ルクソール神殿の軸はナイル河にほぼ平行しているため南北にはしっている)。一一日間の滞在ののちにカルナックへとひきあげるのだが、このときふたたび河を舟で下るようにレリーフに彫られているが、陸上を徒歩で帰還するようになったともいわれる。今日では、ルクソール神殿の第一塔門から両側にスフィンクスの並んだ参道が一直線にカルナックにむけてつくられている。

カルナックとルクソールは離れた場所に建設されているが、それはオペト祭の祭列で結びつけられる、関連施設であった。それは、日本の神社の本殿と御旅所、あるいは伊勢の内宮と外宮の関係を想定してもいいだろう。

神が祀られた神殿の奥から、民衆の前に姿をあらわす儀式が、すなわち祝祭となるわけだが、建築もまたそのような祭儀の進行を演出するために次々と附加されながら建設されていった。祝祭の列が「移動」するにつれて、建築空間も異なった形式のものがたちあらわれる。基本的には中庭と列柱廊の組み合わせで、中央の軸ぞいにそれが繰りかえしながら展開する。それを分節しているのが、塔門と呼ばれる厚い壁で、正面ではファサードの役割りをする。

ルクソール神殿を例にとると、正面の第一塔門の前には一対のオベリスク、一対のラーメス（ラムセス）二世の坐像、二対の立像、それに垂直にきざまれた條溝に二対の條旗をひるがえすポールが立てられる。その扉をくぐると、二列の列柱がまわる中庭があり、右手に聖舟休息所がつくられている。ついで第二塔門をくぐると、巨大な列柱廊があり、その両側の壁に先述のレリーフが刻まれた。ついで第三塔門を過ぎると広々とした中庭。ここも二列の列柱で四方を囲まれている。ついでこれに面した多柱室をすぎて、最後に幾重にも囲まれた至聖所があり、聖舟はそこに安置された。

祭列がこの空間を通過したときに感じとった高揚感をそっくりいま感じることは不可能かもしれない。しかし水平のひろがり、塔門の圧迫、垂直上方からさしこむ微光、ふたたび開放された中庭、そして鬱蒼とした暗がりのなかに林立する巨大な石材、こんな抑揚をもった空間の継起するなかを、カスタネットやドラムの音楽が通りすぎていった有様を想像させるだけの物理的な手がかりだけは残されていよう。

執拗なまでに文化の等質性を守りつづけた古代エジプト文明が終焉

した頃に、はじめて歴史時代をむかえた日本が、やはり同じように無数の神々を創出し、神殿がつくられ、豊饒を祈るための祝祭をいまだに保持しているのは、奇妙な一致とはいえ、私たちに古代エジプトが生みだした建築、とりわけその祭儀のためにつくりだされた建築形式を理解する手がかりを、案外手近かに示してくれている。

祭儀を司どった王は、神と交感し、死と再生の儀式を行なった（エジプトにおいてはセド祭、日本では大嘗祭）。そのためにつくられた仮設の施設は、両者とも儀式終了後に取り壊している。しかし、いったんその文明がとだえたエジプトでは、死後の再生という決定的な観念が、その仮設の姿をそのまま石に彫りこんで外形だけを残そうとしたために、今日その原型を復元し、想像してみることを可能にしている。それにたいして日本では非永久的な素材しか用いなかったので、伝承によって、原型を繰りかえし再生産するシステムを生みだした。「かたち」の保持（たとえばミイラ）にあらゆる技術的努力をそそいだエジプトに較べて、日本では神像さえも後代に便宜的に生みだしたにすぎないほど、不変の「かたち」を信じなかったために、その建築形式も異なったものが生みだされた。

神の降臨形式、祭祀の方式、図像化、神域の形成、それぞれが、おそらく同根のようなアニミズムから神観念を生みだしていながら、まったく異質なものに成長して行く。そんな過程を具体的にこの二つの神殿に投影してみると、観念あるいは意志のようなものが、可視的な世界をまったく違ったかたちに塗りかえている。

祝祭のレリーフ

ひとつの祝祭の列を彫った長いレリーフが、二つの神殿の関係を伝えてくれる。カルナックとルクソール。かつてテーベと呼ばれた新王国時代の首都にあるこの二つの神殿は、国家的な祭祀の場となっていた。

そのレリーフは、ルクソール神殿の中央部、アメンヘテプ三世の大列柱廊と呼ばれる場所の両側の壁に描かれている。高さ一六メートルの開花式パピルス柱頭をもつ二列七組の大列柱がかたちづくる身廊の両側、すなわち側廊にあたる部分である。

それはトゥトアンクアメン（ツタンカーメン）が奉納したといわれている。だが、この薄命の王の運命を暗示するように、王の名称が書きいれられることになっているカルトゥーシュ（枠型の縁どりで、なかに王の名前を書きこむ）は、後に王位を簒奪したホルエムヘブの手によって抹殺され、彼の名前に書きかえられてしまった。

そのためか、このレリーフは真昼の強い日ざしのもとや黒いフラットな影のなかにはいると、かすかにうすれて、うっかりすると見すごすほどのはかなさだ。レリーフは、同じ新王国でも時代が下がるにつれて、次第に彫りが深くなる。したがって悪趣味な過剰が眼につくようになる。しかしトゥトアンクアメンの時代は、おそらく先代イクエンアテン（イクナトン、アメンヘテプ四世）の時代におこった芸術表現の革命が残存してか、その描線は繊細で優雅でさえある。このため、太陽光が斜めにあたるわずかな時間に、その効果を発揮するので、今日では、夜間にもういちどおとずれることが要請される。レリーフ

ルクソール神殿。オペト祭に供儀として屠られるヌビア産の牛

が効果的に判読できる角度から、人工の照明があてられている。暗闇のなかに、青白くレリーフが浮びあがる。観光客相手の見えすいた人工的な仕掛けといってしまえば、いささか鼻白むが、昼間では、石塊に圧倒されて、とうてい消えいるような線刻を眺める余裕がなかったことを、ここであらためて思い知らされるほどに、それは明瞭に浮きあがってみえる。

この祝祭はオペト祭と呼ばれる。それは豊饒祭のひとつである。毎年、洪水季の第二月、パオピの月の一一日間がこれにあてられる。カルナック神殿の主神アメン（アモン）が、妻ムト、彼らの子コンスをしたがえて、ルクソール神殿に行幸する。そこに一一日間滞在して、ふたたびカルナック神殿へ帰還する。この全過程が、線刻のレリーフとなっている。

Ｃｈ・デローシュ＝ノーブルクールは、その著『トゥトアンクアモン』* のなかで、この祭列のレリーフから、次のような情景を想像している。

「――西壁には、北から南に向かって、カルナクからルクソルにいたる行列全体が表現された。東壁では、行列は南から北へと出発点に戻りつつある。ナイル河には堂々たる小艦隊が、テーベの神々の聖舟と王の御座船を護衛しようと控えている。トゥトアンクアモンは、神殿から出発するのに先立って、みずから祭儀の第一段階をとりおこない、供物と花とに灌奠をそそぎ、香を焚こうとしている。ついで、行列は、軍楽の響きの中に神殿を出発し、小型の聖舟を肩にした神官たちにしたがって行く。聖舟には神の礼拝堂が置かれてあり、やがて大型の河舟に安置されることになっている。王は徒歩で

＊ Ｃｈ・デローシュ＝ノーブルクール　佐貫健・屋形禎亮訳　『トゥトアンクアモン』　みすず書房　一九六六年

御座船に到着する。彼が出発を合図すると、全艦隊は艦旗を押したて、楽士や踊り子たちがはやす中を、岸辺を綱引く水夫たちの手で南へ曳航されていく。土手の上には、もちろん感嘆し喝采する人々がひしめいている。……（中略）

カルナクからルクソルへの道程のあいだに、王は象徴的に櫂を手にし、父なる神のために航海の全責任を負うことを示すことになっていた。まもなく、ウセルヘト・アモンと呼ばれるアモンの大舟はルクソルの岸辺に到着する。神の小舟は、そこでにぎにぎしく神殿へはこばれる。神官たちは、こぼれるほど食物をのせた供物卓の群をかきわけ、行商人たちが神殿前の広場の近くに出した小さな店々にそって、苦労して進んでいった。小休止。王はすこしでも長く立ちどまって、シストルムやカスタネットや、永遠のダラブッカのリズムにあわせて女たちがおどるアクロバット・ダンスをたのしもうとする。……行列は塔門から神殿の内部に入り、こうして群衆の眼から消えていった。民衆にとってはその時、真のお祭りがはじまり、夜明けまで、南都の小路に人々の歌声や合奏の音がきこえるのだった。

一一日後、今度は逆の方向に河面の盛儀が再開された。トゥトアンクアモンは、神を迎えにルクソルにもどっていた。神の御座船は、今度は曳航されない。肥えた供奉の牛――珍重されたヌビア《貴族》の贈り物で、そのねじれた不規則な角が、獣にそなわる幻想的な装飾として役立っていた――が神殿の近くで犠牲にされ、この増水期にはきわめて強い流れにのって、船隊は舟足も早くカルナクに帰っていった。王は異民族の補助軍もまじった軍隊をひきいて、流れのリズムにしたがいつつ、河岸から船隊を護衛した。こうして数千年後のヨーロッパの謝肉祭に、はるかな反響が見いだされるその祝祭

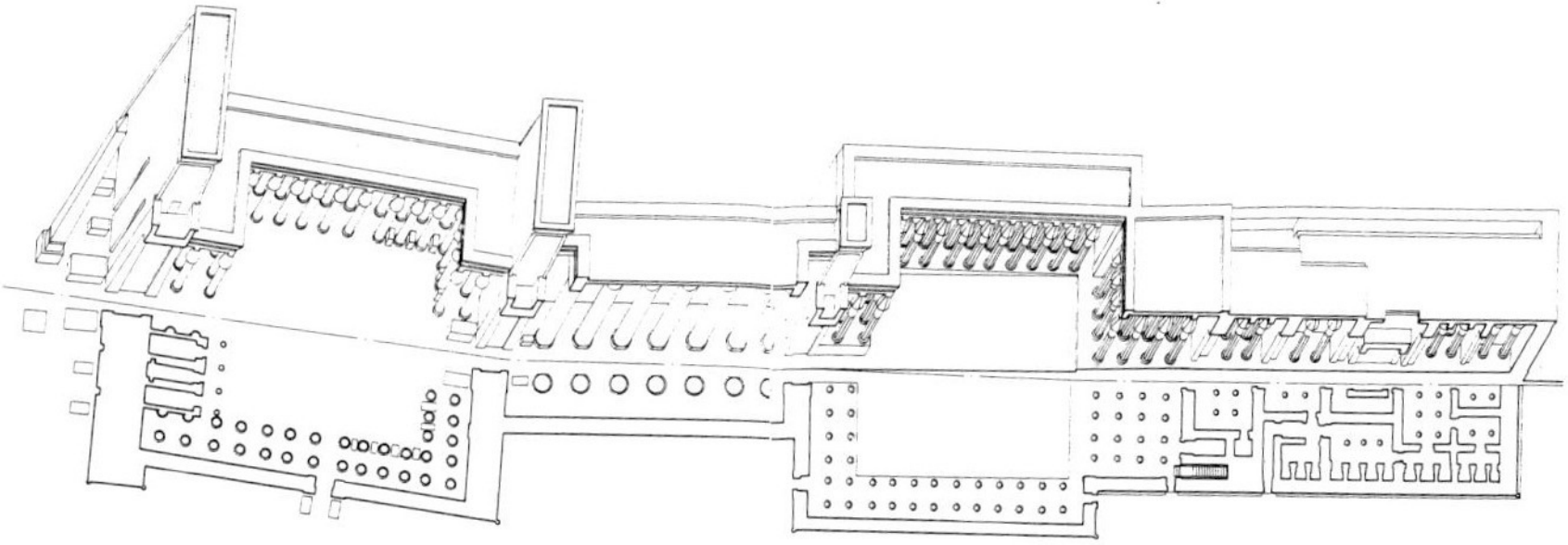

ルクソール神殿

は終るのだった」*

この祝祭の行列のレリーフのなかに、繰りかえしあらわれるのが、アメン（アモン）、ムト、コンスの三柱の神をのせた聖舟である。聖舟は神官たちの手によってかつぎあげられるのだから神輿といってもいいだろう。この神輿が、カルナック神殿を出発して、ルクソール神殿へとむかい、一定の滞在期間をすぎて、ふたたび帰還する。そのいくつかの異なった光景が描かれるのだから、何度も描かれるのは当然だ。神輿は小さい船のかたちをしている。陸上を移動するときは、頭を丸めた神官たちによってかつがれている。ナイル河を遡行するときには、さらに大きい船にのせられる。そして休息所では、石造の台のうえに安置される。具体的には、その休息所をカルナック神殿のラーメス（ラムセス）三世の神殿やルクソール神殿の第一中庭に面した第一塔門をはいったすぐ右手にみえるトトメス三世建立の神殿にみることができる。聖舟はナイル河から上陸したのち、ふたたび神官たちにかつがれて、この三つの並んだ安置所に運ばれたことだろう。

神という記号

神官たちにかつがれて「移動」する神輿の図をみて、私は日本の祭りの光景を想い浮べた。それは偶然とはいいきれぬほどの類似を示しているのだ。

頭を丸めた神官たちが僧形を想わせるだけではない。神体としての像がここでは舟型の台のうえにのせられているのだが、日本での神輿も多くは小さい屋形のなかに神体として

＊ Ch・デローシュ＝ノーブルクール　前出書　一八六―一八九頁

カルナック神殿、第六塔門奥の祠堂より前庭を見る　写真＝篠山紀信、以下（KS）と表記

の円鏡をおさめている。舟型をした神輿さえある。山車の多くの台は舟である。

　民話のなかには山からささ舟にのって神が降りてくるものがある。舟は「移動」を象徴するもっとも適切な具体物だったのであろう。エジプトにおいても、舟は陸橇とともにもっとも最初に発明された交通手段であった。とりわけナイルという沙漠のなかを流れる一本の河に生産のすべてをたよることから生みだされた文明にとって、交通もまた舟からはじまったことは明らかで、すでにクフ王たちのピラミッドには、巨大な船が埋葬され、死後の旅立ちにそなえられていた。

　同時にこの図から連想されるのは春日大社や日吉大社の祭礼のように、数台の神輿が並んで練りあるく光景だ。アメン、ムト、コンスという三柱の神にたいして、これらの神社には四柱の主神があった。複数の神体の移動の光景は、同時に両方の神殿の神々の出生に長い系譜があることを示している。

　アメンは元来このテーベ地方の地方神で、「隠れたるもの」の意味をもつものだったという。ところが中王国時代にテーベが首都になるにつれて国家神の地位に昇った。その間に豊饒神ミン、太陽神ラーと習合して、それぞれアメン・ミン、アメン・ラーとなっていく。そして同じくテーベの地方神であるムトがその妻とされ、さらに月の神コンスも合せ祀られ、三神一座を形成した。

　この関係はふたたび日本の神社の成立を連想させる。伊勢の内宮は、元来地方神のものであった神社の地に国家神であるアマテラスが祀られたとされている。その境内には、因縁のある六二の神社が併祀されている。同時に外宮として丹波からトユケが招かれて、相互にかかわり合う祭りが催される。

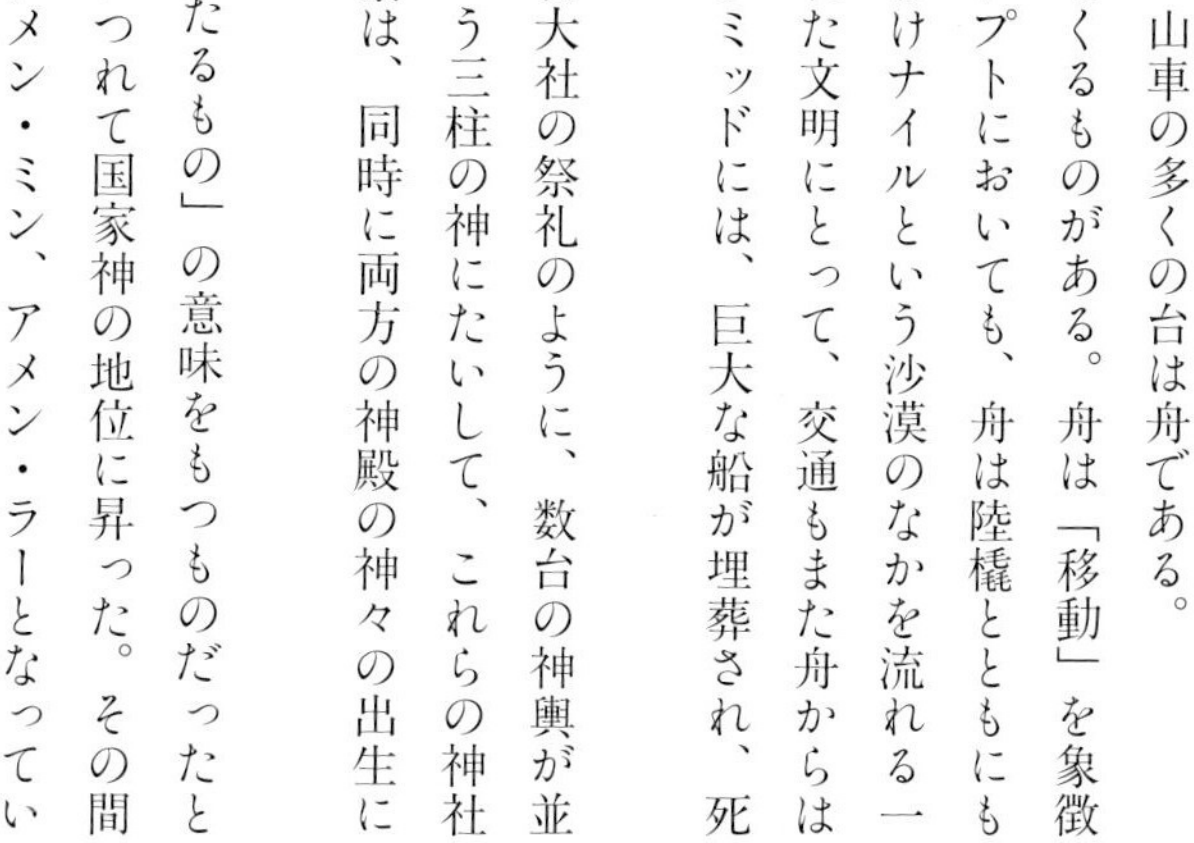

カルナック神殿、アクソノメトリック図

神々の由来が典型的にみえるのは春日大社である。これは藤原氏の氏神で元来この地にあった神ヒメの他におそらくこの氏族の勢力の進展とからんでか、常陸鹿島からタケミカヅチ、下総香取からフツヌシ、河内枚岡からアメノコヤネを招いて四神にした。いまでも四つの妻入り形式の屋根をもった社殿が並んでいる。ひとつの神にひとつの屋形を与えることを忠実に守った形式が生まれている。この主殿は背後の神体山へむかう参道から直角に折れて、すべて南面しているのだが、奈良平城京が南北軸をとって市街を編成した影響によって、軸線の方向が変えられたのだといわれる。*そして、実はこの土地神はいま摂社となっている若宮神社であるという。その理由として、これは確実に神体山を背後にして西にむいて配置される古い形式を残しているからである。この神域の形成については後にあらためて語ることにするが、まずは、ひとつの神社が日本においても、その成立の過程で独自の神統譜をつくりあげていることだけを指摘しておこう。

トゥトアンクアメンが見守ったオペト祭の光景が日本の祭りを連想させたことから、私はいかにも異質にみえるエジプトの建築、ひいてはその背後にあった文明のありさまを解読するひとつの手がかりを得たような気がする。彼らは、自然の運行に身をまかすなかから次第に自然が内側に秘めている法則をつかみとりはじめる。いま私たちが自然の法則を数式によって解き、論理を用いて記述しているように、彼らにとって神とは自然と応答する際に使用される記号の単位だったのではないか。神々の物語、すなわち神話は、数式の運用のように、自然さらにはその一部としての社会や国家の成立を語りつたえ記述する手段だったのだろう。

そのようにして生みだされたエジプトと日本の神話を比較するのが私の目的ではない。

＊ 景山書樹『神像』法政大学出版会 一九七八年

私の前には、具体的に二つの神殿がある。それは、記号の単位である神が、擬人化したあげくに、日常生活のなかにはいりこみ、そこに住みこむためにしつらえた住まいなのだ。神に占有された空間である。当然、神のそれぞれの単位に基づいて区分化されている。その記号に配当された場所が眼の前にある。これを読み解く手段として、私はエジプトと日本という異質ともみえる二つの土地の生みだした異なる形式をそれぞれ重ね合わせてみる。そのあげく、日本の神に親しみ、その存在を直観的に感知している眼のなかに、陰画のようにあの二つの神殿が浮びあがるはずだと予測する。何故ならば、この二つの国は、三〇世紀もつづいた一方の文明が終焉したころに、はじめて歴史時代にはいったという時代的な相違があり、乾燥地帯と湿潤地帯という風土的な差がありながら、彼らがとりだした神の姿はいずれも自然界の現象のなかのものばかりだからである。エジプトでは二千の神が計上されている。日本では八百八神《やおよろず》というがこれは無数をあらわしている。いずれも数えることも出来ないほど、必要に応じてつくりだされた。言語が分節がすすむほど多量に開発されていくように、神もまた自然とのかかわりが深まり、その接触形態が変化するたびに新しく生みだされただろう。

ちなみに、両国において、自然界から採集された神の似姿を羅列してみよう。このうちあるものは重複している。

太陽、月、海、火、風、大気、雷、蛇、牡牛、牡羊、兎、狐、ガチョウ、ライオン、ヒヒ、サル、カラス、ハヤブサ、カモシカ、ロバ、ワニ、サソリ、トキ、ハゲタカ、山犬、ヒル、糞虫。

「うつし」の世界

空間はまず簡明な対立する意味の世界に分節される。生と死、昼と夜。陰陽説をまつまでもなく、このような二分法はあらゆる神話の基礎構造である。ただ陰陽説はその二分法をひとつの基本的原理として、全宇宙の現象の説明に適用しようとする。それはすでに高次の思想になっており、思考の方法そのものともなる。おそらくサイバネティクスは、陰陽説もしくは易教以来、その二分法を二進法に転換することによって、全宇宙的な法則の演算を可能にした次の思想大系だったといえるのかもしれない。が、ここではエジプトと日本の宇宙観もしくは神話的思考の原型のみについてだけにしぼらねばならぬ。彼らは必ずしも易やサイバネティクスのような普遍化を可能にするような思考をしたとは思えない。むしろ、もっとも基本的な二分法でこの世界を分割し、それをひたすら具体的な手段＝祭儀によって埋めつくそうとした。

エジプト人たちは南にむかって、すなわちナイル河の上流にむかって基本的な軸線を考えた。ナイルの東側が左岸で、西側が右岸ということになり、これは今日私たちの用いる左右の呼びかたと逆転している。太陽が左から昇り、右に沈んだ。昼と夜の二分法がまずはつくりだされたわけだが、彼らは繰りかえし左手から昇る太陽は、夜の間は地の下方を運行すると考えた。太陽は天の船にのってあらわれ、天の大海に昇り、日中に成人し、次に老人として西方に沈むとされた。夜になると今度は星や月が同じく船にのって移動する。太陽の出現と消滅はすなわち人間の生と死に同定される。昼間は生の世界であり夜間は死の世界ともなる。その関係がひきうつされて、ナイル河をはさんで東側を現世とし、西側リビア沙漠の方向が来世あるいは死後の世界とされる。彼らの生活する都市はナイルの東側につくられ、西側はネクロポリスすなわち死後の都市として考えられていた。そこですべての墳墓はナイルの西岸にのみつくられた。河をはさんだ対岸へ死者を送ること、そこにつくられた墳墓および葬祭殿は、いわば死後の世界と交通する出入口のある場所だった。

エジプトの最古の記念的石造建造物といわれるジェセル王の階段状ピラミッドも、勿論西岸にある。このサッカラのピラミッドは四角錐形になる前のマスタバ型をなしていることで知られているが、その周辺に広い境内をもち各種の施設がつくられている。マスタバはすなわち下エジプト王としての王の墳墓であったが、これに加えて、もうひとつ上エジプトの王としての墳墓もある。この他葬祭殿があるのは勿論のことだが、そのまわりに、上エジプト宮殿（南の家）とその前庭、下エジプト宮殿（北の家）とその前庭、王位更新祭の庭およびその際の走行儀礼のため二個の石のおかれた大中庭、倉庫、祭壇などがある。

この諸施設は完全に石造なのだが、内部に空間をもっていない。それぞれの施設の外形を石で彫りだしたもので、せいぜい入口からの最初の一室が一部分再現されている程度である。いうならばこれらの諸施設は巨大な石の彫刻である。内部は石材で埋められて外形だけが彫りだされている。

人像を彫りだすことに私たちは何の疑いももっていない。等身大に、あるいはもっと巨大にスケールを変えて無数に生産された彫像を前にして、それは生きた王や貴族の似姿を彫ったのだなと思うだけだ。ところがサッカラでは建築が彫像と同じ概念で彫りだされている。となるといささかとまどってしまう。建築物をレリーフや絵画のなかにさがしだすことは三次元の立体を二次元に圧縮せざるを得ないのだから、内側に内部空間をかかえこんでいなかったとしても不思議はない。しかし建築の等寸の彫刻とは。

こんな疑問は古代エジプト人の思考方式を考えてみれば氷解する。石造の建築空間が普通なのだと思いこんでいる私たちの先入観がわざわいしているだけなのだ。

サッカラにつくられたこのジェセル王の施設群は、すなわち王の生前の生活の状態をそっくりそのまま模した、外形だけの「うつし」だからである。上下エジプトの支配者として君臨した王の王宮は、おそらく東岸の別の場所にはなれて建てられていたであろう。同時に「セド祭」と呼ばれる王位更新祭の施設群は、まったく一時的なもので、その祭りが終了すると取り壊されるのが通例であったといわれる。倉庫は単純な長い石壁としてあらわされている。外形の大きさによって、所有物の豊富さを表現したのであろう。

王が死後に復活するに際して、彼は自ら生前に所有していたすべてをもういちど使うことになると考えられていた。それ故に死体ともどもあらゆる生活の道具がそっくり埋葬された。ここにみえる施設もまたそのような王の日常生活をかたちづくるものの一部だった。場所的にも、年代的にもばらばらに建設されたにちがいない諸施設が、ここでは一箇所にあつめられている。

彼らの日常を容れる王宮は、煉瓦と木と泥とパピルスで構築されていたことが、この建築の彫刻から復元されてみえてくる。当然ながら非永久的で消滅するものであった。現実の生活にかかわる部分は、実用的で一時的だが、死後のもうひとつの世界での生活は永久

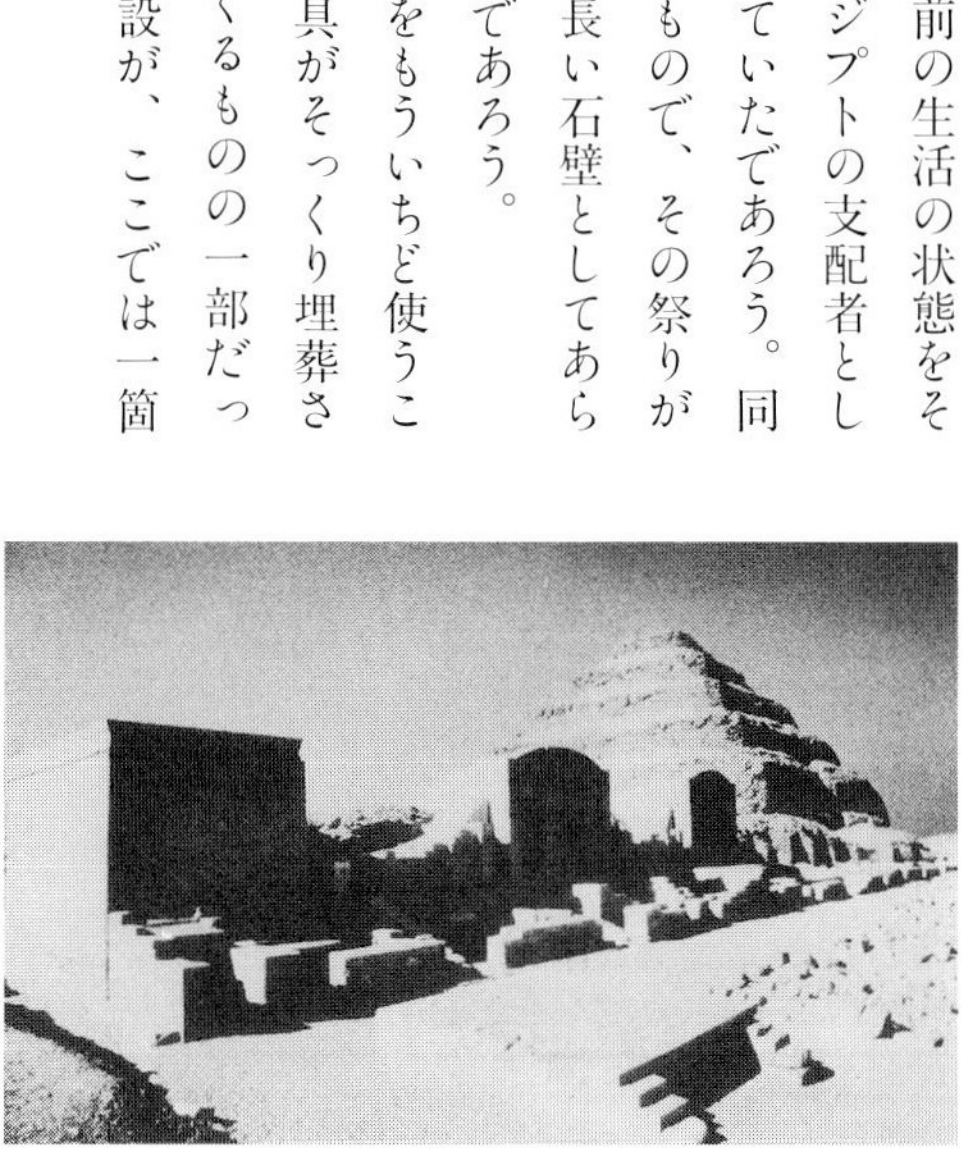

「セド祭」の中庭（KS）

的で不変であると考えられた。そのために、現実の生活の有様そっくりの「うつし」をつくっていたわけだ。

ところで彼らの想い描いた来世の生活はあくまで現世の正確な再現であることに注目したい。来世といえば、天国や極楽浄土と相場がきまっているのだが、こんな現実にはあり得ない至福の世界とは、キリスト教や仏教が、救済という手段をつうじて教化をはかったところから生みだされた観念であった。

古代エジプト人は、といっても王および貴族たちのみがこのような来世の具体的な構築にあずかり得たのだが、あくまで現実主義者だったといっていい。ついに現世で求め得ぬ世界を夢想したのではなくて、彼らがナイル河西岸に建設したのは、現世の正確な再現、それも場合によっては、等身大を超えるスケールでの投影であった。

にせ扉

当然のことながら、サッカラのジェセル王の階段状ピラミッドわきにつくられた王位更新祭（セド祭）の庭をめぐる施設も現実につくられたはずの仮設の建物のうつしであった。その庭は左右にいくつもの神殿が並んでいる。これは「うつし」であるから外形だけの石造物で、内部に空間をもたないのだから、はたして建築と呼ぶべきかどうか。その正面には階段、手摺、木戸、パピルスをたばねた柱などがくっついている。最初の入口の扉は開かれたままの状態で壁にはりついたように彫られている。その奥にふたたび幾重にも扉框がまわされた扉がある。それは輪郭だけで、閉ざされたまんまである。

「セド祭」の中庭に面して建つ祠堂群、復元図

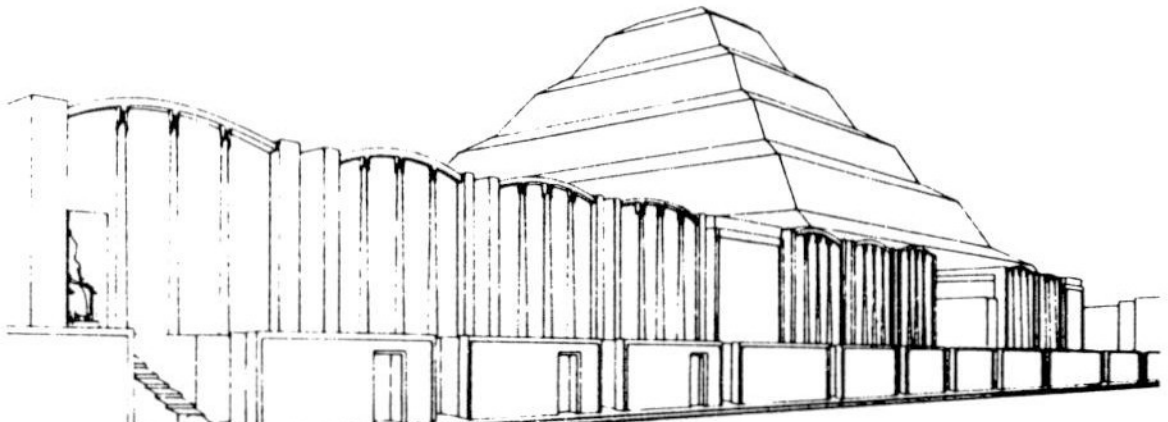

おそらく対岸にあった王宮の一部につくられたはずのこのセド祭の小神殿に、王は祭りの進行の過程でひとつひとつにぬかづき、神への供物をささげ、おそらく「交感」と「仮死」の儀式がなされたのだろう。そのとき、扉は神の住まう場所を指示していた。内部に神像が安置されていたのであろうか。しかし、ここでは石塊の表面に彫りこまれた扉の姿だけが示される。その扉の背後は神の世界であると考えられていたに違いない。複雑に重ね合わされた框が象徴的に背後の世界を暗示する。

　実際に開くことがないからにせ扉と呼ばれるのだが、これは墳墓や葬祭殿にとって必須の構成要素となった。すなわち、にせ扉は背後にもうひとつの世界をひかえていることを暗示するために、至聖所のような意味合いが与えられた。具体的には、神の世界、さらには冥界との交通路の端末を指示している。そこが開かれると、死者の世界への通路がぽっかり口を空けていると想われた。

　死後の世界に復活するために、現世のすべてをそのまま固定化して墳墓のなかに持ちこむほどに、もうひとつの世界の実在を信じた古代エジプト人にとって、にせ扉は何よりも重要な、二つの世界の接点だったのだ。

　それ故に、墳墓の玄室にはかならずにせ扉がつくられた。その扉を通過して、復活した死者がもうひとつの世界へと旅立つのである。にせ扉は今日風に呼びかえれば異次元への入口でもあった。次元変換装置は、ここでは死後の世界がこの世界と扉ひとつへだてて接しているのだと想像する観念だけでよかった。エジプト人はしかしこのにせ扉を通過する具体的な精霊（彼らはカーと呼んだ）を想像していた。同時に、人体から遊離していく霊魂（バー）の図も描きだしている。それはミイラとなった死体から抜けでて天空高く飛翔

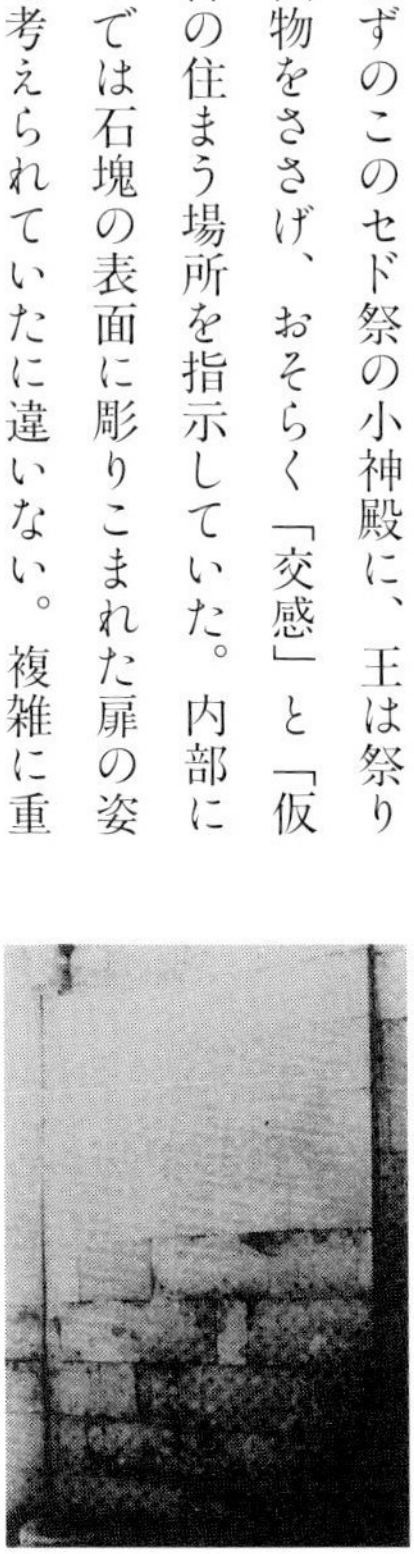
にせ扉、「セド祭」の中庭（KS）

し去る。同じサッカラにあるメレルカの墓と呼ばれる墳墓のなかには、ニッチ状にしつらえられたにせ扉があり、そこに埋葬された本人の立像が置かれている。それは冥界の旅立った墳墓の主人が復活して、現世へと帰還する光景なのだろうか。扉を開いて、その立姿はこちらにむいて一歩をふみだそうとしている。

明解な世界の二分法が、現実的な空間を二分する。とすれば当然のことながらこの二つの世界相互の関係が考慮されねばならない。境界線としてはエジプトではナイル河という国土を縦割りにする地形学的素材があった。その両岸が対立する生と死の世界に同定されたのだが、それでも西岸へはこちら側の世界から渡ることができた。死者の世界として人為的に構築がなされたとしても、さらに死後の世界がその背後に接していると考えたのは当然だろう。そしてにせ扉という、現実から想像の世界へとさらに飛躍していくための象徴的な入口が生まれた。

もうひとつの想像上の世界への入口は、またしても日本の神話に登場する。日本においても生と死の二分された世界の存在は神話的な世界の基本的な構造をなしていた。記紀において、死の国は、黄泉の国または根の国として登場する。

ムロ

西郷信綱氏は、その著『古代人と夢』*のなかで、記紀にあらわれるオホナムヂが、根の国へ行き、さまざまな試練にあってのち、こちら側の世界へたどりつくときに通り過ぎる関門、黄泉《ヨモツ》比良坂《ヒラサカ》が、洞穴だったと推定する。そして、根の国におけるオホナムヂの冒険

＊ 西郷信綱『古代人と夢』平凡社 一九七二年

を分析して、その事件がすべて洞穴《ムロ》あるいは室《ムロヤ》にかかわっていることから、成人式または即位式のときにこもった忌屋での生活が、この物語のヴィジョンを喚起したのではないか、という。

「――〈厳の真座〉（忌みごもりの舎屋、『出雲国神賀詞《カムヨゴト》』の一節にあらわれる）は、すなわち洞窟であり、その洞窟に長期にわたって忌みこもる暗い孤独生活が、幻想として根の国訪問の話を生みだすのだ。果してオホナムヂは、根の国からもどるや否や、大国主に、つまりは王に変身する。そして大国主になって以後、古事記は、一度もオホナムヂという名を用いていない。大国主になったことは、オホナムヂの死であった。このようにして死と再生の劇が演じられるわけだが、これはもう紛れもなく成年式そのものの、ないしはそのシャーマン的形態といってよかろう」[*1]

*1　西郷信綱　前出書　一四七頁

成人式のための忌屋が、洞窟であったにせよ室であったにせよ、いずれも暗闇の支配する場所である。その暗闇のなかに一定期間「こもる」ことは成人式のみならず大嘗祭のような即位式にも用いられる、日本における儀式の空間の基本型だった。そこに求められた空間は、せまい入口でひろく暗い内部であり、母体の胎内を連想させる。忌屋での「こもり」が、いったん母体の胎内へ退行してそこで胎児のような内的な成熟を経ることによって現実の世界へ蘇生するわけで、これはほとんど世界共通の形式といっていいのだが、日本においてはその空間がとりわけ胎内をそのまま模したものに近かった。[*2]

*2　吉野裕子氏は、『隠された神々』（講談社、一九七五年）『日本古代呪術』（大和書房、一九七四年）などで、「こもり」がすべて穴というイメージをもつことを指摘している。

ムロは洞穴であると同時に入口が殆どなく、わずかなすき間からはい込まねばならぬような成人式用の家屋でもあった。池浩三氏はこのようなムロの語源をたずね、日本語、朝鮮語、ツングース語などを比較して、それが稲積み系の祭祀とかかわっていると指摘する*。そして、ここでもムロは、成人式や即位式の際に「こもる」場所を呼んだとされている。

人工の建造物とともに、洞窟そのものが黄泉《ヨミ》の国または根の国への入口と考えられていたといういいつたえもある。出雲風土記にあらわれる、日本海岸にぽっかりと口をあけた大地のさけ目のような大洞窟、加賀の潜戸は、黄泉の国への入口といわれている。古事記の根の国の物語にでてくるような「内はからつぼ、外つぼまり」(内はひろいが、入口はせまい)である。彼らは、そんなムロのまえにたって、そのせまい入口が、はるか前方にひろがる海の底へつながっていく暗い通路の末端と考えたのであろう。海底によこたわる根の国は、同時にはるかかなたの死者の国である黄泉の国へといつしか重なり合ったから、古事記では、その出口は共通に黄泉比良坂《ヨモツヒラサカ》と呼ばれている。その洞穴に「こもる」ことによって、もうひとつの世界へ旅立つ。そして死と再生の儀式がなされて現世へ帰還するのだが、その光景は、あのにせ扉の前に立つ、帰還する墳墓の主人の像をそっくり想いうかべてもいいではないか。

死の世界への入口がにせ扉とムロという、まったく違った形態をもってあらわれたことに注目しておくべきだろう。にせ扉はあくまで、人工的な造型物であり、技術的に高度に発達した建築物の機構をそなえている。扉とその枠という点だけをとりだせば、今日にいたるまでもう変ることのない原型がここにつくりだされていた。いっぽうのムロはむしろ洞穴のような自然の地形のなかから発見される、非人工的なものである。それが形態的な

＊ 池浩三『祭儀の空間』相模書房 一九七九年

類縁性のうえから、仮設的な穴蔵のような構造物としての稲積みが模されている。

古代エジプト人のつくりだした別の世界への入口は、あくまで人工的な技術的生産物である。それにたいして日本人は、自然の地形的特性を「見立て」ることによって、象徴的な場所を発見した。ここに両者の建築の観念の決定的な相違点をみることができるが、この相違は、このようなもうひとつの世界への入口という象徴的形式のみならず、建築の具体的な展開において、いっそう大きくなってあらわれる。

だが、かなりの類似点もまた指摘可能だ。それは共に西方に死者の国がある、という点である。エジプト人は、太陽の沈むナイル西岸のリビア沙漠のほうに死者の国を想定した。黄泉比良坂《ヨモツヒラサカ》は、日本の西端と考えられていた出雲の国にある。この関係はいずれの国も太陽の運行を基本にしてその宇宙観をつくりあげていたことにかかわっていよう。

ピラミッドのような巨大墳墓もまた日本人は古墳としてもっている。それは規模においては時に匹敵するほどのものだが、形態的には明らかに対照的だ。ここでは、堅固に結晶体のように石を積みあげることはなされていない。むしろ各地にやわらかい、お碗をかぶせたようなシルエットをもつ神体山が「見立て」られ、その山の姿に似せて古墳もつくられたというべきだろう。あくまで自然のかたちが最初に存在し、それを「見立て」ることによって意味を与え、ついで人工的にそれを模しはじめる。かくして生みだされたのは、人工物でありながら、自然の模写であり、代替であり、連続である。両者はたやすく交り合う。先出の『祭儀の空間』において池浩三氏は、南西諸島における神アシャゲと呼ばれる建造物が、ムロの原型を残していると指摘する。神アシャゲは、外形が稲が収獲されたときに田で乾燥させるために積みあげておくときのかたちにそっくりで、祭り小屋として

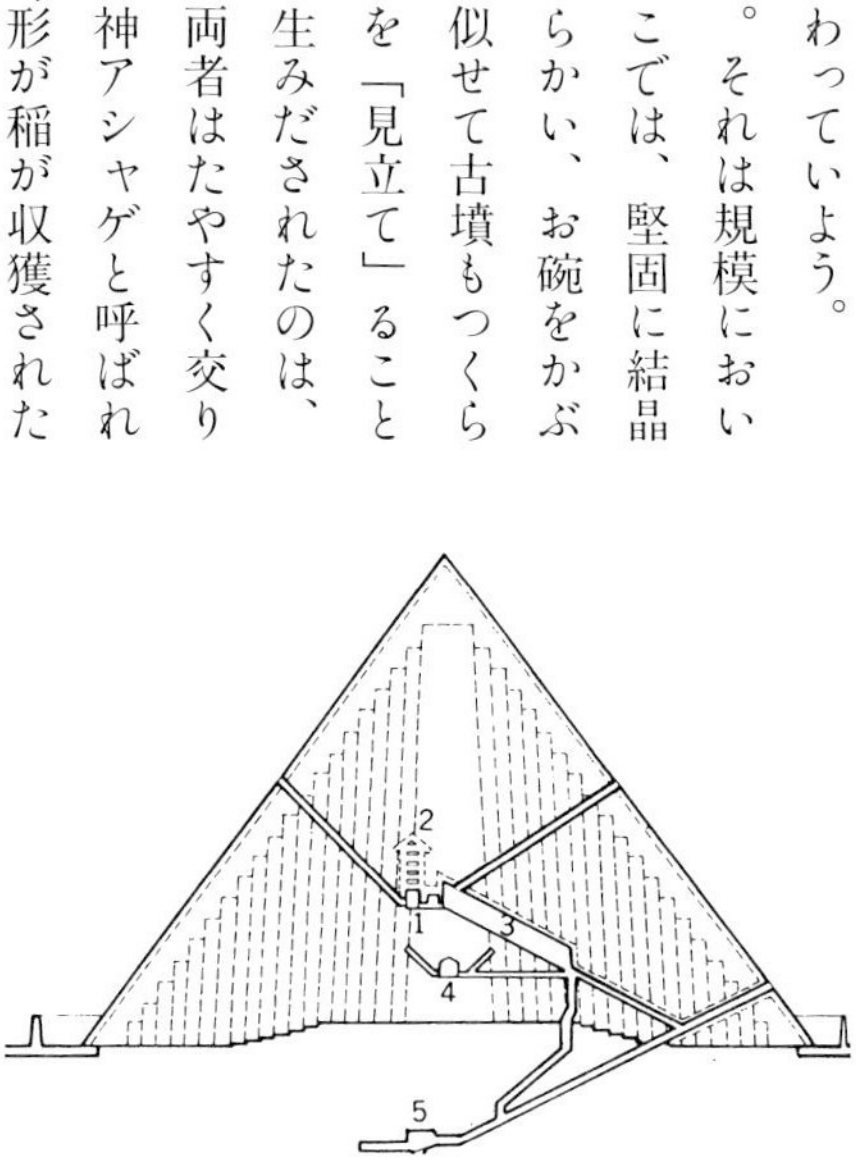

フク王の大ピラミッド、断面図

用いられるものだが、同時にそれは成年式にも用いられ、ひいては大嘗祭のときの仮設の建造物の原型であろうと考えている。[*]そのなかには背をかがめてはいりこまねばならない。その人口の穴がにせ扉と同様に象徴的記号になったのだ。ただこの稲積みを模した建物は、藁《わら》のようにやわらかくすぐ消滅する、自然の一部のような素材である。それ故に、原型を保持するためには、たえまなく、繰りかえし再現されねばならない。いずれは伊勢神宮のように式年遷宮といった代謝のシステムが生まれる。時間の経過がもたらす腐蝕と変容にたいして、ここでは、伝承が、同一の形式を維持する手がかりとされるわけだ。それを文明がみずから内側につくりあげる記憶装置だといってもいいだろう。伝承はまさにひとつの集団がもつ記憶装置である。物理的に堅固で不変なものが求め得ないとすれば、代謝し、繰りかえすことである。遺伝子が人体内に構成されるように、伝承は視覚的な形式を再生産させることも可能であった。

しかし、エジプト人は単なる伝承ではあきたらず、堅固で永久性をもつ実体を彫りだすことによって記憶を維持し伝達しようとしたといってよかろう。石を積み、構築し、彫りだした視覚的な建築や彫刻の形式そのものが、彼らにとっての記憶装置だったのだ。

『死者の書』

二つの世界の境界の象徴的指示物がにせ扉とムロという、いずれも狭い穴状のものであり、その奥は行きどまりのまんまであったことは、その通過方法に類似点があらわれるのは当然だろう。共に遊離魂の行動によって裏づけられる。

* 池浩三　前出書　一六八頁以降

にせ扉はカーと呼ばれる精霊が行き来した。これは人間のみならず万物に内在する本質的な性格である。個人の運命を来世へ導き、あるいは来世に居住して、その到来をあちらで待っている。死者はそのカーに助けられて、神の前に行き復活する。もっと具体的にはバーと呼ばれる霊魂もあった。これは死者から遊離して、天空へ去り、夜になると地上に残したミイラに帰って憩うとされていた。

いっぽう、日本では古事記における根の国、あるいはニライカナイへは、霊魂《タマ》が往来するとされている。死者の霊魂は、ニライカナイにおいては神々と同居し、神となって現世に来訪するのだが、エジプトにおける死者の国のように具体的に想い描かれていない。私たちがこの比較をしてみて驚嘆するのは、エジプト人が、あくまで明晰に、そして具体的な手続きをふみながら、死者のもうひとつの世界における復活の有様を克明に記述していることである。それはいずれも夢の一部として、想像された物語なのだが、日本の場合、想念を放棄してしまったあげくに、ぼんやりした、輪郭だけが残像のように浮きあがるだけである。

それにたいして、ミイラにされた死体を埋葬するときに必ず添えられた『死者の書』は、にせ扉のむこう側にある死後の世界に復活するための手続きが細目にわたり述べられているだけでなく、具体的な挿図によって、その全過程がくまなく再現されている。彼らにとって、『死者の書』は、生きた時間よりもはるかに長い永遠の世界に復活していくために欠かすことのできない導きの手本であった。

彩色された、パピルスの長巻に展開される死後の世界は、彼らの生きた世界の陰画である。そこで復活するときには、それまで日常生活をかたちづくっていたあらゆる施設や道具が必要であると考えられた。だから副葬品として生活の小道具の端々にいたるまでがそろえられていただけでなく、みずからの死体まで、変形が起らないような技術的処置が数々積みあげられて、ミイラとして保存されようとした。当然ながら、初期の墳墓には建築物までが原寸大の「うつし」としてつくられた。そのミイラに道行き案内書として副えられたのが『死者の書』であった。

それは百数十章から成りたっている。時代とともに変化し豊富になっているが、原型は変えられていない。ひとつの伝承が、三千年もの間、ひたすら繰りかえされたのである。神への讃歌と、復活の儀式の過程にとなえられる呪文が主となっているが、その呪文をたどれば、この儀式の全貌を具体的に知ることができる。*その一部分をたどってみよう。

○トト神に扮した神官にしたがって、ミイラは墓地へ運ばれる（一章）。
○死者がふたたびこの世を訪れ、神々と会い、大空を旅する力を得るための呪文（二―四章）。
○他界で死者が行う農事の手引（五―六章）。
○数々の神々の前で死者が罪のないことが宣言されるように、トト神へ懇願する（一八章）。
○死者は「開口の儀式」をうける。繃帯が解かれ、鉄の小刀でその口が開けられる（二一―二三章）。
○死者は記憶を回復し、心臓の力を獲得する（二四―三〇章）。
○鰐、大蛇、山猫、甲虫、蛇女神マーチ、驢馬など、死者の魂を殺戮することで生きて

＊ 石上玄一郎『エジプトの死者の書』人文書院 一九八〇年

いる一連の怪物から死者を守るための呪文（三一―四二章）。
○神々の常食と同じものを得る（五一―五三章）。
○水槽のかたわらに跪き、イチジクの木の女神が注ぐ水差しの水を受ける。そして供物台の前に坐って花の香をかぐ（六二章）。
○死者は太陽神ラーの舟にのる許可を得る（六七章）。
○死者は欲するところにしたがい、黄金の鷹、あるいは聖なる鷹、自己創成の大神、光の神、清純なる百合の花、不死鳥、蒼鷺、ラー（太陽神）の魂、燕、大蛇、鰐などに変身できる（七七―八八章）。
○死者の魂を冥界にある彼の肉体にもたらすための呪文（八九章）。
○トト神の能力を具え、死者が書記の役割りをはたす（九四―九七章）。
○北天に帆走する舟にのる（九八章）。
○舟の漕ぎ方をならう。その舟の各部の神秘的な名称（九九―一〇三章）。
○死者は東の空に暁の明星をのぞみ、その下に二本の無花果の大樹をみつける。そこが楽園の入口（一〇七―一〇九章）。
○トト神の知慧を身につけ、遂にはこれと合一する（一一四―一一三章）。
○「オシリス（冥界の王）の法廷」。まず死者は真理の広間にはいり、否定告白を行う。ついでオシリスのしたがえる四二神のそれぞれに自らの潔白を表明する。最後に審判の広間へ行く。中央に天秤が据えられ、死者の心臓が正義の象徴である羽根と秤量される。これをあつかうのは山犬の頭をもつアヌビス神。かたわらに朱鷺の頭をしたトト神が記録する。その背后には、鰐の頭、獅子の前足、河馬の後足をもつ怪物アメミットが、審判の如何で死者をのみこもうとまちかまえる（一二四―一二五章）。
○オシリスに捧げる讃歌（一二八章）。
○日の出および日没の舟を用いることが保証される（一三〇―一三一章）。
○死者は再びこの世に復帰し、彼がかつて住んでいた家を訪れる（一三二―一三四章）。
○オシリスに供物を捧げるための祭壇（一三八―一四二章）。
○オシリス王国の七つの大広間に関する記事（一四四―一四七章）。
○死者の冥府における食料（一四八章）。
○死者は天のヘリオポリスで住居を得る（一五二章）。

すなわち、ミイラとなった死者は太陽神ラーの舟にのせられ、冥界の王オシリスの前で生前の行為を秤量させせられたあげくに復活する。この過程に数々の神に出逢うがそれは殆ど補助的で、太陽神ラーと冥界の王オシリスの二神がこの全世界を二つに分割して支配しているわけだ。

冥界の王オシリスはエジプト神話において、もっとも重要な役割りを与えられている。それは元来、下エジプトのデルタ地帯の豊饒の神であった。その後に冥界の王となるのだが、その神話は次のように語られている。

オシリスは、天の女神ヌートと地神ゲブとの間に、イシス、セト、ネフティスなどとともに生れ、妹イシスを妻として、エジプトの上下を統一し、穀物や果物の栽培を教え繁栄をもたらした。いっぽうネフティスを妻とする弟セトはオシリスの権威を妬み、詭計によって彼を殺害し、死体を一四個に細断し、エジプト全土にばらまいた。しかし、イシスは丹念にその断片を探し集めミイラにし、最後に彼女の呪法によって復活した。それ以来オシリスは冥界の王となった。

これはそのまま死と復活の神話である。エジプトの死者たちはオシリスの物語をそのまま再現するべく、死体をミイラにし、複雑な手続きを組みたてる副葬品をそえて埋葬される。が、神話の由来からするならばその順序は逆転すべきで、具体的に彼らが自らの葬制を組み立てたその過程がオシリスの神話に反映していると読まれていいだろう。しかし、いったん成立した神話はそのまま自立して超越させられる。すべての上におかれる支配的な意味作用が附加される。

冥界にたいして現世を支配する神は、日本と同じくエジプトも太陽であった。ラーと呼ばれた太陽神は、太陽が運行するように、現世の運行のすべてを司どった。『死者の書』でも、死者は太陽神ラーの舟にのる。その舟がわたるのは、おそらくナイル河だったろう。東岸から西岸へ。これは太陽の運行と同一の方向である。同時に彼らが実際に死者をミイラにして舟と陸橇にのせて運んだ方向と一致している。神話として復活が物語られる構造が現実の祭儀をそのまま模していたわけだが、このような現実感は、復活後の楽園の情景にもみることができる。

『死者の書』第一一〇章はそのような楽園の描写であり、そこに扉絵がつけられることになっていた。この扉絵はそのまま彼らのイメージした楽園であった。

「――そこは先ず周囲を水流によって囲まれ、しかも数多くの運河がその中を貫流している。ちょうど今日におけるデルタ地方の肥沃な土地を想わせる。

ルクソール神殿をナイル対岸よりのぞむ（KS）

彼らはそこで耕し、種を播き、収獲し、食い且つ飲み、恋をする。彼ら自身、美しい衣裳を身につけて、神々と交遊し、尽きざる幸福を楽しむというのである。

しかも彼らは自由に舟を乗りまわして、思う場所へと漕いで行き、いつ何時でも会いたい人に会うことができる。それは父であり母であり、恋人や親しい友人、身寄りの者達なのだ」*

神権対王権

ラーとオシリスの関係を、アマテラスとスサノヲのそれに比定することも可能だろう。太陽神と冥界の王。それは生と死、明と暗、昼と夜、東と西、現世とあの世。このような二分法が生みだしたものである。伊勢にたいする出雲は明らかにこのような二分法で組み立てられた神話が必要とした構図であった。神々があらためてそこに描かれた構図に基づいて配当されている。アマテラスは伊勢へおもむき、スサノヲは出雲へくだる。彼らは日出と日没という東西軸上の太陽の運行の両端に配された。そしてここに組み立てられた呪術的祭儀は、国家的なレヴェルで天皇がそれをとりしきることによって支配権が確立する。王権と神権が完全に合体させられ、ほとんど不動の関係が長期にわたって維持されてきた。

エジプトにおいては、ナイル河中流のテーベに王都が移されて以来、王権はやはり神権を確立することによって相互に強化されていった。アメン大神殿が国家神となるのはこの地に移った王権が直接的に神権を手中に収める必要があったからであろう。たとえば、ア

＊ 石上玄一郎　前出書　二二八頁

メン神はそれ以前において、より重要な役割りをはたしていた神々と習合する。豊饒神ミン（男根を屹立させている）や最高神である太陽神ラー（日輪を頭上に戴くハヤブサの顔をした人像であらわされる。オベリスクは、その祭祀のシンボルであった）と習合して、それぞれ、アメン・ミン、アメン・ラーとなる。

習合は、王権の確立過程をそのまま反映している。王権と結びついた地方神が、神格において全土的支配を可能にする手続きであったというべきだろう。このようにして王権と合体した神権はそのいっそうの強化に役立つのだが、いったん確立されると、王権と対立しはじめる。カルナックのアメン大神殿にまつわる物語のなかで、もっとも興味深く語られるのが、王権と神権の対立が具体化したアメンヘテプ四世（イクエンアテン）のアマルナ遷都である。

トゥトアンクアメンの先代アメンヘテプ四世は、アメンの神学とまったく対立する独自の観念を組み立てた。アテン（アトン）という太陽神のみを崇拝する一神教の性格をもつものであった。カルナックのアメン大神殿に所属する神官群は自らの神学を長期にわたってつくりあげていたわけだが、呪術が政治権力と一体化していたこの時代においては、当然、王の行動に細かい指示を与えるだけの影響力をもっていたであろう。アテン崇拝は勿論かなり以前にヘリオポリスにおいて生まれたものといわれるが、それだけを唯一神とすることは典型的な多神教の性格をもつアメン神官群と対立するものであった。

アメンヘテプ四世はその改革を実行した。まず、王都をカルナック神殿のあるテーベから、テル・エル・アマルナへと移した。遷都の理由は、アメン神官群の圧力をのがれて、政治的な独立をはかるためだったと説明されることもあるが、この王のなした事蹟を追う

カルナック神殿、第六塔門の奥の内陣側から、ハトシェプスト女王のオベリスクを見る（KS）

と、この王は醒めた政治的配慮をなす性格ではなく、むしろ、より宗教的・哲学的信念からこの遷都にふみきったのではないかと感じられる。彼はアマルナ遷都にあたって、まず境界碑をたて、そこから南北に一歩もふみださないことを誓っている。その王都にとじこもって間接的な統治をはじめたわけで、先王アメンヘテプ三世のときに絶頂にまで拡張した版図も、徐々に逆襲され失なっていく。にもかかわらず、彼は歴代の武勇できこえた王のように騎馬の先頭にたって敵と闘うということをしなかった。むしろ王都にとじこもり、信仰にあけくれている。

彼のなした諸変革は殆ど革命といっていい。教義を一神教にしぼっただけでなく、新都アマルナでは墓地までがナイル東岸の沙漠との境界につくられた。ナイル河をはさんで二つに分割された生と死の空間というエジプト古来の不変原理とさえみられていたものまでが、ここでは完全に破られている。

そして、アテン神としてつくられた図像もまたそれまでの表現方法とはまったく異なっていた。アテンは、太陽を象徴する円盤と、そこから放射される太陽光線であらわされる。光線の先端にはそれぞれ手先が描かれているが、これによって太陽が万物の生成に恩恵を与えてくれる唯一の根源だ、という思想が実に明解に表現されている。それまですべての神は人像または動物像によって示されていた。神は擬人化されていたのである。アメン神官によって認められていた太陽神ラーは、頭上に円盤を戴くハヤブサの頭をもつ人像だし、天空をあらわすヌウトでさえ、全天をおおうように抱きかかえる女神で星が身体にちりばめられている。

神の図像が、ここではじめて擬人化から離れて、具体的なものとして示された。それは抽象化されたというよりも、リアルな描写だというべきだろう。人物の表現にも変化がおこった。アテン信仰のためにイクエンアテンと改名までした王の容姿は、彫像においてもレリーフにおいても、奇妙に人体的特徴が誇張されているのだ。鼻と顎が長くつきだし、胸と尻も女性のそれを想わせるように出張っている。表情には一種の巨人症の面影がただよう。そして、これが実在したイクエンアテンの特徴を適確にとらえているとするならば（実際に歴代の王は克明にその容姿の特徴がうつしだされているのだ。たとえばルクソール神殿に置かれたトゥトアンクアメンの彫像は後にその王名を書きこむカルトゥーシュがすべて抹消されてしまったが、それでも墳墓から発見された仮面や立像によって、彼のものであることが証明されている）循環器系の欠陥をもっていたのではないかという説がある。ともあれ、この王は、あえてその姿を強調して彫らせたのだろう。

一神教を樹立して国家を宗教・政治・文化の全域にわたって一挙に変革しようと試みたこの意図は、王の在位一七年の間に徐々に引きもどされる。アメン神官群は版図の縮小を失政として迫ったであろう。王が異教を樹てたことをその理由にしたことは充分に予想できる。王は幾度か妥協をはかろうとした形跡もある。それも王の死とともに結末をむかえる。次の王トゥトアンクアメンは九歳で即位するが、その即位式はアマルナではなく、カルナックのアメン大神殿においてとりおこなわれた。首都はふたたびテーベへもどされた。イクエンアテン王によるアテン一神教の革命はたった一代で終った。アメン大神殿は以前にも増して強力となり、歴代の王は次々と神殿を増築する作業に従事することになった。

神の形象

神殿という建築形式は、いうまでもなく神の祭祀のためのしつらえから生みだされるものであるから、神の具体的な概念がその形式の形成に決定的な作用をする。

エジプトにおいて、神体は神の似姿をした神像であった。数々の神はその特徴を図像化されているのだが、その多くは動物または人間に擬人化されている。そのまま動物の姿をした神々、アピス（牛）、ウト（蛇）、ウプワウト（山犬）、ネクベト（ハゲタカ）もあるが、多くは人間の姿態をし、その顔に動物の特徴が与えられた。アヌビス（黒山犬）、クヌム（牡羊）、コンス（満月と三日月をいただくハヤブサ）、セクメト（ライオン）、セベク（ワニ）、トゥエリス（ワニ頭カバ体）、トト（トキ頭のヒヒ）、バステト（猫）、ホルス（ハヤブサ）など。その他は人間の顔をしているが、頭上に戴く冠と手にもつ杖や笏によって特徴が示される。

このような神々はその神殿においては神像として二体がつくられた。一体は固定された大型の石像である。これは毎日の礼拝の対象とされた。もうひとつは小型で、木製、ときには貴金属や宝石でつくられ、聖舟のうえにおかれていた。祭りの行列に際して運ばれる神輿であった。

王冠や頭部の特徴によって神が形象されたことは、祭儀の際にこの神々は神官によって扮装され、この祭儀をいろどったと考えられている。動物などの特徴は仮面をつけることで示された。

デロ―シュ＝ノーブルクールは前出の書『トゥトアンクアモン』[*]で、この若き王子の即位式の情景を描写しているのだが、ここでも神官たちが仮面や冠や衣裳によって扮した神々が、それぞれの儀式の役割りを分担している。当時、アメン大神殿は、今日第三塔門と呼ばれている部分より奥しかなかったが、即位式はここから始まる。

王は第三塔門を過ぎ、トトメス一世と三世のオベリスクのある中庭を過ぎる。ここで、神の役を演じることになっている神官たちが仮面をつけて王をむかえる。まず、地平線のホルスを演じる神官がハヤブサの仮面をつけて王を導く。ここで「清祓」の儀式がなされる。王は水盤の中央に立ち、四隅にトト、セト、ホルス、ドウナィの神々に扮した神官が位置して、王のからだに灌奠の水をそそぐ。

ついで、ハトシェプスト女王のオベリスクの立つ「王の家」と呼ばれる一室にみちびかれる。ここで「戴冠の儀」がおこなわれる。北側に九柱神を構成する神々を演じる神官が立ち、南側にアメンの娘である蛇神が、王権の聖蛇を表わすふくらんだ頭布を着けて王を待ちうけ、王の頭に巻きつき、額の前に鎌首をもたげる。そして豹の毛皮をまとった助司祭に助けられて、神官が王冠をかぶせる。このとき幾種類もの王冠が与えられるが、そのうちケペルシュ冠と呼ばれる王冠をかぶり、正装して退出する。

「王の登位」が次に行われる。第五塔門を過ぎ、右に折れた突き当りのオシリスの巨像のある神祠の前へ行き礼拝する。アメン神が王冠を固定する。

かくして王となり祭祀を執行する身となる。南北二つのエジプトの統合を象徴するさまざまな儀式がくりひろげられる。神殿の中央軸線上にもどった王は、トトメス三世が建立した上下エジプトを象徴する蓮とパピルスの彫刻が並んで立つ間をとおり、聖舟の安置さ

＊ Ch・デロ―シュ＝ノーブルクール 前出書 一七三頁

れている室をぬけて「供犠の間」に到達する。そこでアメン神と対面し、祭祀上の秘儀を受ける。そして背後の中庭へ立ち、トト神の姿をした神官が王名を記して、セド祭が末長く行われることを約束する。

即位式の完了した王は黄金と琥珀金を張った戦車に乗って人民の前にあらわれる。南にむかって行進し、ルクソール神殿に到達する。

この全過程をみて了解できるのは、王は神よりその代理者になる資格を与えられることによって認知されるということだ。王権は神権と一体化されていなければならなかった。王が神の代理者をつとめる儀式がなされることは日本においても変らない。天皇の即位式・大嘗祭は、エジプトの戴冠の儀式のように具体的な衣裳や冠をもって示されるのではない。そのとき、悠紀、主基の二つの仮設の殿がつくられる。けずられていない木材・黒木で組まれ、壁や屋根も簡単な草や藁で葺かれている。戴冠する天皇はその一ケ月前から、禊して身体を清める。そして当日はまず夜のおとずれとともに悠紀殿に「こもる」。その儀式はもういちどあけがたに主基殿において繰りかえされる。

悠紀、主基の両殿にはまったく同じ配置で板枕、衾を備えた寝所がある。天皇はそこで斎国でとれた新殿の饌を食し、白酒・黒酒をのみ、そして寝所にこもり、長い物忌みにはいる。これは鎮魂《ミタマツリ》の行事で、禊された身体に天皇霊がはいる間、衾をかぶって引き「こもる」。

この全儀式の背後には、日本の独特の霊魂観がある。天皇の身体は実は単なる容れ物なのだ。天皇霊のみが不変で、その霊を身体に呼びこむために「こもり」の儀式がなされた。先にふれたように、「こもり」は身体から出入り自在と思われていた霊魂を、あらためて激励し、全身に活力をみなぎらすためになされる儀式（鎮魂《ミタマツリ》）だった。そのとき死と復活を模した儀式がなされたわけで、大嘗祭において衾をかぶって、神人同衾するのは、天皇霊を受けとるために必要な仮死の状態、ついで胎内の胎児の状態から生誕へという過程をもういちど経て復活するための手続きを象徴している。だから、この期間は「喪」と呼ばれた。

この日本における即位式は、死と復活という儀式を背景にしているという点において、エジプトの王位更新祭（セド祭）にむしろ近いといっていい。歴代の王は即位後三〇年目にこの祭りを執り行ったが、これは先史エジプトにおいて肉体的な衰えをみせはじめた首長を殺して、次の若い王をたてた「王殺し」のなごりであろうといわれている。かつては、王はその呪法で豊饒をもたらさねばならなかったが、同時にその肉体的な頑健さによって、その部族の繁栄の象徴でもある必要があった。その王が肉体的なおとろえをみせることは、部族の存立にかかわると思われた。そのような王は部族民たちの手によって殺されたのである。

王位更新祭が即位三〇年目に催されるというのはそれなりの理由があってのことで、このとき、王の肉体は当然おとろえをみせていたことだろう。王はこの祭式のあいだに、死の擬態を示した。冥界の王オシリスの屍衣がかぶせられる。オシリスは殺害されたのち復活したのだ。そして、東の地平線から太陽が陽光を放射して復活してくるように、王は新たな活力を身体に受けとった。そしてこのセド祭も大嘗祭と同じくまったく仮設の施設のなかで行われたようである。

即位式あるいは王位更新祭が、仮死と復活という神話学的な共通性をもっていたことは興味深い事実なのだが、ここで決定的な相違がある。エジプトでは神々はみずからの姿を具体的に図像としてもたされていた。それにたいして、古代日本ではそのような神像はまったく認められない。たとえば、大嘗祭において、天皇は先祖の天皇霊をみずからの身体に受け容れるための「こもり」を行うが、そのとき、神の姿はどこにもない。神饌には六膳の箸がそなえられているが、天皇はそのうちの一膳を使うだけである。これは横にひかえている二人の采女《ウネメ》によって饗されるのだが、彼女たちの眼にも神のための饌はそのまま手つかずになってみえたはずである。そして衾にこもってからはいっさいが不可視である。神もしくは霊魂は身体に近より合体すると信じられていても、誰もその具体的な姿を描きだしたものがない。眼にうつるのは、その神が宿った具体的なものしかない。神社の神体はそれ故に鏡、玉、石といった呪物であることが多い。後世になって影向図《ようごうず》がつくられはじめた。そのとき神は、ほとんど人像としてあらわれる。すでに神の宿った人物がたちあらわれているのだ。

してみると、日本とエジプトにおいて神の形象化に決定的な差異があるのがわかるだろう。祭祀はかなり類似の構造を示している。しかしそれを形象化するレヴェルでまったく違った手法があらわれる。不可視で交通自在な霊魂と同じく、神も同様のたちあらわれをする古代日本にたいして、エジプトは、たとえば個人の霊魂「バー」や精霊「カー」という、その機能において殆ど類似の概念を生みながら、それを鳥のように翔ぶものにたとえ、翼をもち、死者と同じ顔をした姿を描きだす。神々の似姿は、個性があり、図像体系をさえもっている。

神の形象化にこのような差があることは、当然のことながら、その神々の住まう神殿の構成は対極のようなものとしてあらわれる。神の降臨の形式がそのまま神域の構図をかたちづくっているからだ。

不可視の神

日本における神域の構図の典型は、たとえば、「春日宮曼荼羅図」に示される。この図はひとつの型が決まっており、いくつもの複製がつくられた。それに図柄の異なる「鹿曼荼羅図」と「図像曼荼羅図」を組み合わせると、その全体の構図が明らかになる。これらの曼荼羅図は縦長の軸となっているが、共通して図の最上部に神体山である御蓋《ミカサ》山を描き、そのうえに円盤が描かれている。その円は太陽であるか満月であるのかはっきりしないが、神体となっている神鏡であることに間違いない。「鹿曼荼羅図」のあるものは、鹿の背に立てられたヒモロギの中央にかけられる神鏡が、この神体山上の太陽または月と重合しているが、神鏡が太陽や月をかたどったものから発生したことをこの図は暗示している。御蓋《ミカサ》山の背後には原生林でおおわれた春日奥山が描かれる。そして、鹿はそこに棲み里へ降りてくるわけで、神体山に住まう神が人里に降りてくるという関係をそのままあらわすところから、それは人と神を仲だちする神鹿と見立てられたのだろう。神の一般的な降臨の形式は垂直に立てられたヒモロギに一定の時間宿ってふたたび去ると考えられていたので、この神鹿の背にヨリシロとなったサカキを立てるという奇妙な図柄が生みだされた。そして円鏡は神の降臨を示すものとして、ヒモロギの中央に吊された。

春日宮曼荼羅図

いわゆる自然神道期（普通BC二世紀―AD七世紀とされる）は、日本の神の観念の原型をつくってきたが、このときまだ社殿はない。三輪神社は今日までその原型をのこしているのだが、神体山そのものが神の住まう神殿で、その山中にとくに岩石を組んでくぼみをつくり、神の座としている。ヒモロギは、その神体山にある神を呼び降す祭儀のときに、臨時のヨリシロとされるものである。三輪神社には拝殿と、神域の境界を定める鳥居だけしかないところから、神殿は後世神の図像化が必要とされる頃に除々に造られはじめたと考えられる。

ときに中央のひとつの大きい円鏡は、併列する四ないし五箇の円鏡と描かれることもある。それは、春日大社の祀神タケミカヅチ、フツヌシ、コヤネ、ヒメの四神に若宮が加えられているからである。ついで、その円鏡に四つの本社殿と脇の若宮の社殿が配当される。この場合、本社殿とは神体となった神鏡を収納する祠である。春日大社は併祀されている四神にそっくりそのまま小さい独立した社殿を与えて、これを一列に併列させているのが独特の構図で、併祀の関係がそっくり配置に示される。「春日図像曼荼羅」はそれに仏教の教養が重なり合うなかから生まれた本地仏がさらに配当されたもので、ここにいたってはじめて擬人化された人像としての神があらわれる。ときには本地仏と宮廷の衣裳をきた神像がさらに併置され、全体の構図がいっそう複雑に組み立てられている。

神の降臨形式が、神体山、そこに発見されるイワクラ、臨時の祭場としてつくられるヒモロギやヨリシロといった自然物だけでかたちづくられていた状態から、徐々に人工の手が加わり、複雑な社殿が出現していくのだが、その過程にあって、神の観念に基本的変化が起ることはなかった。見かけは複雑化し、人工的に飾られていくが、神が不可視であることは変っていない。神が影向するとき何かに宿らねば眼にみえない。神鹿や童児の姿をとったとしても、それは天皇がやはり天皇霊を宿らされた普通の人間であるとみられたのと同じく、ヨリシロにすぎない。神鏡という神体がつくられていても、その鏡はすべてを映し、はねかえしていくような、表面の背後に不可視の世界を垣間みさせるような特性を感じさせたから、とりわけ重要な呪物に格上げされたのである。神は通過し宿りはするが、相変らず姿をみせることはない。

不可視のものを可視化させる、その矛盾を解くために「八幡神影向図」（仁和寺蔵）では、いまにも神官にむかって合体しかけているエクタプラズマのような影が描かれている。ぼんやりした気配のようなものとして神の姿があらわれたが、それが可視化の限界であった。

ヨリシロに宿った神はかならず立去っていく。神が定住するはずの神体も、円鏡のようにその表面に存在する神の気配をゆらめきとして感じさせるにすぎない。神体山のなかに位置するイワクラも、そこに神がたちあらわれるようなくぼんだ形象がみえるだけである。神のありかを追いかけていっても、ついに姿はみせない。たちあらわれる瞬間を気配として感じることしかできないのだ。ひるがえすと、神はどこにでもたちあらわれるともいえるだろう。影向の老松は、そのまま神のシンボルとして能舞台の背後の鏡板に描かれる。ここに神が降臨するから、鏡板と呼ばれる。翁に扮した役者はそのまま神のしぐさをせねばならない。神のおとずれを演じているからである。と同時に観客はその翁を、老松を童児を、鹿を、神と認知する。それだけの共同観念が図像的に組み立てられていた。

社殿は回廊や塀によって幾重にも囲いこまれる。伊勢内宮では四重の垣根がまわされ

八幡神影向図（仁和寺蔵）

て、その内側を垣間みることさえできない。このように中心の社殿を外界から隔離して、人を近づけないのは、いわば、中心の神性をより高める手段だといえる。元来、手にとってさえ特に神性を感じることもない呪物に、上屋がつくられ、扉が二重、三重に前をふさぐ。そのうえに回廊や塀をめぐらして接近の不可能性を感知させることは、逆に中心の空虚をそのまま神の降臨する座に仕立てあげることでもある。遮蔽することによって生まれる距離感が、反転して神性を感知させるというレトリックの一部となる。へだて、遠ざける。その仕掛けさえあれば、内部の空間的演出は必要ない。

伊勢の建築形式が古代の倉庫から生まれたといわれるのも、大嘗祭のときの仮設神殿が、稲積みのかたちを模したムロを原型にするのも、いずれも、内部に生活的な空間を必要としない、覆いだけがある空洞でさえあればよかったからであろう。神体を収める社殿は、背後の神体山の方が重要なのだから、その存在をわずかに感じさせるような屋根飾りがあればよかったろう。大嘗祭の建物も窓はいらない。夜間に暗闇のなかで神人同衾がなされたからである。

日本の神社の神域形成の方式において特徴的なのは、中央の社殿を囲いこむ方式である。回廊、塀、そして鳥居、樹林などによって、囲いこみ、中心の存在を暗示しさえすればいい。その中心には近よることができない。とすれば神域「ニワ」だけが浮きあがる。社殿はその「ニワ」の間に点景として配された、輪郭だけのもの、と極言できよう。

陽光のなかの闇

ところが、エジプトの神殿においては充分に内部と呼べる空間が発生していた。古王国、サッカラ、ジェセル王の王位更新祭の庭は、ファサード部分のみが彫りだされ、背後は石で埋められたままであったが、ギザのピラミッド群に所属する河岸神殿や葬祭殿では、内部空間が石造で構成されていた。そして、新王国では、巨大な内部空間が生みだされた。

トゥトアンクアメンの即位式の際、アメン大神殿にはまだあの大多柱室もつくられていなかったが、それでもすでに、四つの塔門が重層してつくられていた。もっとも中央の神像の安置されていた供犠の間のまわりに、実は幾重もの壁がとりまいている。塔門は入口に近いものほど大きく、徐々に奥にすすむにつれて低くなる。それは大きい囲いこみのために外側ほど大きくなっていくという比例の形式にかかわっていたのだろうが、この関係は奥をより深くみせるような遠近法的な効果をあげることも計算されていただろう。

内部へむけて重畳させられていくこの方式は、たとえばあの伊勢の四重の垣根のような神域構成手段となっているのだが、ここにひとつだけちがった点がある。それは中央の軸線が入口の最初の塔門から最奥部の神像と聖舟の安置室にむかって貫いていることである。そしてこの軸にそって、全建築は対称形に編成されているだけでなく、空間の質や形式もリズミカルに変化している。儀式に際して、この軸線ぞいに行列が行進する。全空間はその行列のうごきに呼応するような演出的配慮で一貫されているのだ。

いまカルナックやルクソールをおとずれると、明るい陽光のもとに巨大な壁体や円柱が立ちあがって、明暗のコントラストのはげしさをまず感じる。廃墟となり、天井や壁が瓦解したままで、内部と呼べるほどの空間は、聖舟安置室などわずかしか残されていない。しかし、かつては、大多柱室も供犠の間の周辺も、全面的に天井でおおわれていた。光線の配置は現況とまったく違っていたのだ。この有様は現存するエドフやデンデラの神殿から推量するしかないが、その内部空間は、ほとんど闇に近いといっていいほどに光量が制限されている。

その神殿におさめられたのは、神像である。中央部におかれた神像は大きく石造であった。その神像は、ミイラになされたのと同じような「開口の儀式」によって神性を与えられるだけでなく、毎日神像にまで達する光線によって生気をふきこまれた。運搬可能な神像は、天井のない小部屋や屋上にはこばれ、正午の太陽光線に晒された。実際、神官たちの神への奉仕は、太陽の運行リズムにあわせられていた。その経過をたどってみる。

「――朝の祭儀はもっとも重要であった。曙前に神殿の工房で、供物が準備される。神官は聖池で体を洗い、体を清め、こうして天地創造時に秩序ある世界が現われたあの要素（水）のもつ生命の原理を象徴的に体にしみこませる。……（中略）。

次いでかれらは神殿を巡回し、水を注ぎ、香を焚き、境内に忍びこんでいるかも知れぬ敵意ある力を遠ざける。次に行列によって神の食事が神殿内の一室にもたらされ、小祭壇の上に置かれ、聖化される。祭儀司宰者は至聖所の門を開き、神に目覚めるように促す。そして生命の天体（太陽）が地平線に現われるとき、神像の祠の扉を開く。生まれ

ルクソール神殿、アメンヘテプ三世の大列柱廊を中庭から見る（KS）

たばかりの光が神に滲透し、新しき日への力を与える。食物が神像の前に置かれる。さらに宇宙秩序、地上における正義の象徴である女神マアトの小像も捧げられ、神は秩序の更新に必要な活力を吹き込まれる。

　次いで像は衣服を脱がされ、洗われ、新しい衣服を着せられ、化粧され、香油を塗られ、香を焚かれ、清められる。最後に祠と至聖所とは、翌朝まで閉じられる……（中略）。

　正午の祭儀は灌奠と焚香だけから成り、夕方の祭儀には灌奠と焚香の他に供物の更新が行なわれる」＊

　早朝の太陽の地平線上への出現と同時に、その光線が神像に一直線にさし込むように設計されていたことは、これらの神殿の内部空間の特性を物語る手がかりになる。神殿の大部分は、日中でも闇のような有様に閉ざされていた。そして壁の上部あるいは高窓にあけられた小さい開口部から、太陽光線は暗闇のような内部の空間を線條となってよぎるのだ。スポットライトのような、劇的な効果が考えられていた。

　いわばエジプトにおいて石材によって構築された神殿の内部も、あの岩窟神殿と同質のものだった。空間はあくまで掘り抜かれた残余として構想されていたのであろう。当然ながらそれは窓や開口部の少ない、洞窟の闇である。太陽光の激しい外部にたいして、意図して闇がつくられた。カルナックの大多柱室は、いまみるように強烈な太陽光がさしこみ、青空を背後にみあげるような、石材の重量感をみせるものではなく、地底の暗闇のなかにおどろおどろしくつながっている迷路のような空間だったのではないか。中央部が高

＊ジャン＝ルイ・ド・スニヴァル　屋形禎亮訳『世界の建築・エジプト』美術出版社　一九六四年　五六―五七頁

くもちあげられ、わずかな高窓がとられている。この縦格子をとおした光線は、開花パピルスの二三メートルの高さの中央の列柱廊を上方から照らすことだろう。だが、その左右にひろがる、一二二本の未開花パピルス柱は、下部がずんぐりとふくらみ、相互にかさなり合って、中央に落ちた光線が奥へとどくのをさまたげる。柱の列は無限につながるようにみえたはずである。そして頂部もそのひろがりの端部もが、闇のなかに消えていく。

継起的空間

私はこの二つの神殿の塔門の前に立って、新王国にこれらの神殿が完成された頃、その属領や友好国であったバビロニアやアッシリアやヒッタイトからこの地を訪れた旅人の身になって、彼らが感じた驚きを追いかけてみることにした。ピラミッドが歴史を通じて与えつづける衝撃は、無定形の沙漠のなかに、同一の比例をもったいくつもの四角錐が、忽然と結晶体のように出現している光景である。それは純粋な結晶体を発見する驚きである。ただ近よることはできても、その羨道は、一本の細い亀裂にすぎない。ここでは空間をドラマとして体験するわけにはいかない。ひたすら仰ぎみて、おののくだけである。

カルナックやルクソールは、スケールからいえばピラミッドにはまったく及ばない。しかし、王の巨大な坐像と立像が左右にひかえ、一対のオベリスクをはさんで、幟旗をひるがえしている塔門をみれば、ここには、すでに巨大なイヴェントが組み立てられ、待ちかまえているという演出された期待感を充分に与えられたはずである。

第一の塔門をくぐると、そこは巨大な列柱がとりまく大中庭である。カルナック、ルク

ルクソール神殿、第一塔門をカルナック神殿への参道より見る（KS）

ソールいずれも、この中庭に面して、聖舟の休息所がある。アメン、ムト、コンス三柱の神の聖舟を安置できるように、三つの祠が並んでいる。この第一中庭は神殿内部への最初の到着を感じさせるようなはなやかさをすでに発散している。そこはまだ陽光がふりそそいでいる明るい場所だが、ルクソールの二列に回された列柱廊は、すでに柱頭の背後にかげりをつくりはじめている。ラーメス（ラムセス）二世の巨像がいずれの神殿でもその正面に据えられている。人間のスケールをはるかに超えた巨像は、その量感だけで圧倒的な迫力をもっている。エジプトの王たちがその威力を表現するために最初から一貫して押しとおしたのが、巨大さである。いかに手のこんだ仕組みより、スケールの巨大さは一目瞭然、その存在と意図を感知させる。彼らは力がおよび技術のおよぶかぎりの巨大さを実現した。制約が解除されたならば、想像のうえで、いったいどこまでのスケールの構築物を生もうと考えただろうか。

第二塔門をはいると、それぞれ背の高い大列柱廊になる。この列柱廊は、ルクソール神殿ではアメンヘテプ三世の、カルナック神殿ではセティ一世、ラーメス二世の建立になる。ルクソールはその両端は壁面で、あのオペト祭の光景のレリーフがきざまれている。いっぽうカルナックは左右にひろがる大多柱室で、計一三四本の柱が並ぶ。この大多柱室はすでに述べたように、暗闇のなかに下ぶくれの柱が並んでいたはずである。中央の高窓の縦格子から太陽光がふりそそぐが、空間がここで急に垂直化する。中庭の明るいひろがりにたいして、暗く、このなかに踏みこんだときには高窓からの採光も殆ど感じないほどの明度のちがいが生まれていたはずだ。眼をこらしていると、やっと水平のひろがりを感じるが、地下の闇のような空間は、はてしなくつながって、巨大な柱の量感が身体に直接

カルナック神殿、大多柱室（KS）

のしかかる。トゥトアンクアメンのオペト祭の光景の線刻は、そんな薄暗りのなかで、いやがうえにも繊細にみえただろう。

第三塔門を過ぎるとふたたび中庭にでる。カルナックではここにトトメス一世と三世のオベリスクが計四本立っていた。その他には何もない。前後の塔門の壁がのしかかるように迫る。空間が横にのびていく。

ルクソールは、その中庭はアメンヘテプ三世の中庭と呼ばれ、閉花（未開花）式のパピルス柱頭が束ねられたようなかたちをし、二列の列柱が三方を囲み、正面は倍の奥行きをもつ四列の多柱室となっている。現状にかぎっていえば、この中庭は、軽快ささえにおわしている回廊に囲まれ、もっともすぐれた緊張感のあふれる空間だ。高く暗い大列柱廊の巨大な開花パピルス柱のぬめっとした円柱の肌にたいして、この中庭はふたたび陽光のふりそそぐなかに、表面に垂直の條溝のはいったリズミカルな列柱が囲む。オペト祭のとき、一般民衆はこの広場まではいることができた。アクロバットがカスタネットにあわせて群舞していたのはこの中庭だったろう。祝祭の空間としては、最高のたかまりをみせたに違いないと思わせるような中庭である。床面はわずかに奥にむかって傾斜している。そののぼり工合が、眼にほとんど感じられない程度で、いっそう緊張感をかもしだす。

奥の内陣に到達する前にカルナックではハトシェプスト女王のオベリスクが一対中央に立つ広間がある。即位式のときに戴冠した場所である。ルクソールではここは多柱室を通り過ぎて、ぽっかりと空がひらく小さい中庭になっている。そのつき当りにローマ風のニッチがもうけられている。ローマの神か、あるいはコプトの時代にキリストが祀られたのだろうか。実際に後世になって幾度となくこの巨大な神殿は改変を受けているのだ。内陣

カルナック神殿、大多柱室の中央廊を見上げる（KS）

の聖舟安置所のレリーフに描かれている王のカルトゥーシュはアレキサンダー大王の名前となっている。

カルナックでは、内陣の聖舟安置所および供犠の間に到達するまでにさらに二つの塔門をくぐることになる。このあたりはすでに幾重にも壁がとり囲み屋根におおわれて、殆ど闇のままであっただろう。天井の高さは、徐々にさげられて、柱のスケールも小さくなる。そして、上下エジプトを象徴する蓮とパピルスを彫った二本の花崗岩柱が立つ広間を経て最終の安置所があらわれる。

ルクソールはこの安置所のまわりに数々の祠をもった小室がとりまいて、迷路のおもむきを呈するが、カルナックでは、ふたたび広い中庭にでる。そしてもっとも奥にトトメス三世の祝祭殿あるいはセド祭の間と呼ばれるかなり大きい複合施設がみえる。両方の神殿ともにこれらの施設の周囲に厚い壁がまわされている。カルナックは二重になっている。

正面の第一塔門から奥の内陣へむかう軸線上を通過すると、中庭と覆われた広間の空間が交互に連なっていることがわかる。明暗がリズミカルに繰りかえされる。最初のスケールは巨大だが、次第にその波は収斂していく。この継起的な空間の展開は、建設は実はまったく逆に、奥から前方にむかって、代々の王が順次つくりあげていったものである。必ずしも全体の計画などなかったであろう。ひとつずつ既存の施設に新しい広間や中庭が加えられていくときに、彼らはその空間体験のドラマを充分に計算していたことは、最終的に減衰震動波のようにたたみこんでいく演出が完成されていることをみても明らかである。

カルナック神殿、トトメス三世の祝祭殿（KS）

風化というアポリア

神の観念がちがうことから、日本とエジプトの神殿が、似た形式を採用しながらもまったく異質な空間を生むことになったといえよう。エジプトでは巨大な石造技術の蓄積のうえに、たたみこむような継起的空間をつくりだした。その基本になったのは、神殿を貫く軸線、そのうえを行列を組んで移動する祭礼の形式であった。神像に近づきそれにまみえるために通過することになる、想像を絶するようなスケールの中庭と広間があった。そこでは人間の身体は石塊にとりまかれ、圧倒された。量塊としての柱や壁。同時にそれが反転したような洞窟的空間、レリーフによってその表面が覆いつくされた。

ところが、日本の神の観念は、もっと概念化され、抽象化されていた。究極的には不可視で、しかも特定の手続きを経れば、どのような場所にも降臨する。それは特性として一神教に近い。抽象的なひとつの神があり、これが時と場合に姿と名前をかえて出現するとみてもいいではないか。そのために神のすまいは抽象化され、直接眼でみる必要もなく、むしろ距離をつくりだすことによって、想像のなかに気配を感じたのだ。長い参道は、そのような距離を感じさせるもっとも適切な手段であった。それがおそろしいまでに繁る樹林で囲われれば、いっそう効果が高まった。いいかえると、エジプトに較べてあまりに豊かな自然があり、そのなかに神の存在を感知していたために、自然の変化をそのまま利用するので充分すぎるほどだった。社殿を必要としなかった自然神道がやはり神の認識の原型でありつづけたのだ。社殿を囲いこむという隔離の方式は、身体が知覚する空間を人工

カルナック神殿、トトメス三世の祝祭殿付近から大多柱室を見る（KS）

的に演出することではなく、神の気配を感じとる暗号のようなサインがあればそれで充分だった。神話において擬人化されていながら、ついにそれを図像化しなかったのは、技術の差ではなく、観念の相違に基づくことであったと考えていい。

具体的な像、人間の身体をつつみこむ建築空間、そして葬祭のための記念碑をつくりだそうとしたエジプト人たちにとって、その当初から直面していた難問は、物理的な風化や腐蝕によって、人工的な生産物が消滅していくことであっただろう。現世の状況を再現するために、徹底した処置をほどこそうとした墳墓のなかの副葬品、そして人体さえミイラとしてその外形だけでも保存しようとした。しかし、皮肉なことに、これらの墳墓は、物理的に風化する以前に、人間の手によって盗掘され、消滅させられてしまったのだ。

日常的な建造物は、流動する沙漠、定期的な洪水で洗い流される河岸に、植物的な素材や日乾煉瓦でつくられたため、これまた消滅した。そこで考案されたのが数々の石造技術で、風化のおそい硬い石を彫りだすことで、現世の状態が模写された。同時に、スケールを拡張することによって、風化の速度に耐えようとした、とも考えられる。王権の誇示という副産物もあったろうが、何より重視されたのは、たえず風化するという時間の作用に耐えて、永遠の不変性を獲得しようとしたことだった。

その五千年後の結末から推定すれば、完璧の不変性にはついに到達しなかったという単純な証明が生まれている。神殿の大部分は崩壊した。ピラミッドのような単純きわまりない構築物でさえ、その表層部は失われてしまっている。無傷のままに残存しているものは見当るまい。構築物の全体ではなく、むしろ崩壊し風化した部分だけが私たちの限にうつる。その部分的断片は、いずれも永久的な不変性を願いながら営々と刻まれていたという意志の痕跡のようなものにおおわれている。私たちはレリーフの部分やパピルスの断簡から彼らのいだいた壮大な意図を想像しながら復元するにすぎないのだ。

風化と消滅、それは人間が自然のなかにあって、その運行に身をまかせているなかで、はじめて感知した法則であっただろう。そして石に刻みつけ、建造物を構築したのは、そのような自然の法則にたいする最初の反逆であった。風化の進行を人為的に停止させることが企てられたのだ。

としてみると、私たちの文明は、自然の運行を逃れ、停止させ、改変するという企図があったことから生みだされたといっていい。神の火を盗んだプロメティウスのような英雄たちの犠牲のうえに集積されていったわけだ。ピラミッドのような構成体は、まずは人間たちの営為が、悲劇的な壮大さをもって結晶した記念物といえる。そして以後数千年間、私たちはそのような反逆の過程をあくことなく繰りかえさせられている。

力による征服をそのまま視覚化するのではなく、日本の神観念のように、ひたすら自然の代謝を受容し、不可視のものだけを伝承しようとする方法もいっぽうにあった。風化というアポリアを、あらがうのではなく、そのまま受容することによって解こうとした例である。しかしそこでさえ伝承をかたちづくる社会的システムが必要とされる。このもろいシステムは、記憶装置がないかぎり作動しない。ここでも装置が風化しないという保障はない。もっと早くに忘却されるかもしれないのだ。

第2章

闇に浮ぶ黄金

サン・ヴィターレ聖堂

きらめく東方——サン・ヴィターレ聖堂

サン・ヴィターレ聖堂（AD五二六—五四〇以前）は、東のコンスタンチノープルにたいし、一時は西ローマ帝国の首都が置かれていた北イタリア・アドリア海に面した港街ラヴェンナにある。

西ローマ帝国は、ゴート族の侵入により、四七六年に滅亡したが、その後、東ローマ帝国ユスティニアヌス一世がこの地を回復し、この街をふたたび重要な西にむかう拠点にした時期にこの聖堂は建設された。その基金は、東に情報を送る役割をしていたといわれる銀行家ユリアヌスが提供したとされる。この聖堂が東ローマ帝国と密接に関係していたことは、この内陣のモザイクに、皇帝ユスティニアヌスと皇妃テオドラの肖像が大きくとりあつかわれていることからも推定される。

この八角形をし、その内側に八つの花弁状のエクセドラをもち、中央にドームをいただく独自の形式がいずれに由来するか、いくつもの説があるが、直接的にはコンスタンチノープルにあるハギイ・セルギオス・ケ・バッコス聖堂（AD五二七—五三五年）との関係が指摘されることが多い。それは、正方形の外壁の内側に、八本の柱が立ち、四隅がエクセドラ状に湾曲している。形式はたしかに類似しているが、ここでの内部の八角形は、正方形の四隅をまるめたという印象が強く、中央のドームはもっと偏平にかけられ、むしろ、より巨大化し東ローマ帝国最大のモニュメントとなったハギア・ソフィア（創建五三二年—五三七年、地震による崩壊、五五八年、その後再建）へとひきつがれていく形式だったともいわれる。

断面形をみると、サン・ヴィターレ聖堂の中央の八本の壁柱は、コーニスを省略して、垂直性をもたせているが、それを強調するかのように、平面に比較して、ドームの置かれる位置が高く、筒状の垂直空間が生み出されている。この中央の吹抜けに垂直性を強調する意図は、コンスタンチノープルで同時期に建設された前記の諸聖堂にはみられぬ特徴で、これを西方が生んだ特徴であろうと判定する視点が生まれる。その理由のひとつに、このサン・ヴィターレ聖堂を明らかに模範として建設されたといわれるアーヘンにあるカール大帝の宮廷礼拝堂（AD七九六―八〇四年）では、その垂直性がよりいっそう強調されており、それ以後西欧中世の特徴となるゴシックの垂直性だけを意図するようなデザインに連続することから、系譜を逆にたどって、このラヴェンナのサン・ヴィターレ聖堂にその発祥をみるという観点が生まれたともいえる。

サン・ヴィターレ聖堂の中央に、垂直性を強調するように立てられている八本の壁柱は、上方へドームを支持するだけでなく、周辺のバルコニーを支える役割もしている。この二階の床部を湾曲した花弁状に削りとって二本の小さい円柱を立てて、エクセドラを形成させているが、この部分は実は聖堂の内部の空間性を絶妙に演出する装置となっている。このエクセドラの部分が、一種の透かし壁のような役割をはたしているとみることができる。日本の建築にみられる透かし彫りなどのはいった欄間や縦桟のはいった明り障子、格子戸などのように、光をフィルターにかけることによって、立体的な制御をなそうとしている。

日本の伝統的な建築の内部空間に似て、ビザンティンの建築の内部は、一様に、闇につつまれた状態をその空間の原型としてもっていたのではないか。光線が幾重にも制御されると、その奥には闇がひかえている。その奥まで照らしだすことを求めずに、そこにいたるまでに、何段階かの諧調を生むためのフィルターのような仕掛けをつくる。奥へ奥へとむかって、軒、縁、障子、床の間、棚と、徐々に明るさを失っていく日本の伝統的な空間の内部と同じく、バルコニーやエクセドラ、奥行の深い壁柱などを介して、外部の陽光を徐々に中心に向かって諧調を下げていく。奥と中心とはその平面形が異なるので勿論形式上に決定的な相違があるが、いずれもが、光がもっとも弱められたあげくに到達する地点という点では共通する。すくなくとも二重もしくは三重に包み込むように組み立てられているサン・ヴィターレ聖堂は、光の制御にたいして、もっともセンシティヴな建築形式を生み出そうとしたと思われる。

その闇のなかにあってこそ黄金色が映える。金箔地に描かれた屏風絵、障壁画、金蒔絵は、ほとんど闇に包まれた日本の建築空間の奥にひそかに置かれるとき、驚くべき効果を発する。あるいは闇のなかに、かすかな灯が持ちこまれたとき、まるで生きもののようによみがえる。あるいは密教寺院の祭壇の奥にたちこめる闇のなかにある黄金色の祭具は、それが焰で照らされたとき、強い力を発揮する。

ラヴェンナの諸聖堂にくまなく用いられているモザイク、とりわけ黄金色のモザイクは、それが闇のなかに置かれ、しかも、アルコーヴやドームの凹面に用いられているとき、その闇を貫くたった一条の光線によって、突然発光するような輝きをみせる。その効果が計算されつくされた祭壇が、全面的に黄金をベースにしたモザイクで埋めつくされているとき、闇による演出は必須条件のように考えられただろう。

それだけではない。朝、太陽が昇り、徐々に南へ回転しはじめる頃、サン・ヴィターレ聖堂の祭壇付近には、思いもよらぬような光のドラマが生まれる。闇につつまれ、射し込む光線もフィルターをかけて制禦されていたさなかに、祭壇の背後の採光窓に太陽光が射し込むと、突然光の氾濫が発生する。光線は祭壇の一部を照らすにすぎないが、黄金色のモザイクに反射し、洪水のようにニッチの全体に溢れ、内側から発光する。瞬時にして、まばゆいばかりの光がその祭壇を埋めつくす。光がこのように過剰なまでに溢れでるのもまた、この建築のひそかに意図した部分であっただろう。その光景は勿論太陽の回転とともに消え去るが、建築空間が真に息づいている瞬間を発見することも、建築を行脚するひとつの目標でもある。

充満するモナド

建築の空間は、ある日、突然、おそってくる。全身体に充満する。その身体を内側から溶解させて、不定形にとりまく空間へと流出させる。一面に拡散していく。それを性的エクスタシー、宗教的なさとりの体験、ドラッグ・トリップなどのいずれにもたとえることはできる。だが、それはもっと緩慢な過程のようにも思える。昂揚し飛翔していくようでもあるが、同時に入眠していくような弛緩をともなっている。そして、いったんその知覚を得ると、性的な興奮にも似て、幾度もよみがえってくる。

そのような瞬間のもたらすものを、私は、「空間」からの啓示、と呼んでおきたい。若年の頃、私は建築家になることを志した。とはいっても、確信があったわけではない。建築技術の職業訓練の教課を消極的に選択したにすぎなかった。その後のかなり長い徒弟的修業期間をつうじて、私は空腹に似た欠如感にさいなまれつづけた。その原因は明らかで、知識として、情報として建築を仕込むことはできたが、それを感じとるという体験をする機会が訪れなかったためだ。

私の少年時代に、私の住んでいた家や街が、戦争によって一挙に消滅した。日本の家屋は木造であったため、炎上して、街はみわたすかぎり焼跡となった。身体をとりまいていた物理的実体が、瞬時にして消失した。社会システムもひきつづき崩壊した。個人的な体験としていえば、私が建築家を志した時期までに、家族のきずなも切れてしまった。崩壊し消滅することだけが、私にとっての切実な記憶であった。創り上げられるもの、として論じられる建築と連なる体験など皆無であった。

おそらく、この過程が生みだした心理的な傷痕が私のなかに欠如感を生みだしていたのかもしれない。その欠如感を見据える前に、私は崩壊と消滅というマイナスのヴェクトルを建築にむかって逆照射する方法を捜した。未来を廃墟として構想すること、虚構のシミュレーションとして現実を操作すること、空白そのものとして空間を想起すること。逆説が成立し、アイロニイが作動したとき、私は少しだけあの欠如感を充足できるように思えた。

だが欠如感はつづいていた。むしろ不安に私をおとしいれた。可能なかぎりの時間を費やして、日本の古建築を訪れた。そして、日常の時間を圧縮し、睡眠の時間も短縮した。肉体は支えきれずに、当然ながら崩壊した。私は病院へ送り込まれた。

病室は矩形で、壁も天井も白一色に塗られていた。なにもない。真白い平面だけが、私を包み込んでいた。そして、消燈された後、その真白い平面が、闇につつまれていく有様を凝視せざるを得なかった。

そんなとき、いまだに天井板が張られていずに小屋組が露出している寝殿造のその奥にも、闇が立ちこめていたのを想いだした。それは、平安時代に、几帳で囲われた置敷の畳の上で、さだかならぬ男の訪れを待っていた女御たちが見上げていた闇でもあった。女御たちの、せつなく、そしておぞましい時間が闇で埋められていたことを、私は強制的に消燈させられたために訪れた闇のなかで感知したように思った。それは、不定形なままのひろがりである。寝殿造の小屋組は、ひとつの深さをもったシェルターの役をさせているにすぎない。その周辺部は深い庇をもち、はねあげられる蔀戸《しとみど》によって外界と区切られている。その広い床のうえにしつらえられる寝床は、几帳によって、軽く、一時的に囲われる。まさに、かげろうばかりである。そして、燈火のとぼしかったその時代には、いっさいが闇の浸透にまかせられていたであろう。何故かこの国ではそういう状態にあるものを建築空間と呼ぶ習わしがなかった。すべてを覆いつくしている闇が支配する場の様相があることだけが理解されていたにすぎない。

その病を癒し、立ちなおるために、私ははじめて旅にでた。建築によって埋められねばならない空洞が、もっと大きい口をあけたように感じていた。そして欠落を抱え込んだままであった。偶然のことだが、その旅はイスタンブールから始まった。ギリシャとエーゲ海の島々をめぐって、ヴェネツィアにたどりついた。回復に自信がなく、幾度も仕事への復帰に失敗していた私の肉体は、地中海の陽光でやっと息づきはじめるように感じた。だが同時に目まぐるしく立ち現れる数々の神々の宿る島や山頂や、建築的遺跡に、息をつくいとまもなく、徐々に疲労が蓄積していた。微熱も感じていた。宿に荷物を置き、迷路となった小路をさまよったあげくに、ぽっかりと切り抜かれたように透明なサン・マルコ広場にでたとき、太陽はもはや西に傾きかけていた。

私は行路病者のように、この広場の奥にあるサン・マルコ寺院に倒れ込んだ。休息するベンチを求めてのことだ。二重に区切られた寺院の内部は、思わず手さぐりを始めねばならぬほど暗かった。周辺にいる人びとの姿も溶けて気配だけしかなかった。よろよろと内陣の中央まで進み、暗闇のなかにほのかに浮かぶクーポラを見上げた。

何条かの細い光線が暗闇をよぎっている。その奥に、相貫するアーチと、それに支えられたドームの輪郭がぼんやり浮かんでいる。その表面を埋める金色のモザイクが真黒くすすけていながら視点を移動させるにつれて、キラリと光る。残部はやはり暗闇のなかに沈む。

四〇年後の今日、サン・マルコ寺院の天井は洗われ、モザイクは修理されただけでなく、観光客のために、煌々と人口照明があてられている。あのときと同じような体験はもうできないだろう。

突然、そのとき、病室で凝視していたあの闇がかえってきた。私の肉体は疲労のあまり金縛りに遭ったように動けなかった。その不自由さもまた病室のベッドの上での記憶にあった。放心状態が無理におびきだされていたというべきか。肉体を、制御する気力もなく、深淵にむけて落下していくのを、もうひとりの私が眺めているようにも思えた。闇に包み込まれていながらも、その奥に堅固に構築された形式がひそむ。その表層部を光線がよぎるとき、形式が浮かびあがる。そして、構造体の表面がその内側にいる私の肉体を一定の距離を保ちながら包囲する。単純に壁や天井と対峙しているだけではない。私と、私を囲繞する表面との間に浸透性のモナドのような気配が立ちあらわれ、私の肉体の内部を貫き、充満する。極限的な疲労のために、私は思考を放棄していた。無防備のまま肉体を立ちこめるモナドの海に泳がせていたのである。そのなかからひとつの言葉が浮かんできた。「建築的空間」。あっけないほどに抽象的だ。だがそれをさらにメタレベルにまで引きあげるべきだろう。「空間」だけでいい。その存在を知らされ、予感をもってはいながら、私の肉体は感知していなかった。その「空間」が私の肉体を貫いている。そして長い間の欠如感を埋めようとしている。このひとつの言葉、いやその言葉のつつみこむ、すべての様態が、私の肉体を回復へと導いてくれるだろう、とそのとき理由なしに思えた。

私のそのときの旅がイスタンブールから始まったのは意図的ではなかった。テルアビブに友人を尋ね、なすべき仕事があった。その近接点から旅程が開始されたにすぎない。それは、当時の私がまったく関心をもたなかったビザンティン建築の分布する地域を巡りあるくことにもなった。初めての旅行の常として、その場所のメジャーなものに時間を費やす。イスタンブールではハギア・ソフィアの内部空間の量に圧倒された。部分的に残存する初期のモザイクは単に考古学的な対象にすぎないと思えた。そのうえモスクに改造された痕跡が目ざわりだった。内部だけをとりあげればブルーモスクがよりきらびやかであるし、シナンの設計したスレイマニエは殆ど完璧な形式性を保っていた。私はオスマントルコの時代の建築に強くひかれすぎて、ビザンティンを感じとる暇がなかったというべきだろう。

勿論ギリシャにおいては古典時代の建築が主要な関心の対象だった。若干のビザンティン建築をみて、私はひとつの疑問にとらわれつづけた。その内部は意外に小さく狭い。そして意図的に暗い。古典時代の透明で明るい空と海の青に強くはえる白大理石の組み立てる構造体が、その内部空間を殆ど無視したような形式に支えられていたとしても、そしてその殆どが廃墟と化し断片しか地上にはみることができないとしても、強い物理的な存在感によって訴えるものをもっている。それに比較すると、ビザンティンの建築は、煉瓦造りで、細かい装飾がまとわりつき、山地の方に後退し、私がとりわけ愛好しはじめたエーゲ海からは遠のいてしまっている。ここでも内部の妙な暗さとおどろおどろしさが印象に残るだけで、私は、それ以前の古代的なものばかりに眼を奪われていた。

だからビザンティン建築は、それが分布している地域を横断しながら、私の視界にはいってていなかったといっていい。サン・マルコ寺院はそれがサン・マルコ広場という、都市デザインのうえでのひとつの決定的モデルにたまたま所属していたという理由だけで近づいたわけだ。この広場の名称がこの寺院に由来しているので、この私の理解は転倒している。一六世紀から一九世紀にかけて形成された、その前広場をめぐる回廊の空間のすがすがしさと、緊迫した都市的構成の方が、その当時の私の関心をかきたてていたのである。そのサン・マルコ寺院内部における初めての空間体験が、私に「空間」の啓示、となっておそった。その邂逅もまた実のところ偶然だった。私の欠落部分を充塡したいという渇きに似た欲望と、それを支えていた肉体の限界的な疲労による放心状態。これらの要因が重なり合って、肉体的な体験が生まれると同時に、ひとつの言葉になって立ち現れたというべきか。

谷崎潤一郎の闇

近代建築の言説が飛び交う一九六〇年代の初頭において、空間、建築空間、という用語は、かなり濫用されていた。すでに私は建築空間についての文章を書き、日本の都市空間についての研究も続けていた。だが、このときに体験された建築空間は、もっと濃密であった。深い闇の奥から立ち現れるようだった。充満するモナドの気配に満ちていた。「空間」とあらためて呼びかえしたいと思った。二〇世紀が組み立てようとしている建築的空間とは位相を違えている。だが、いつの時代にも通じ合う、メタレベルの概念としての

「空間」を、私の中心的な課題に措定していいではないか。そしてこれこそが異なった時代の建築家たちが、異なった条件下に独自に組み立てた手法を駆使して、実現させるべくねらいを定めたものではなかったか。私はこの旅から帰って『闇の空間』というエッセイを書いた。それを収録した最初の著作を『空間へ』と名づけた。もはや私の日常の世界も、職業的な世界も、「空間」という言葉、概念、現象、体験、行動をはずして、成り立たなくなってしまった。だからこそ私はあえて「空間」の啓示といいたいのだが、それが思いがけずも、ビザンティン建築の内部の闇を貫く一条の金色の光線によってもたらされたのだ。私は旅程を変更して、さっそく南下してラヴェンナへむかった。

だが、何故闇だったのだろう。闇が媒介することなしに、私には「空間」は訪れなかった。尊敬する先人たちが「建築」を発見した記述をみると、〝光線と影のなかでの立体のドラマ〟、〝厳格な比例の生みだすリズム〟、〝秩序を生みだす構成〟などと枚挙にいとまのないほどの表現にいきあたる。が、それは近代以後の「建築」概念の担い手として、明晰性が裏づける幾何学を手がかりに語られるのが常であった。一方で、「空間」は人間学的現象学として把握されようともした。不定形な領域のただなかで、意識の内部に立ち現れるものの、外部領域との相互作用が考察されたこともある。ここから「生きられた空間」「住まわれた家」といった主題がひきだされている。だが、これらの形式という存在学も、生という現象学も、私にはついぞ、建築＝空間とでも表現すべき問題の所在に近づく鍵を与えてはくれなかった。知識であるかぎり、私の肉体の一歩手前にとどまってしまう。肉体を貫くような了解を私にもたらしたのは、闇、を媒介項となし得たからであった。これは実体であるとともに隠喩である。抽象的にみえて、具体的にそれを想像することもできる。闇がそのような媒介項たり得ることを私は谷崎潤一郎のエッセイ『陰翳禮讃』から学んだといえる。それしもあの「空間」の啓示を得たのちに帰国し、かつて読んだ記憶をもとにもう一度確認してみると、それは私にはたぐい稀な日本建築空間論にみえてきた。そこでは闇こそがいっさいの空間を解読する鍵として用いられていたのである。陰翳と谷崎がいうとき、それは今外国語に翻訳されている意味をたどると、影、または影のつくりだす隈どり、ということになる。事実、私たちはそのような影のグラデュエーションが生みだす濃淡だけがしみわたる家屋の内部を知っているのだが、その抑揚の消えていく極限に闇をみている。

「——あの障子の裏に照り映えてゐる逆光線の明りは、何と云ふ寒々《さむざむ》とした、わびしい色をしてゐることか。庇をくゞり、廊下を通って、やうやうそこまで辿り着いた庭の陽光は、もはや物を照らし出す力もなくなり、血の氣も失せてしまったかのやうに、たゞ障子の紙の色を白々と際立たせてゐるに過ぎない。私はしばしばあの障子の前に佇んで、明るいけれども少しも眩ゆさの感じられない紙の面を視つめるのであるが、大きな伽藍建築の座敷などでは、庭との距離が遠いためにいよいよ光線が薄められて、春夏秋冬、晴れた日も、曇った日も、朝も、昼も、夕も、殆どそのほのじろさに變化がない。そして縦繁《たてしげ》の障子の桟の一とコマ毎に出來てゐる隈《くま》が、恰も塵が溜まったやうに、永久に紙に沁み着いて動かないのかと訝しまれる。さう云ふ時、私はその夢のやうな明るさをいぶかりながら眼をしばだゝく。何か眼の前にもやもやとかげろふものがあつて、視力を鈍らせてゐるやうに感ずる。それはそのほのじろい紙の反射が、床の間の濃い闇を追ひ拂ふには力が足らず、却つて闇に彈ね返されながら、明暗の區別のつかぬ昏迷の世界を現じつゝあるからである。」*

外光を制禦するために、庇をだし、半透明の薄膜で区切ることは、日本の伝統的な家屋の特徴である。それがあくまで、水平方向で処理されていた点が、おそらく後に述べることになるサン・ヴィターレのような垂直性を内側にもっている建築の内部の構造と対比して違っている点だが、ここでは「もし日本座敷を一つの墨絵に喩へるなら、障子は墨色のもっとも淡い部分であり、床の間はもっとも濃い部分である。」という谷崎の記述からして半透明で、中間的な、薄明のようなひとつの面が、「もやもやとかげろう」ように立ち現れながらその奥に、居据わり、はねかえされていく、極限に闇があるというのである。彼は闇につつまれた日本の住居の奥に生活した女人たちを想う。そのなかから生みだされた日本的な美と呼ばれているものが、その闇を背後にしてはじめて成立したはずだとさえ推測する。そして、島原の角屋の「松の間」という広座敷でみた闇について語る。

「――僅かな燭臺の灯で照らされた廣間の暗さは、小座敷の暗さと濃さが違ふ。ちやうど私がその部屋へ這入つて行つた時、眉を落して鐵漿を附けてゐる年増の仲居が、大きな衝立の前に燭臺を据ゑて畏まつてゐたが、疊二疊ばかりの明るい世界を限つてゐるその衝立の後方には、天井から落ちかゝりさうな、高い、濃い、唯一と色の闇が垂れてゐて、覺束ない蠟燭の灯がその厚みを穿つことが出來ずに、黒い壁に行き當つたやうに撥ね返されてゐるのであつた。諸君はかう云ふ「灯に照らされた闇」の色を見たことが

＊『世界教養全集6』谷崎潤一郎著「陰翳禮讃」二六七頁 平凡社 一九六二年

あるか。それは夜道の闇など、は何處か違つた物質であつて、たとへば一と粒一と粒が虹色のかがやきを持つた、細かい灰に似た微粒子が充滿してゐるもの、やうに見えた。」*

日本の建築空間をその本質において説明した文章のなかで、私はいまだに谷崎潤一郎のここに引いた一節を超えるものをみいだしていない。「灯に照らされた闇」。その背後に無限の奥行を予感させ事実存在させながらも、絶対的な暗黒によって塗りこめて、私たちの視線からかくしている。その埋めつくしている粒子《モナド》がひとつひとつあたかもブラックホールのように光を吸い込み眼にみえる光を消し去る。私たちは、そんな闇を指摘されると即座に古い建築や大きい民家の奥に踏み込んだときの記憶を回復する。それだけ闇は、日本の建築のすべてを埋めつくしていた媒体のようなものだったと気づかされる。日本の建築をその形式や装飾や配置を、舗設性や無限定性や互換性などによって説明することは、近代にいたり、近代建築との類縁的な特性を指摘するという視点から、数多く試みられていた。その近代化が日本の伝統的な生活空間にもたらした、ピカピカ光るものや電燈の明るさなどの侵略に反対することを目的として書かれたこのエッセイが、皮肉にも建築家たちがとらえることのできなかった空間の本質を逆に照射しているのだ。その闇のなかで生みだされたエロスの極限のような美でさえ、私たちは苦労せずに了解できる。

「――昔の御殿や妓樓などでは、天井を高く、廊下を廣く取り、何十疊敷きと云ふ大きな部屋を仕切るのが普通であつたとすると、その屋内にはいつもかう云ふ闇が狹霧の如く立ち罩めてゐたのであらう。そしてやんごとない上﨟たちは、その闇の灰汁《あく》にどつ

* 谷崎潤一郎　前出書　二七六頁

ぷり漬かつてゐたのであらう。[*]」

私には、上臈とは縁遠かったとしても、「闇の灰汁《あく》」にどっぷり漬かった記憶があった。少年の頃、天井の高い民家の広間で、その隅々を闇が埋めているのを見つめた記憶があった。京都の寺の奥の一室を借りて、しばらくの期間寝起きしていたとき、仏壇の奥に立ちこめているおぞましいような気配に、常におののいていた。そして大仙院の石庭の石組を月光だけをたよりに凝視し、ついに闇のなかに沈んで行くまでその縁側に坐りつづけたこともあったが、それらの石が闇のなかで、生き物のようにうごめき、あやしい叫び声さえ挙げているのを聞いたようにも思った。闇は私のなかで、肉体のさまざまな部分に記憶の断片として散乱していたのだ。だが、誰もがそれこそが建築空間なのだとは教えてくれなかった。そんな記述もみつからなかった。谷崎潤一郎でさえ、「建築のことについては全く門外漢であるが」とことわりをいれながら、この決定的に建築的な記述をすすめている。彼が闇について記述したこと、私が幼年期以来闇につつまれて生きたという記憶があったこと、そして、谷崎が西洋人には理解しにくい「東洋の神秘」を生みだす「陰翳の魔法」と呼んだこの闇が、私が偶然にたどりついたサン・マルコ寺院の内部に立ちこめていたこと。すなわち私にとってのばらばらの体験だったものが、突然、闇を媒介にして連鎖状に整列したのである。その闇が、さらに建築と空間をさえ結びつけた。建築＝空間、と私が記述したのは、その両者が同時に了解されるような関係の下に立ち現れるためである。

＊　谷崎潤一郎　前出書　二七六―二七七頁

光悦の漆黒に浮かぶ金

だが、私が訪れたサン・マルコ寺院が、単純な闇にとざされただけだったら、私に「空間」の啓示を容易にもたらしただろうか。いくつもの闇は感知していたのだ。啓示を衝撃的にひきおこしたのは、西に傾いた太陽が射し込んだ幾条かの光線ではなかったか。そして、その光線がほのかに浮かびあがらせていた金色のモザイクではなかったか。闇のなかの黄金は、白日のもとに置かれた状態とはまったく異なってみえる。

「――諸君は又さう云ふ大きな建物の、奥の奥の部屋へ行くと、もう全く外の光りが届かなくなつた暗がりの中にある金襖や金屛風が、幾間を隔てた遠い遠い庭の明りの穂先を捉へて、ぽうつと夢のやうに照り返してゐるのを見たことはないか。その照り返しは、夕暮れの地平線のやうに、あたりの闇へ實に弱々しい金色の明りを投げてゐるのであるが、私は黄金と云ふものがあれほど沈痛な美しさを見せる時はないと思ふ。そして、その前を通り過ぎながら幾度も振り返つて見直すことがあるが、正面から側面の方へ歩を移すに隨つて、金地の紙の表面がゆつくりと大きく底光りする。決してちらちらと忙がしい瞬きをせず、巨人が顔色を變へるやうに、きらり、と、長い間を置いて光る。時とすると、たつた今まで眠つたやうな鈍い反射をしてゐた梨地の金が、側面へ廻ると、燃え上るやうに耀いてゐるのを發見して、こんなに暗い所でどうしてこれだけの光線を集めることが出來たのかと、不思議に思ふ。*」

* 谷崎潤一郎　前出書　二六八頁

この記述をそっくりビザンティン建築の、とりわけヴェネツィアやラヴェンナの金色のモザイクに覆われた内部と置き換えたいとさえ思う。日本の建築の奥の闇のなかに置かれた金襖や金屛風の空間の中における金箔の効果について、これ以上に正確な描写はあるまいと思われる。同時に、それはそっくりビザンティン建築の内部の意図の一部である。私はローマのサンタ・マリア・マッジョーレの長いバシリカ型の身廊が夕闇に殆どつつまれようとしたなかで、内陣をかたちづくるアーチ状のニッチの上部にある円形に囲われたキリスト像が、その金色の円形のなかで、突然光り輝いてみえた瞬間を想いだす。光背であるが、同時にその像を闇のなかに浮かすための金地の円形のモザイクが、薄暮で沈んでしまった全内部空間のさなかに、突然、浮かびあがってみえたのだ。それは、後になって数々の機会に見ることのできたイコンにおける像が一様に光背を背負っており、ここだけは集中的に金箔が、時には金の薄板が貼られており、その光背が輝いて、時にはその図像が逆光のなかでシルエットになってみえたりするのと同様の効果が考えられたためだろう。

それに比較するならば、日本ではビザンティン建築の生まれた時代に、すでに金を宗教的な荘厳のために用いていた。仏像の金の光背、金箔で覆われた像、そして、磨かれた真鍮の数々の仏具。寺院の内部を荘厳するのに、殆ど金色だけが唯一の手段であったが、それもまた、寺院の内部が闇につつまれたうえでの効果から推量されたに違いあるまい。その時代から闇が支配的であることにかわりはなかった。密教寺院の内部で祭儀のために焚かれる護摩壇の焔が、これらの金色の荘厳具を照らす。そしてあの祭儀の絶頂時に垣間みせるように開かれる不動明王の図像は、闇をめらめらと照らす焔のなかに、ゆらめくように出現させられた。そして、もういちど闇のなかへと消えたのだ。

谷崎潤一郎は同じエッセイのなかで、漆器についても語っている。黒、赤、茶の漆器の色は、闇が堆積した色であり、闇のなかから生まれてきたものであるから、闇のなかに置いたときに、はじめてその本当の美が味わえるという。その意味では、金蒔絵こそが闇にかかわる一切の素材を駆使して造られる。厚塗りの漆のその奥に闇をひそませたような深さ、そこに嵌め込まれた金と螺細《らでん》。それらは何重にも響き合うことが予想されたうえで、やはり闇の立ちこめる書院の奥に置かれる。

蒔絵による工芸品のなかで、私がとりわけ心をひかれた硯箱がある。本阿弥光悦作と伝えられる「舟橋蒔絵硯箱」である。金はあえて用いられずに、かわりに鉛や銀といったにぶく輝く素材が用いられている。それだけでなく、私の印象に残ったのはその大胆な形態である。箱の上蓋は凸面状に盛りあがって、殆ど実用の域を超えてしまっている。異形とみえるひとつの物体だが、その表面がにぶくしか輝かぬ素材でありながらその凸面が、おそらく闇のさなかにあっては、もっと微妙な光線をあつめて反射性の光沢を発するはずである。光悦の時代は、日本ではもっとも数多く金襖や金屏風が制作されていた。建築の飾り金物にも金が用いられはじめ、殆ど過剰と思われる氾濫が起こっていた。いわば闇のなかにひそやかに置かれてみえないものを荘厳するはずだった金色が、現世の世俗的建築の内部や外部にいたるまで張り出したのである。光悦は世俗で刀剣の鑑定師でなりわいをたて、かたわら、書や工芸を集団的に制作する工房をかまえていた。彼が時代の通俗的な趣向を受け容れながら、それでも抑制のきいた仕事を残したことに私は関心をもっていた。その本阿弥光悦とビザンティンが何故か結びつく、奇妙にねじれた空間のなかに、私は入り込んでしまった。

ある日、私の前にひとりの心霊家が現れた。彼は、私の前世が何者であったか透視できるという。彼は不思議な手続きをはじめた。最初に私の現世に与えられている姓と名前を仮名に分解し、その七字から始まる七つの和歌を詠んだ。それは自動筆記のような過程でつむぎだされた和歌であった。心霊家は媒体をつとめているだけで、その和歌を詠んでいるのは、私の前世の人間である、と説明がなされた。自動筆記のように動いていた手が最後に詠み手の名前を捜しはじめた。ためらいながら、そこに書かれたのが、木阿弥光悦の五字だったのだ。

私は符合する偶然の一致に衝撃をうけた。というのは、その数日前に、ある外国の雑誌の依頼で、私がただ一点だけ推す美術品を全世界の美術から選ぶようにという企画に応えて、俵屋宗達の下絵のうえに光悦が文字を書いた、三十六歌仙の断簡の写真を捜し、推薦する理由を書いて、発送したばかりだった。それは、あの硯箱と同様に、金や銀が散らされてはいても、極度に抑制された仕事であり、大作の美術品とはいいかねる写本にも似た小品である。その極小の空間に、全世界の美術のすべてを凌駕する確かな質がひそむことを、私は気負いながら記した。そのために、その前の数週間は木阿弥光悦のことばかりを想っていたが、だれにも話さず、勿論発表さえしなかった。だから心霊家に伝わる手段はあり得なかった。彼が自動筆記をはじめる前に、私は何の予備知識も伝えぬよう、いっさいの会話をやめたのだから。

つづいて、心霊家は、私の背後にいるという守護霊の像を描きはじめた。その顔からは東洋的な面影が消えていき、西洋的な骨格が現れた。そしてこれはかつて、ビザンティンの宮廷にいたアートディレクターで、彼はその帝国で造営されていた建築や美術のすべてを総指揮する立場にいた人間だろうという。守護霊は時に入れ替わることもあるが、彼は私の二〇代のある時期にやってきた、と断言した。

何故ビザンティンからだったのだろうか。私は光悦を名指しされたときのように直ちに納得できなかった。この原稿を書き始めるまで、実は半信半疑のままいたといっていい。前に、私は偶然に旅がイスタンブールから始まった、と書いたのだが、私にとって建築を確信させてくれることになった、あの旅は、いまでは私を守護してくれることになった彼が呼び寄せたに違いない、と信じ始めていいと思っている。はるかに遠く、予備的な関心をもったこともなく、古典主義や理性や明晰性にもっぱらこだわりつづけたために、ビザンティンが生んだ数々の建築や美術作品さえも素通りした私を、彼はやはりビザンティン建築の、それも殆ど末期であるが故に夾雑物に多量に取り囲まれたサン・マルコ寺院へとつれ込み、強制的に「空間」の啓示を与えてくれたのではなかったか。それはおぞましい闇へとむかう、下降していく旅でもあった。日本の近世へとむけて帰っていくことにもなった。八条宮や遠州や後水尾帝のように、直接間接光悦と同じ場所と時代を生きた人間たちの仕事の理解に、一条の光をあてることさえ可能であろうと自ら思い込んでしまうような体験でもあった。

ガ ル ラ・プラチディアの蒼穹

当然のことながら、ヴェネツィアの次にはヴィツェンツァのパラディオが待っていた。

私は旅程を変更してラヴェンナへむかうことにただちに決めた。それは闇のなかで得た「空間」の啓示をあらためて確信するためと、私は自分には納得させたが、今から想うと、はるばるビザンティンの宮廷から守護のためにやってきたあの男が、ラヴェンナへ私をおびき寄せたとしか思えない。

ラヴェンナに到着してからでも、私はサン・ヴィターレにさっそく感激したわけではない。最初にひかれたのは、そこに隣接するガルラ・プラチディア廟だった。サン・マルコ寺院は別として、残存するビザンティンの建築は、決して大きいスケールをもったものではない。そのうえ、内部のモザイクが全面的に内部を覆いつくすほどには用いられていない。殆どの場合、祭壇やその上方部分、垂れ壁といった場所に集中的に貼られているにすぎない。残部はごく常識的な処理しかされていない。とりわけ、後世に修復されたり、改修された建物は、別の時代のものが入り込んだり、裸のまま残されたりしている。結果として、その建築の内部空間から与えられる張力は減退してしまっている。

ガルラ・プラチディア廟は、いまサン・ヴィターレ聖堂のある敷地の一隅に、ひっそりと建っている。廟であるから、小住宅よりも小さいほどだ。本来、これは、コンスタンチノープルからこの地に来て、ゴート族と政略結婚するなどの運命に翻弄されながら、遂にこのラヴェンナを支配することになるガルラ・プラチディアの廟として、彼女が寄進して建造したサンタ・クローチェ聖堂に接して建てられたといわれている。この聖堂は一八世紀に破壊され、別な建物に変わっているだけでなく、この廟も、サン・ヴィターレ聖堂の敷地に囲い込まれている。

勿論、幾度もの改修の跡があるが、少なくとも、現在では、その内部が完全にモザイク

ガルラ・プラチディア外観（KS）

画で埋めつくされている。創建時の内部空間が、殆どそのままの気分で感知できる。平面形は、古典的なギリシャ十字で、中央の交叉部は高い天井をもち、ドーム天井がつくられ、四方向の翼はいずれも一方向ヴォールトの天井である。ひとつの翼がエントランスとなり、扉の部分だけ長い。正面および左右の翼には石棺が置かれ、廟の基本形をなしている。

このヴォールト天井および交叉部のクロス・ヴォールトの内部にむかって導入されている外光は、細いスリット状の窓からだけである。私はその後に、スペイン南部の洞穴住居を訪れたが、その住居にはいったとき、このガルラ・プラチディアの内部の、狭い、殆ど洞穴と同様な空間を想いだした。スペインの洞穴住居は、採光量はもっと少ない。ただ内部は真白に石灰汁が塗られており、入口の扉に、さらにうがたれたのぞき窓のような採光口から射し込む太陽光が、壁面と連続しているヴォールト状の天井の各部にバウンスし、じゅずつなぎになった奥の奥にある部屋まで、やわらげられた夏の陽光を送りこんでいた。それに比較して、この廟の内部は暗い。だが、窓に嵌め込まれたアラバスターを透かして、極端に制禦された太陽光がほのかにもれてくると、全面にちりばめられた金のモザイクが、発光でもするように輝きはじめる。そして、濃いブルーや緑などのモザイクの画面がときに沈み、ときに浮きでて、絵巻が視界のすべてを埋めつくした、その絵画的な幻想の世界にさまようような気分におとしいれられる。

ラヴェンナ地方では、おそらくもっとも古い時代に所属するために、この廟のモザイク画は、いくぶん稚拙である。それだけに、モザイクが置かれているべき場の原型を伝えてくれているようにも思える。象徴的で、濃密な空間を創りだそうとした五世紀のアーティ

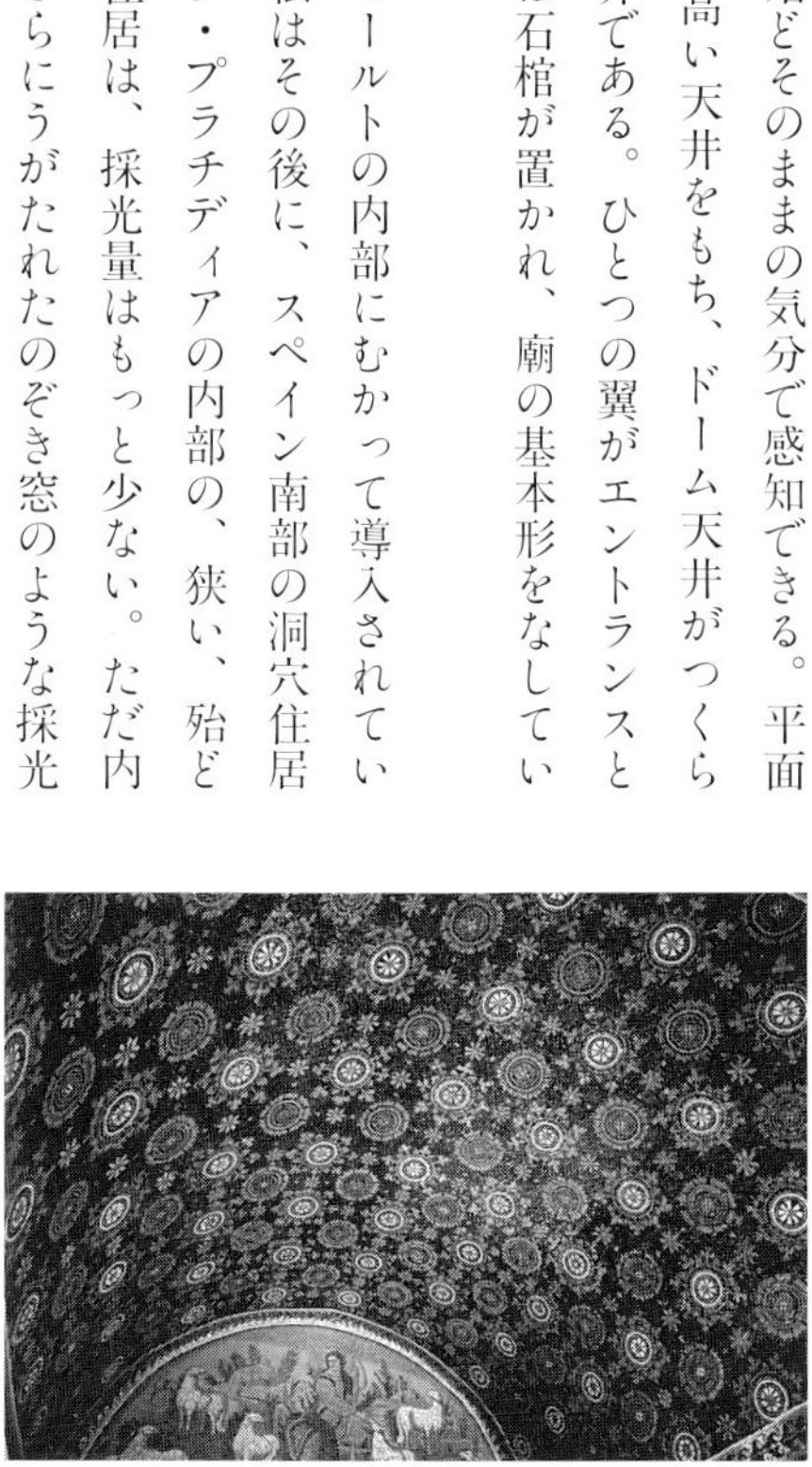
ガルラ・プラチディア天井（KS）

ストの意図が直接感じとれる。ギリシャ十字という単純なクロス・ヴォールトの形式性、そのクロス部分を高く押しあげることによって獲得された空間の中心性と上昇性。同時にクロス状に横方向にのびていく空間の流れ。単純で強力な建築的な形式性が、まず全面的に支配していることをこころえておいていいだろう。ルネッサンスになっていくつもここ ろみられた集中式聖堂は、むしろ、コンスタンチノープルのハギア・ソフィアの四隅にペンデンティヴをもったドームの形式により類似性があるが、ローマ風の模倣期でもあったロマネスクの石造の教会堂の形式の原型をここに垣間みることができる。そこには形式性からすれば裸の内部空間があるだけだ。厚い煉瓦壁と天井で囲われているので、より洞穴性に近づいている。だから、うがたれている採光窓も、小さいだけでなく、壁の厚みが直接感じられるほどに深い彫りがある。それがいっそう自然光の制禦効果をあげている。

この堅く、単純な形式性に基づく形態は、この廟と近い時代につくられた八角形の正教徒洗礼堂（オルソドクス・バプティスリ）にもうかがえる。その内部は深さのまったくない、やはり裸のままの八角形の筒である。今では、八方にうがたれた窓から、直接外光がふりそそぎ、そして天井のモザイクを照らすために人工光がくまなく明るくしてしまうので、いささかあっけない。建築が形式として存在していることは感知できる。だが、それに加えて、濃密な、宗教性を感じとり、霊的な示現さえ立ち現れるような「空間」とはほど遠い。

そのような空間性の稀薄さは、ラヴェンナにおけるモザイク絵画の宝庫のようになっている二つのスケールの大きいバシリカ形式の聖堂、サン・タポリナーレ・イン・クラッセと、サン・タポリナーレ・ヌオーヴォの両方でも、私は感じてしまった。いずれも、ロー

サン・タポリナーレ・イン・クラッセ聖堂

マ時代以来の典型的なバシリカ型で、これはいずれロマネスクを介して、ゴシックの聖堂の基本型へとひきつがれていくものであるから、その初期形態はいささかみなれすぎてしまったので、目新しく感じない、というわけではない。中央に身廊があり、その両側に側廊が低い天井をもってひかえ、身廊の上部の両サイドからは光線が射し込む。ゴシックはこの両側にひかえる側廊の外壁の上方に身廊の屋根架構の荷重を受ける飛び梁を露出することを発明し、全体としての構造が合理化され、軽量化し、同時に分節化され、その分節が針のように細かくなるまでになり、垂直性をひたすら表現する様式へすすんだ。

　集会堂という形式から生まれたバシリカ型が、多数の人びとが集うための聖堂に転用されたのは、それが今日ではしばしば音楽堂にも用いられていることからみてもわかるように、直方形で奥に焦点（祭壇またはステージ）をもつという点から用途上、共通性をもつ建築形式だった証拠でもある。聖堂にこれが転用された時、当然のことながら、身廊の軸の奥に祭壇が置かれる。入口からこの最深部に視線を走らせ、同時に歩きながら接近する、その過程において、深奥部へ誘導されていく全身体が感知させられるはずの一種の興奮、それを演出するのが、その建築の空間性なのだが、すぐれたバシリカ形式の建築には、そのような力がひそんでいたはずである。いまでは平面図から想像するだけだが、ルネッサンスになって改築のため取り壊されてしまったバシリカ型だったサン・ピエトロ寺院は、そのスケール感だけからでも圧倒するような力をもっただろう。それは同じくローマに残存するサンタ・マリア・マッジョーレの内部から推定することもできる。ここでの内部空間は、奥へと引き込むたった一本の軸ぞいの空間である。身廊の断面は、正方形かやや縦長。それとの比例的なバランスなどは殆どおかまいなく、奥行がむやみに引きのば

サン・タポリナーレ・ヌオーヴォ聖堂南壁「殉教者たちの行列」（KS）

される。伸展性、そこから生ずる深奥性、それを一本の軸上に組み立てるのがバシリカ形式の特徴である。側廊は身廊とともに引きのばされる。高窓、そして側廊ぞいの低い窓も、奥へとむかう、均等割りスパンにしたがって、単純に割りつけられる。リズムを生む抑揚などない。かまわず、水平方向、すなわち正面へむかう視線をそのままの位置で引きこもうとする。そこでこの種の建築空間は、採光量のもたらす明るさの基準を間違うと単純な直方体の箱にしかみえなくなる。サン・タポリナーレ・ヌオーヴォ、サン・タポリナーレ・イン・クラッセのラヴェンナの二つのバシリカ型聖堂は何故かその空間性の演出を放棄してしまっている。後世の改変のもたらしたものであろうか。いまでは金色のモザイク画が飾られている、単なるギャラリーのようにさえみえる。金色があのなまめかしさをみせる闇が消えているからではないか、と私には思える。人工光によって、同時に明るい自然光の採光によって、このモザイク画はいっさいのニュアンスも、空間との感応もみせずに、美術館での展示物にされてしまった。聖性も示現も、空間内での象徴性もすべて失われてしまい、近代の科学的調査と読解のための資料となり、今日のトゥーリズムが基準にするポピュリスムの視線にだけ呼応するように、パティーナさえ洗い落とされ、丸裸にされている。すなわち、ラヴェンナの中心部に残るビザンティン時代のモザイク画で飾られた建物はガルラ・プラチディア廟をのぞいて、空間的感興が殆ど失われている、と私はいいたいのだ。

最初に大いそぎで巡回したとき、サン・ヴィターレでさえ同様だった。何故人びとがとりわけこのサン・ヴィターレ聖堂を賞賛するのか、その理由が解せなかったほどだ。イスタンブールにはもっと緊迫感あふれる建築が数々あった。建築としてあまりにも改変が激

サン・ヴィターレ聖堂、北側外観(KS)

しく、破壊もされているハギア・ソフィアは、それでも、そのスケールが生みだす存在感だけでも、見るものを圧倒できる。サン・ヴィターレはそれほどのスケール感もなく、最初の訪れが夕暮に近かったためか、内部はぼんやりしたもやが立ちこめたようで、観光客が投げこむコインで、投光される人工光に、やはりモザイク画がフラットに浮かびあがるだけだった。

サン・ヴィターレの光

私はかなり落胆していた。サン・マルコ寺院でみたあの闇と、そのなかをよぎっていた夕刻の太陽光線がもたらした「建築空間」の存在感はラヴェンナではみつからないのだろうか。ヴェネツィアでは偶然に夕刻にそれは訪れた。近い時刻にサン・ヴィターレ聖堂へ到達すべく、街中の他の聖堂を足早やに巡ってきたのだ。ガルラ・プラチディア廟だけが、アラバスターの嵌め込まれた窓が神秘的な光線を生みだしていた。肝腎のサン・ヴィターレ聖堂はぼんやりした輪郭をあらわしているだけで、中央のドームはバロック期に装飾されて、もう悪趣味といってもいいほどだった。

当時はまったく気づかれもしていなかったので、私の守護霊たるビザンティン宮廷のアートディレクターにうらみごとを言うわけにもいかなかったが、旅程を変更してわざわざラヴェンナに来たのは間違いではなかったか、早々にひきあげて次の旅程にもどるがいい、と私は宿で考えはじめていた。今から想うと、あの守護霊が導いたとしか思えないのだが、翌朝もう一度、念のためにサン・ヴィターレを訪れて、そのうえでこの街を去ろう

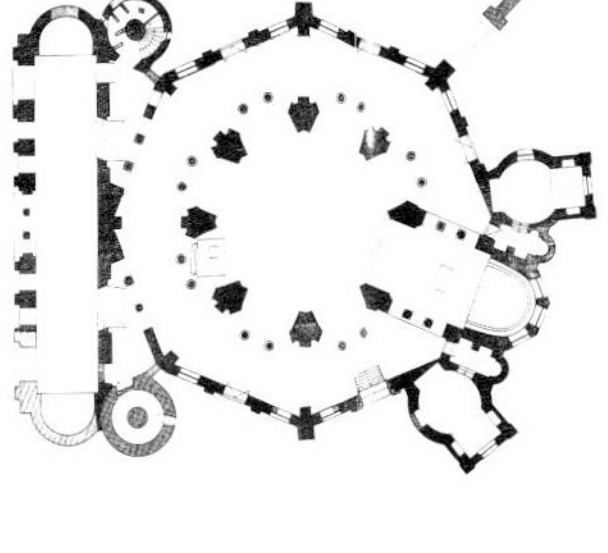

サン・ヴィターレ聖堂、平面図

と考えなおした。何故その気分になったのか今でも思いだせない。理由もなく、おそらく時間が余ったにすぎない。旅の気楽さと、時間つぶしのためといいわけもできる。私は翌朝、サン・ヴィターレの前で、僧が門をひらいてくれるのを待っていた。

扉をあけて中に踏み込んだとき、私はたじろいだ。昨日はまったく気づかなかった闇があったのだ。人の気配もなかったことがこの闇の存在を感知できた理由だったろう。あのビザンティン宮廷のアートディレクターが、私に「空間」を教示するためにひそかに仕組んだ手続きだったのかもしれない。いかに絶妙な建築空間でさえ、そこへ訪れる時刻を間違えると、まったくみすぼらしく見えてしまうものだという、殆ど一般化できる原理を私に知らせたのだろうか。この建物の内部空間も同様にまったく違ってみえた。

平面図をみると、この聖堂は八辺の壁が囲う。立面ではちょうど正方形にみえるこの壁は二層の開口部をもっている。周辺部に回廊がまわされ、中央の八本の壁柱がこれを支えている。祭壇のしつらえられたひとつの柱間をのぞく他は、半円型状の凹みをもったエクセドラになっている。二階の平面では、だから、八個の花弁が中央に切り抜かれたようにみえる。そしてこの八本の壁柱は、上部を連続アーチでつなぎながら、そのうえにドームが載る。

扉を通過して左手、すなわち祭壇の反対側は殆ど闇であった。一階部分の開口窓は、周辺の樹木や建物に遮られて、光は弱くしか射し込まない。むしろ二階部分の窓が明るい。そこから射し込む光は、だが二階の回廊部にぼんやりと溜め込まれる。中央ドームの下に立つと、私の身体をとりまいている七つのエクセドラは、祭壇の側がやや明るく、闇のある左手にむかって、光をやわらげ消えていく。エクセドラの中央に立つ二本の円柱とその

サン・ヴィターレ聖堂、内部（KS）

上方の連続アーチは逆光線のなかにおかれて、黒いシルエットだけになる。回廊の天井をかたちづくる細かく分節されたクロス・ヴォールトが、その光に照らされて、リズミカルに連続して、一種の文様パターンをつくりあげる。勿論、中央のヴォールトを支える八本の壁柱は、側面にもれてきた光があたって、うす明るくみえるほかは、完全にシルエットになっている。一階および二階の回廊部分は、中央にむかって浸透しようとする窓を介しての外光にフィルターをかける役割をしているのが理解できる。ドームを空中高く持ちあげるとき、それを壁柱で支えることになるが、その頂部に横にひらくような力が加わる。その横力を受けるために、もうひとつ外側に支持体をつくるという構造方式は、それをひとつの断面内でみせるとバシリカ形式になる。ここでは八角形の求心性をもった平面形のうえでなしているだけだが、一本の水平方向だけに奥へむかう運動を組織しているバシリカ形式に比較して、この型は比較にならぬほど複雑な印象を与える。折り曲げ、取り囲み、ポッカリ空けられた中央部分に、天空にむかう垂直性の運動を生みだす。

建築史家は、これらの求心型の平面で、回廊を周辺にまわすことによって、構造的な控え壁をつくりだした先例に、ローマのサンタ・コスタンツァ（AD三五〇）やミラノのサン・ロレンツォ（AD三七〇）を挙げる。これらの建物は、単純に壁を厚くすることによって、その巨大性、壮大な内部空間をひたすら演出したローマの先例に比較して、確かに合理化され、いくぶん軽快にみえる。だが、これらは、あのローマのパンテオンの完全球体が内接する内部空間といった形式概念にやはり連続していて、空間はそれ自体求心性をもち、安定している。そして、サン・ヴィターレと殆ど同時に建設されたハギイ・セルギオス・ケ・バッコス聖堂（AD五二七—五三六）とその平面形を比較すると、中央のドー

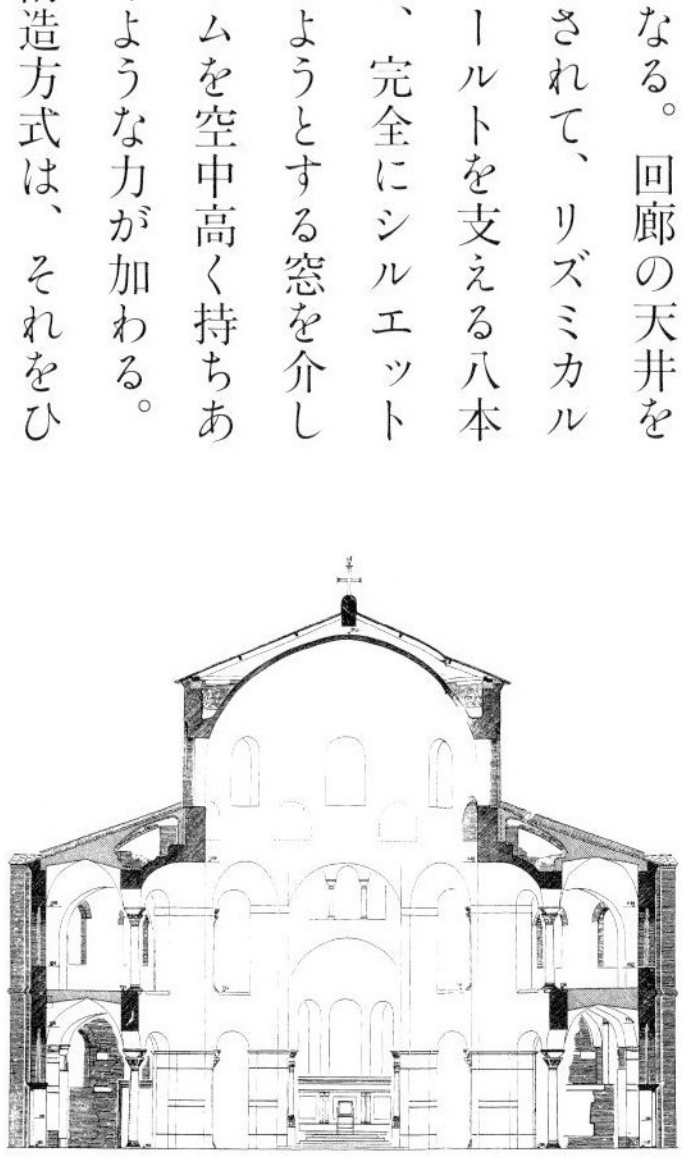
サン・ヴィターレ聖堂、断面図

ムの下部の吹抜け空間は、相対的に狭められている。つまり、サン・ヴィターレの方が、より縦長のプロポーションをしている。その理由のひとつに、エクセドラ部分の凹みも挙げ得よう。八本の壁柱は何故か分節されず、コーニスも大げさに廻されていずに、すっと二階分の高さを貫いて建てられる。後世の一六世紀になって、ジャイアント・オーダーとして登場する形式に近い。それが取り囲むように林立するので、垂直感が強調されることになる。

おそらく意図的であったのだろうが、中央部を縦長にし、その周囲の柱を形状的に垂直に強調することによって、上昇する空間がこの建物で初めて生みだされた。これを花弁状のエクセドラがとりまき、その外側に回廊部があるわけだが、サンタ・コスタンツァの、単純な列柱と異なって、エクセドラはそれ自身で深さをもっている。いわば、この上昇する空間は、二重の浅い空間で囲繞されているわけだ。そしてひとつの柱間がぽっかりくり抜かれて、ここに祭壇がしつらえられる。モザイク画は、この祭壇のある柱間全体を覆っている。この部分は、二層分の高さが生まれるように二階の回廊の床がとぎれ、クロス・ヴォールトが天井にかけられている。その奥に祭壇の輪郭をかたちづくるニッチがある。半円形の平面をし、天井は半球で、この球面の中央にキリストの像が球状の天をあらわす台座に載って描かれている。

ここで、再度訪れた翌朝の記憶に戻らねばならない。私は闇があったと感じたが、その闇のなかに回廊とエクセドラの二重の浅い空間に窓から射し込む外光が溜め込まれ、内側ににじみでてくるために、壁柱とその中間にある二本の円柱で支持されたエクセドラのアーチとが、いずれもシルエットになって黒く浮きあがっていると記した。ところが次の瞬

聖人ヴィタリス、大天使およびキリスト（KS）

間に驚くべき光景が出現しはじめたのだ。
二階の回廊部によどむように溜まっていた光が徐々に量を増しはじめた。朝の光線が少しばかり旋回することによって、直射光になって窓から射し込んできたのである。床に光が落ちる。光量が増してくると壁にひろがる。そして、みるみるうちに、回廊の空間全部を埋め、その天井のリズミカルなヴォールトを効果的に浮きあがらせはじめた。太陽の巡回によって、光量が変化しただけのことである。それが、敏感に内部空間に受け容れられ、建築を息づかせる。私は花弁状のエクセドラが単に垂直性の空間を強調するためだけでなく、回廊に溢れる光量にフィルターをかける作用をしているのに気づいた。光線はこの凹面状の膜でほどよく制禦され、そして、中央の闇で埋まった空間へとにじみでてくる。その量が徐々に増大しはじめる。回廊はまばゆいばかりの光線で埋められる。エクセドラの膜はいかにも光量の圧力を受けるに適切な形態をしているのだが、ある臨界点で、光はドッと溢れでる。同時にニッチになった祭壇のわきにある窓に太陽光がまわり、光線が射し込むと、あたり一面がハレーションを起こして、まばゆいばかりに輝きはじめた。

闇でつつまれたようにみえる内部空間に、大量の光が溢れて、まったく別種の世界を出現させていく。私は、ちょうどその瞬間に居合わせることができたわけだ。谷崎潤一郎が描写した、日本の建築空間の内部の消えいるようなほの白い暗さとは対照的に、同じ闇を裏側にひかえさせていながらも、過飽和状態になるまでに圧倒的な量の溢れでてしまう光の海なのだ。表面にしみ込んでいくようなやわらかい光ではない。強度そのものだ。

それは、中世の「早来迎図《はやらいごうず》」のなかに、西方浄土から阿弥陀が供をしたがえて雲に乗って駆けてくる、あるいは「山越阿弥陀図《やまごえあみだず》」のように、強い後光を背負いながら、西方から

サン・ヴィターレ聖堂、北側の二つのエクセドラ（KS）

瞬間的に出現する、あの図が描かれるときに当時の画家たちが想像し、表現したかった光線と、同質のものではなかったか。中国僧重源《ちょうげん》が東大寺の末寺のひとつとして建立した浄土寺浄土堂は、夕刻になると、西日が背後から射し込み、中央の阿弥陀如来像を背後から射て、光背を実際の光線で染めあげる。このとき太陽の光線は堂内を瞬間的だが埋めつくす。日本人離れしたような空間的演出だが、さすが、東大寺を天竺様によって再建した建築家の想像力を現実化する力量を示す作品となっている。ここでも、主役を演ずるのは光であった。日本の中世においては、確実に光が希求されていた。それは西から来るべきものであったから、浄土寺浄土堂の場合は夕刻を待たねばならない。ヴェネツィアのサン・マルコ寺院で私が感知できた光線が西からのものであったのは、すでに東にむいた祭壇へ、西から射し込む光線が到達する配慮がなされていたためであろうが、サン・ヴィターレでは西側は殆どふさがれている。むしろ、半円型のニッチを横側から照らす東方よりの光線が、決定的な役割を演じるように仕組まれていたのである。

　モザイクの金色の部分は、たしかにわずかな量の光でさえ、それを集め、一定の角度にむけて送りかえす。それは日本の古代以来の寺院の内部や近世の武家の屋敷においても同様で、闇の奥にこそ金色の照りかえしが必要とされたのだ。サン・ヴィターレが、東方よりの光を受け、そのニッチ状の祭壇に光線が射した瞬間に、洞穴状のニッチの全面が一気に発光する。光の渦が生ずるわけだが、それが、おそらく金色のモザイク面に反射したためであろう、まったく金色に染まっている。黄金の光が溢れたあげくに、それは手前の高みにあるクロス・ヴォールトの天井をあざやかに浮かびあがらせていく。表面を埋める数々の図像は、その光のなかに埋もれてしまう。光がゆきわたり、発光し、サチュレーシ

三人の神の使者、プレスビテリウム北壁リュネット（KS）

ヨンの状態が生まれる。建築の形体をふくめて、その表面、それが囲繞する洞穴状の場が、混然として溶け合っている。液状と化している。そこに確実にひとつの建築空間が存在することを私はあらためて感知できたといっていいだろう。

ビザンティンの宮廷からやってきた私の守護霊が、闇だけが空間の様態ではない、強度に溢れた光の充満した空間もあり得るのだ、と私を教化するようでもあった。その強度に溢れた光に射抜かれた私の身体は、ここでも茫然と立ちつくすだけだった。光につつみこまれたまま、溶解し流れだしていた。この身体は空間に合体し、建築に所属していると感じている。建築がその内部に人間の身体をつつみこむような空洞を創りはじめてから、その相互の関係と作用とを数々の形式を生みだすことによって検証してきたはずである。ギリシャ的な透明性、ローマの壮大さが、その時代の建築的主題となって、形式を成立させていることをおぼろげながら私は理解しはじめていたのだが、サン・ヴィターレの建築家は、その相互作用を微細に分解し、光線のなかでいっさいを溶け合わさせる瞬間にねらいをさだめて、ここにみられる二重のフィルターをそなえた黄金色の表面をもった空間的装置を創りだしたのだろう。その作動が朝の光の下にはじめてなされることを、私はあやうく見過ごすところだったのだ。

プレスビテリウムおよびアプスのモザイクを見上げる（KS）

深奥性と上昇性

求心性をもつ集中式の聖堂が抱え込む形式上の矛盾がある。それは祭壇の位置で、これが完璧な対称性を崩すことになる。その先例はやはり円形の平面を八つの柱間に分割したローマのパンテオンである。この場合は柱間のひとつが入口に充当させられている。文字どおりの多神殿だから、この場合は残部の七つのすべての柱間がニッチになって、ここが廟になっている。サン・ヴィターレはその逆で、八つの柱間のうちのひとつの南東側ものが祭壇にしつらえられ、ニッチがもうけられている。現在の入口はそのすぐわきの柱間だが、おそらくこれは後代の改修で、当初は西側にあるロッジアからこの聖堂の中心へと導かれたのだろう。このロッジアは、西と北西にむかう柱間のそのまた中間の角度におさめられており、何故こういう関係が生まれたのか、説明を聞いたことがない。ロッジアにつながる前庭など、何か他の建物との関係によって決められていたのかもしれない。ロッジアの一方の壁と聖堂の八角形の突き出た出隅が接するように配されて、そこから生じる隙間に、円筒状の階段室が挿入され、実にたくみなバランスのマッスの配置が生まれている。この階段を通じて、二階の回廊へ出ることになっていた。そのロッジアに対抗するように、ニッチの両脇に小さい円型の祈禱室がとりつけられ、外部からみると、大きい中央の量塊の脇に、小さい独立した形態が層状をなしてとりつき、もっとも変化のついた側となる。この関係はコンスタンチノープルのハギア・ソフィアをはじめとする集中式聖堂、それにイスタンブールになってからのオスマントルコの数々のモスクの外観と類似もしている。

イスタンブールでは、丘の上部や中腹にいくつものモスクが点在しているが、それは大、中、小の数々の気泡が地上から盛りあがったようにみえる。頂上の荷重が四周に次々に伝達されていく構造形式が、ハギア・ソフィアの先例をモデルとしてシナンの手によって完成したわけだが、それは表層が丸められたピラミッドのようにもみえる。すなわち、

サン・ヴィターレ聖堂、東立面図

荷重が分解され地面へむかって分散的に伝達する、その形式がそのまま視覚化され様式化されてさえいる。だが、おそらく、サン・ヴィターレでは、構造はそこまで有機的に形式化していない。むしろ、八角形の中央部に垂直性をもったドームをいただく空洞をうがち、頑丈にそれを壁で押さえている、といった風情である。構造的に無理が起こったためだろうか。その壁の外側に諸室のはりつけられた側はそのままとして、いまでは、ガルラ・プラチディア廟のある側に大きい飛び梁をもった控え壁がつけられている。後世に加えられたものであろう。

ともあれ、この内部空間に発生する形式性の矛盾とは、視線が上昇するべく上方へむかうと同時に祭壇へとむかわねばならぬことである。これはルネッサンス以後、絶えざる難問として、建築家を悩ました。バシリカ式聖堂にみられる水平方向の動きと集中式聖堂にみられる垂直方向の動きを統合する空間概念を、形式化させることである。ブラマンテからミケランジェロにいたるまで、サン・ピエトロ大寺の形式は完全な集中式をとっていながら、バロックの時代にいたると、その献堂式が終わらぬ前に、マデルノが前面を引きのばして、長い水平方向にのびる身廊部をつけ加えている事実をみても、ついに明確に決定づけ得ない空間性と形式性の矛盾なのである。

サン・ヴィターレにおいては、だから常に躊躇していなければならない。間違えてしまった入口から今、私たちはその内部に導きいれられる。視線はそのときもっぱら暗いかつてのロッジアからの入口扉の側にむかっている。回廊部を過ぎると、突然、垂直性の強調された中央部にでる。当然ながら視線は上昇せざるを得ない。夕暮に訪れたりすれば、祭壇側は同様に暗くなっており、視線を光の磁力で引きつけるほどの明るさをもっていな

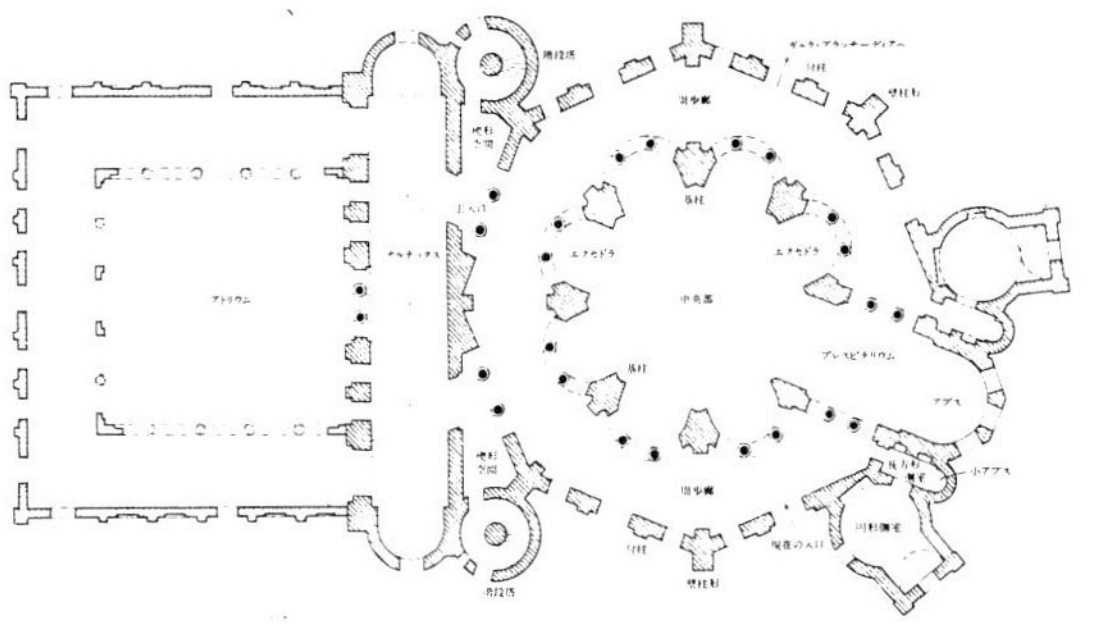

サン・ヴィターレ聖堂、復元平面図

い。だから、この上昇性だけを与えてくれる空間の性格を受けとってしまうと、祭壇のあるニッチにむかって、もう一本の水平方向に走る軸がかくれていることに気づかぬことさえあるだろう。もし、その軸を見いだし、もうひとつの中心のありかを感知し、その方向に視線を走らせると、垂直にならされた身体が抵抗しはじめる。ひき裂かれていく。モザイク画がきらびやかに浮かびあがることをさらに視線が読みとりはじめると、当然ながらニッチへとむかう動きを生じさせられるのだが、このとき上昇性の感覚はまだ残存しているからだ。

集中形式で、もっとも垂直性の強調された空間のなかを、絶対的で強力な視線が走る状況をその後になって私はみることになる。アーヘン宮廷礼拝堂を訪れたときのことである。それはサン・ヴィターレ聖堂が直接的にモデルとなった、といわれているように、八角形の中央の垂直性の空間の周囲に、一六角形の回廊がまわっている。この礼拝堂ではシャルルマーニュ大帝以来、歴代の皇帝の戴冠式がとり行われた。この二階の回廊に玉座があり、ここにローマを象徴する大理石と、北ヨーロッパを象徴する木の両方の素材で組み立てられた椅子が置かれている。その位置は集中式の中央ではなく、回廊の一部でひとつの柱間を占めている。そして、この玉座は他の位置から、とりわけ二階の回廊にのぼることをゆるされない貴族以外の臣下たちから、視られねばならない。床のうえに段がもうけられ、そのうえに椅子は置かれている。ここに座した王は参集する臣下のすべてから視られねばならない。同時にそれは逆に王の視線として、全空間を支配せねばならない。だが、この集中形式の建築はそんな交錯する視線とは無関係に、中央に上方へ昇っていく運動をひきおこすだけの空間であるにすぎない。玉座からの視線は、その空間運動を生む形

アーヘン宮廷礼拝堂、断面透視図

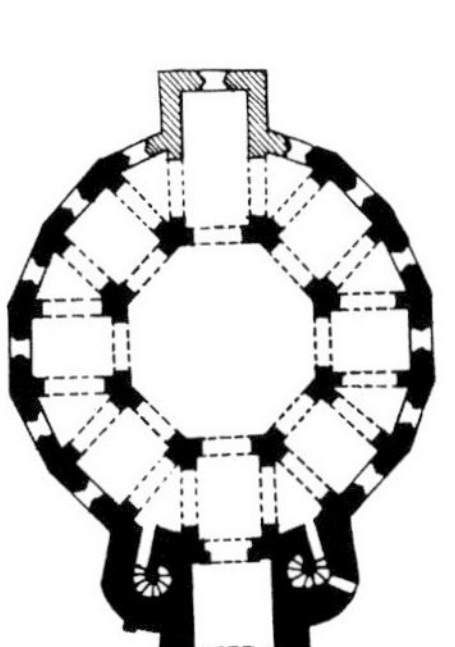
アーヘン宮廷礼拝堂、平面図

式に従っていないのだ。私たちがいまサン・ヴィターレで感じる矛盾にカロリング朝の皇帝は、儀式の編成の際実際に突き当たったであろう。視線は二階から斜め下方へむかう。それは中央の軸を立体的に横断し、対応するむかい側の柱間を突き抜けていく。当初はそこにニッチが置かれ、祭壇があっただろう。だが、いまでは、視線がその祭壇を背後へ押しやり、後世になって、水平の筒状の空間となってさらに押しだされ、ゴシック様式の身廊をそなえた祭壇が遠くにはなれてもうけられた。玉座が固定されていたために、逆にそこからの視線が水平方向に内部空間を伸展させたのである。

サン・ヴィターレが私を誘うのは、いずれ基本的な矛盾として数々の解決が積み重ねられていく建築的形式の、殆ど初期的な発生状態を示しているためのように思える。空間的運動の垂直性と水平性、両義的性格をもつ、半透明な膜面としてはたらく内側の花弁状のエクセドラ、闇に沈みながら、突如として光が溢れはじめる変化、その変幻する空間を効果づけるために用いられた金色のモザイクが、時に沈みこみ、時に思いがけない角度にあざやかな光線を送りとどけるなまめかしさ、そして、何よりも私たちをその一部に溶かして包み込んでしまうような彫りが生む隈どりの肉感性、それが、明晰性や透明性とはほど遠い空間の独自の質のなかに出現していることだろう。

私は、しばしば、理知的で論理的なシステムが支えている建築を自らの仕事として創りだそうとしながら、壁に突き当たり、身動きならぬ有様になったとき、このサン・ヴィターレやサン・マルコや日本でのいくつかの建築的体験のように直覚的で非理性的で、ひたすら肉体の内側に下降していくような闇の、空間体験に立ちかえろうとする。理性の支配する現実の世界とむかい合ったとしても、突然おそってくるような「空間」こそが、やはり「建築」の裏側にひそんでいると、私の身体が記憶しているように思えるからである。

第3章

排除の手法

ル・トロネ修道院

中世の光と石——ル・トロネ修道院

一一世紀から一二世紀にかけて、二〇〇年に満たない、ロマネスクと呼ばれる時代につくられた建物のなかから、このさほど規模の大きくないル・トロネ修道院がえらばれたのは、二つの理由からである。まず第一には、それがシトー会と呼ばれるひとつの派に所属するもので、中世を通じて最大規模をほこり、しかもいわゆるロマネスク彫刻を数多く生みだしたクリュニー会派のそれとは決定的に異なった独自の思想を生み、建築の形式もまたその思想から演繹されたものだったからである。

第二には、一九世紀末の改修によって、現在その重要な部分が修復されていることで、シトー会の活動が衰微し、かつまた具体的に修道院としての使用がなされていないとはいえ、殆ど充分にかつての建築的な様相を想起できる、という理由によっている。

シトー修道会は一〇七五年に誕生した。ここでは、絶対的な厳格さのみが求められた。視覚も含めて、あらゆる肉体的な快楽はいっさい排除された。ために、他のロマネスクの時代の諸会派の建築にみられるような、幻想を生みだすような図像は拒否された。採光用のステンドグラスにおいても、抽象的な紋様が許されるだけで、色彩もモノクロームにちかい。

ここでは、教義、修行の形式、日常生活、作法、それに修道士たちを収容する修道院の企画および建築のデザインにいたるまでを、ひとつの論理、ひとつの言語体系によって徹底的に統括することが意図され、かつ実行されていた。

その結果生みだされた建築は、「排除の手法」が、全細部にまで浸透している。構造体は、身近な場所から掘りだされた石材だけである。それが粗っぽい仕上げのまま組まれているが、そのうえにいっさい装飾が加えられていない。表層部の附加物が排除されたあげくに、この修道院の内部空間は、粗い石の架構と、その空間を埋める光と音だけとなる。


ル・トロネ修道院は、南仏プロヴァンス地方、ドラギニャンにほどちかい、森で埋まった谷間にある。その全体の配置は、シトー会修道院の基本形式と呼ばれているものに殆ど一致している。教会堂の軸線は正確に東西をむき、半円形のプランをし四分の一球ドームの架かった至聖所が東側に置かれている。この軸に直交する翼廊に、南北それぞれ二箇所ずつ修道士の礼拝室が並ぶ。身廊は単純なわずかに円弧の中心をずらした尖頭アーチの断面型をもつヴォールトで、三対の壁柱で両側からささえられ、その背後に側廊がひかえている。壁厚は二メートルちかくあり、その壁面に最小限の開口部がうがたれ、ステンドグラスがはめられている。西側の端部に二つの入口扉がある。南側のは一般的用途に、北側のは改信者用の出入に用いられた。

翼廊北側に、聖具室へおりるせまい階段と、約半階のレベル差のある大寝室へ通ずる階段がある。大寝室は同じ断面型をした尖頭アーチのヴォールトで、中央に下階へ通ずる階段の手摺がみえる。教会堂側に、屋根につきでた鐘楼へ昇るための階段がある。そのわきにやはり一段あがって、修道院長の個室がある。この天井も単純なヴォールトで、スリット状の窓から光線がわずかに採りいれられている。大寝室はいまある諸室のなかでは、もっとも明るい。東西側に開口部がとられ、その窓はステンドグラスで埋められている。かつてはもっと長く谷間、つまり北にむかって突きでていたのだが、現在では崩壊して、長さが半分しかない。ここから回廊のうえのテラスにもでることができる。

大寝室の内部にある階段をおりると、中庭を囲む回廊にでる。回廊に面して、東側に、書庫と集会室が並ぶ。北側は、かつては大食堂と暖房室であったが、いまは崩壊してない。西側は貯蔵庫。そして北西側に、改信者の居館が、半壊のまま残っている。

中庭の北側中央に、六角形のプランをした噴泉室（洗手堂）がある。かつては敷地の南西にもうけられた泉水より高低差を利用して、水が引かれていた。

中庭は北にむかってなだらかに傾斜している。同時に東南と西北のそれぞれの回廊が互いにわずかに直角からはずれている。そこで、中庭をとりまく回廊では、勾配と角度の変化を微妙に調整せざるをえなくなっているが、その結果、他ではみることのできない変化が生まれ、空間を直角のかたさから解き放っている。

内部、外部ともいっさいの仕上げがなされず粗い石積のままである。架構は厚い壁体のうえにのせられた尖頭ヴォールトで、一定の間隔に横断アーチがとりつき分節する。ただ至聖所上部と回廊の開口アーチは真円で、それと尖頭アーチとのわずかなズレが、さりげなく処理されている。回廊の北側の両隅と集会室の天井だけはクロス・ヴォールトで、ゴシックへの初期的な移行状態の萌芽がみえる。

今日の眼でル・トロネ修道院をみると、それはひとつの建築における思考実験の結果をみる想いにかられるだろう。私たちはこの建築のつくられた時代にさまざまな、怪奇でユーモアにあふれ、かつ日常的な生活をたくみに表現したロマネスク彫刻が、数多く生産されていたことを考えておく必要がある。シトー会は、ますます増大して行きつつあったこのような傾向にたいして、徹底的な「反」をとなえて、いっさいの図像を拒絶したのである。そのあげくに、彼らが引きだすことになったのは、何も語ることのない、素朴な荒けずりの石塊である。それをみずからの労働奉仕によって、きざみ、単純な架構をつくった。最少限の手段により、最適な解を生みだすという、建築がその初源において直観していたはずの状況を、意図的に生みだすことになった。そして、視覚を含めたあらゆる感覚の生みだす快楽を拒絶し、意味を発生させる図像も同時に消し去りながら、その背後に神の存在をみいだす、その一点にかけたのである。

肉体への敵意

――もし、諸君がすみやかに信仰を実現しようと志すならば、まず諸君の肉体を放棄せられよ。ここにはただ魂のみが入所できる。肉体は不要である。（聖ベルナルドゥス）

日常生活はいうにおよばず、その集団の形成から、教義の設立、そして具体的な建築の表現にいたるまで、徹底的にひとつの言語体系のもとに統御する企図を推進するためには、具体的には、あらゆる現実的な側面を痛覚をともないながら、切りさくより他に、いかなる手段もみいだしえないのかもしれない。

シトー修道会の思想的な設立者であり組織者であった聖ベルナルドゥス（一〇九一―一一五三年）の組み立てた教義とその実践の形式は、まざまざとそのような痛覚を、八〇〇年の時間的な距離をへだてながら送りとどけるだけの強固さにぬりかためられている。この修道会は、中世を通じて最大規模をほこり、西欧においては法王の座所であるローマよりも壮大であったといわれるクリュニーの世俗化と華麗さを批判し、修道会の初原であるベネディクトゥスの戒律の世界に復帰しようとするものであった。往々にして、ひとつの批判的な矯正の行動は、それが確実にひとつの回帰する方向をみいだしたとたんに、自己運動を増殖し、究極の地点へまで遡行しようとする。シトー修道会は、必ずしも教義や戒律に明確な規定を残さなかった聖ベネディクトゥスの地点をはるかに超えていった。シトー修道会は、厳正な戒律のもとに日常的な修道院の生活を編成することを試みている。日常のあらゆる行為が、その細部にわたるまで規定され、ひたすらそれに従った。戒律の枠のなかに、肉体を鋳込むことによって、精神がはじめて統御されうると考えたのであろう。いや、このような解釈は必要とされなかったはずである。戒律に従うという、ひとつひとつの行為だけが存在し、他はいっさい消去され、思考の枠から排除されていたはずである。当然のことながら、欲望をもった肉体は観念として否定されている。肉体があってはじめて思考も知覚も成立するという矛盾に、戒律を課すことによって、現実的な解法を与えねばならない。解脱を目的とする宗教的集団は歴史的に数多く生みだされたが、おそらく、肉体を制御する体系をつくりあげる他にいかなる解法があったろうか。

それは痛覚をともなうだけの厳正さをもたぬかぎり効果を生まない。極限の痛覚は、意図的に恍惚をいざなうことが可能となる。神と対面するには、そのような瞬間を人為的に醸成することしかない。いわば、その目的にむかって、ひとつの言語体系が構築される。

シトー修道会が課した戒律の生活は、おそらく人間の生存の限界線をやっと保持できるほどの極限状態であったといえるだろう。そこには、肉体の存在にたいする敵意が貫徹している。修道士たちは完全に隔離された空間のなかで、集団的な行動を強制される。

修道士たちの日課は、早朝二時の朝課にはじまり、六―七時間の合誦礼拝がつづく。日暮まで勤行のすべてに規則があり、便所の仕ぐさまで決められていた。食事は二回、大食堂でとる。四旬節の時期は、夕刻に一回のみで、野菜、乳製品、パンなどの簡単なものであった。年に一二回、髪と鬚を剃り、四回刺胳した。頭巾つきの白い羊毛か亜麻の僧衣をまとい、下着と長靴下をつけ、革靴をはいた。睡眠は着衣のまま、いつでも行動できるように木の板のうえに横になるだけであった。

ル・トロネ修道院、教会堂内部、壁柱の詳細（KS）

この禁欲的な戒律の生活のために、修道士たちの平均寿命は、二八歳に低下したといわれる。入所が一八歳頃とすれば、一〇年しか生きなかったことになる。

肉体にたいする敵意は、ひとつの言語体系を成立させるための排除の手法のあらわれである。ここで組み立てられようとした言語体系は、附加物をとり去り、限定に限定を重ねて、簡明なひとつの原基に還元することによって、生みだされようとしたものである。当然のこととして、人間の肉体は痛めつけられる。いっさいの欲望の噴出が押し殺される。そして、極限状況に生まれる恍惚感が、唯一期待されたであろう。それを神への回路と設定する。肉体へのあくことない敵意の数々をシトー修道会の日常生活のなかにさぐっていくと、神への回路はそのような状態でしかつくりえないと考えたにちがいないと思えてくる。

ル・トロネ修道院、教会堂壁柱の詳細（KS）

神の回路

隔離され、戒律を課し、肉体を痛めつけることによって、はじめて神への回路をつくりだせると考えざるをえなかった背後には、一二世紀までにキリスト教が、かつては自然と同居していたはずの神を、絶対者として超越させてしまったことがあるのではないか。

古代にあっては神は宇宙＝自然に遍在していた。そこでは神は日常化され、可視化され、可触的でさえあった。ギリシャの神にいたっては、人間と同居してさえいた。キリスト教が中世の全時代を通じてなした最大の作業は、神を自然から抽出し、それを超越者として格上げしただけでなく、人間も自然も、ともにこの絶対者からつくりだされたという逆転した思考の系をつくりあげたことにある。

伊東俊太郎氏は、神をも人間をも自然のなかにつつみ込む「汎自然主義」とでも呼べるギリシャ的自然観が、神と人間と自然の載然たる階層的な秩序にとってかわった事情の説明に、ベルジャエフの言葉を引用する。

「――古代世界の終末とキリスト教世界の開始は、自然の内的生命が、人間からある異質的深みへと離れ去っていったことに関係する。今や人間と自然との間には、ある一つの深淵が口をひらいたのである。キリスト教は、いわば自然を殺した。これがキリスト教によってもたらされた人間精神の自由化という偉大な作業の別の面にほかならない。

この自然の人間からの乖離、この自然の内的生命への鍵の喪失こそが、キリスト教の時代をそれ以前の時代から区別する最も大きな特徴である。これからでてくる帰結は一見したところ極めて逆説的である。なぜなら、このキリスト教の時代の帰結が〝自然の機械論化〟だったからである。

しかし、いかに逆説的にみえようとも、キリスト教のみが実証科学と技術を可能にしたのであると私は信ずる」(ニコライ・ベルジャエフ『歴史の意味』)*

ここでは、神を超越させたことが、ひるがえって人間を自然から分離させ、ついには人間による自然の機械論的認識と操作可能性の開拓へとむかわせることになったというのだ。人間は神と自然との中間の位置におかれることになった。神・人間・自然という階層

* 伊東俊太郎『文明おける科学』勁草書房 一九七六年

的・目的論的秩序の調和を保持することが、中世における知的努力の最終目標であった、と伊東氏はいう。

いいかえると、神を認知することが、大きい作業となったのである。聖ベルナルドゥスが設立した言語体系は、すべて神の認知のための手続きから生みだされている。正確に神の核心にむかって到達するために、教団が組織され、修道院が建設され、そのなかでの日常の所作のすべてが苛酷なまでに戒律化され、同時に彼らの建設する建物にも、徹底した制限がもうけられた。いうならば、物理的な建物から、精神的な神を想い描く図式にいたるまでがひとつの言語体系のもとに構想され、実行に移されたのである。異なる諸単元の間での関連は、そこに介在する人間が、みずからの肉体を削りとりながら、連結した。そこでの肉体は受肉しているというにはあまりに痛ましい。神を一気に超越させたために、その間隔を埋める仕掛けがたやすくつくれなかったのだ。性急なナイーヴさをもって、排除の手法だけを手がかりにし、みずからの肉体までを削りつくそうとしたといっていい。

排除の法則

建築に適用された排除の法則は、文書として記録されている。その一部を書きうつすことによって、具体的な意図が明らかになろう。

『シトー修道会大参事会による建築および芸術についての慣例規則』（一一三四年）より

第一章　修道院は、都市や城砦や村落に建てるべきではなく、遠くはなれた往き来しがたい場所に建てなければならない。
第一二章　修道院長と一二名の修道士は、新しい修道院を設立しなければならない。ただしそれは、場所と、聖堂、大食堂、大寝室、外来者や雇用者の個室などの建造物が用意されてから選定されるべきである。
第二〇章　聖堂および修道院の各室には、絵画・彫刻をかかげてはならない。このようなものは、人々の心をそらせ、よき瞑想と厳粛な宗教的規律のさまたげになるからである。ここには、ただ塗装された木の十字架だけが認められる。
第二二章　修道院の門外には、動物小舎の他は建造物をおいてはならない。それは誘惑のもとになる恐れがあるからである。
第三一章　このようなわけで、もしこの規則に違反した建造物がある場合には、すぐに無償で除去しなければならない。
第八〇章　ガラス窓は透明にし、十字架や図像を描いてはならない。
（一一五七年追補）　第一六章　鐘塔は石造化してはならない。門外の建造物は除去しなければならない。
（一一八二年追補）　第一一章　ステンド・グラスは二年以内に除去すること。そしてこの期間がすぎたならば、それが除去されるまで、修道院長、副院長、貯蔵庫管理者は、週の六日目ごとにパンと水を断たなければならない。
（一二一三年追補）　第一章　大参事会の権威により、この修道会は今後、救世主キリスト像の外は、図像と彫像を禁じ、鋪床や建造物や食事に手をかけることを禁ずる。ま

ル・トロネ修道院、教会堂内部、身廊全景（KS）

た修道院長は、文庫や手箱を保有してはならない。[*]

このような細かい禁止条項は、その背後にある言語体系の設立意志が働くかぎりにおいて増大し、ますます細項目をとりあげることになろう。排除の手法による消去作用は、すべてを消滅させるまで停止しない。肉体も、組織も、戒律も、建築物も。事実この会は自壊して消滅した。わずかに物理的な破損をまぬかれた建造物が残っただけである。だから、その空間は形骸としてのみ、私たちの目前にあらわれる。他の諸項目との関係は、それが使用されていた状況を想像的に復元することによってしか達成できない。ル・トロネはそのなかでも、物理的な形態の残存と修復の度合いが、他のいずれよりもまさっている。想像的に復元する手がかりが残っているためである。

樹状分岐

シトー修道会は、一種の細胞分裂のような増殖システムをあみだした。クリュニーの世俗化を批判することから、まずシトーの地に最初の修道院がつくられたが、ここから、まず四つの分院が生まれた。聖ベルナルドゥスは、一二名の修道士とともに、一一一五年に、そのうちのひとつクレルヴォーを設立した。それ以後は、ひとりの修道院長が一二名の修道士とともに次の分院をつくり、それがさらに次の分院へと樹状に分岐していった。

この増殖は一二—一三世紀にわたってヨーロッパ全土をおおい、中世末期には七四二の修道院が数えられ、他に女子修道院が七六一あったといわれる。その立地場所は、人里は

＊ W・ブラウンフェルス 渡辺鴻訳『西ヨーロッパの修道院建築』鹿島出版会 一九七四年

なれた寂寥の地をえらぶことが原則とされたが、そのような場所を発見することは徐々に困難になった。相互に一定の距離を保たねばならないという規則が生まれたほどである。

たとえば、このル・トロネを訪れるには、エクスからカンヌへぬけるローマ以来の街道の中途から、東北へゆるやかな谷筋を二〇キロメートルあまりをはいり込まねばならない。このあたりは南仏海岸特有の地勢をし、ところどころに石灰岩系の岩肌が露出し、低い雑木林が、あたりをおおっている。その谷筋をすすむとル・トロネという集落にたどりつく。ここはやっと数十戸の家屋が建てられるだけの平地だが、修道院はここからさらにかなりの道のりを山の中腹へむかってわけいる。人家も畑地も消えて、雑木林だけになる。山の一角を切りひらいた採石場にみえる。そして、うっかりするとみすごしかねないような細いわかれ道に、ル・トロネ修道院という標識がある。路上からは、この修道院は殆どみることができない。雑木のあい間に、ちらりと小さい尖塔がのぞけるだけである。八世紀後の今日でさえこれだけの距離を感じさせるわけだから、一二世紀には、いっそうの隔離感をもったであろう。

彼らのさがした土地には一定の地形的特性があったといわれている。事実、プロヴァンス地方に現存する同型の三つの建物、セナンク、シルヴァカーヌ、およびこのル・トロネは、いずれも、山すその谷間で、山あいの沢が平地へひろがる一歩手前のような場所である点で、共通している。

何故、このような土地がえらばれたか。人里離れた場所というだけでは説明がつかない。さほどの高い山のないこれらの地方において、丘の頂部はむしろ集落をつくるのに適していたし、平地は耕作に使用された。沢のあい間はそのいずれにも属さない。つまり生活の行動領域としての死角にあったといえるだろう。その点では、日本の集落の発生状態とは異なっている。日本では、多くの場合、丘のふもとの、沢にはじめてセツルされた。

しかし、それ以上に、この地を訪れてみると、私には、このような地形が、独特の地霊をもつような印象を受ける。東洋からの旅人が、おそらく民俗学の領域に属すような地霊を感知するのは不可能なのだが、何かしらそういう感応が起こったにちがいないと思わせる気配をただよわせている。迫ってくる山肌によって空間が限定され、殆ど視覚的なひろがりがない。静寂だけが支配する。こんな地勢にたいする感応は、日本の密教寺院の敷地の選定にさいしてもあっただろう。その寺院にとって、建築よりも、それをとりまく山や森の生みだす気配のほうがより決定的だったのだ。木造の建築はそんな環境に埋没することによって、はじめて成立するような空間の特性がある。

山裾の形状の定まらない土地に、短期間に数多くの修道院が建設されたのだ。その残されたものからシトー会修道院の理想型というべきものが抽出されている。すなわち、ル・トロネは独自の地形のうえに建てられ、若干の変形もあるが、基本的には、その原型をくずしていない。

いわば、シトー修道会は、自らの修道院にひとつの原型モデルを設定していたので、それを地形にたいする微少な変形を行うだけで適用することができたというべきだろう。推定するに、敷地の選定においても、原型モデルがあったと考えられる。それは、原則的に、山裾の空間で、小川の流れのある場所がえらばれていたことに符合する。建築上の原型モデルも、そのような場所にのみ適合できるものであった。

タイポロジー

原型モデルがあり、それが何百という修道院のすべてに適用されていたことは、私たちに、シトー修道会の建築をタイポロジカルに解釈する手がかりを与えてくれることになる。タイポロジーを建築群のなかからとりだすことは、普通は偶然や気まぐれを含んで類似した文脈上に数多く建てられた場合になされる。町家の形式や、記念碑の様式などがそのようなタイポロジーの抽出対象となりやすいのだが、シトー修道会の場合は、最初からタイポロジーによってその原型モデルも組み立てられていたというべきである。

具体的には、一定の施設単位の組み合わせ形式である。教会堂が原則的に東西軸上に置かれ、内陣が東端になる。したがって西側が常に正面入口である。ついでその側に回廊がもうけられ、教会堂の翼廊から、修道士の大寝室のある翼がのび、その下が集会室で、回廊に面している。いっぽう入口の側廊横からは、倉庫が回廊に面してつくられ、そのさきに、改信者のための施設があり、これが西側の翼をなす。この両翼の中間に、やはり回廊に面して大食堂がつくられる。その前面に洗手堂(噴泉室)がつきだされる。

ル・トロネも、この原型モデルの基本構成を殆どくずしていない(セナンクのみが教会堂の軸が南北になっている殆ど唯一の例外である)。東西軸は決定的にまもられているが、回廊を南北いずれの側につくるかは地形的條件に左右されたであろう。というのは、教会堂が勾配のある全敷地のなかでの高みに置かれねばならなかったからで、その対極にある両翼の端部は、修道士、改信者、それぞれの生活空間に所属した便所になっていた。おそ

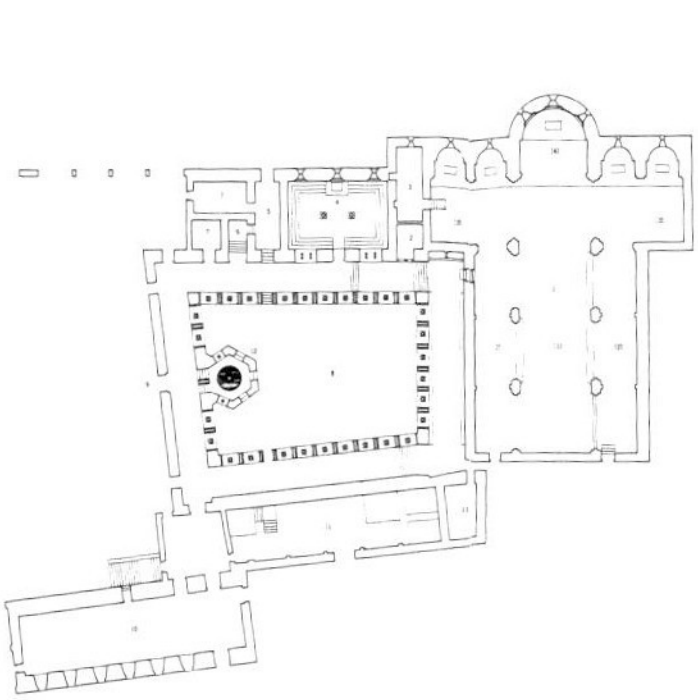

ル・トロネ修道院、平面図

らく、上流で分岐した水流を教会堂のわきにつくられる泉水にひき、それを暗渠で洗手堂、厨房、便所へとひいていったわけで、この勾配を利用した給排水計画が、教会堂の軸設定に決定的な作用をしたはずである。

その原型モデルのなかでは、修道院内部での序列構成によるゾーニングも明確化されていた。すなわち、修道士と改信者は完全に隔離され、教会堂の内部では、普通中央に内陣格子があって、この両者の場所をへだてていた。勿論同一の空間内にあるわけだが、ここに明瞭な使用上の区別があり、序列の意識を明瞭にしている。ル・トロネでは、身廊部分が三スパンしかないので、おそらく、翼廊と内陣だけが修道士の領域で、残りの身廊と側廊が改信者のはいれる場所であった。普通は教会堂へ行くための通路が別につくられて、完全に動線が分離するのだが、ル・トロネは全体が小規模であるために、その通路がない。回廊の西側部分が彼らによって使われたのだろう。ここから狭い扉を通じて、改信者だけの教会堂へはいる入口に通じるようになっていた。

ル・トロネの配置計画のなかでの最大の特長は、回廊が不整形をしていることである。二つの隅部は直角だが、それぞれに対面する回廊はズレて、平行をなしていない。しかも全体の勾配がかなりきつく、回廊のなかに階段をもうけねばならないほどである。中庭の表面も全面的にかたむいている。しかしその結果、この中庭には他のどこの整合した回廊にもみられないような動的な緊張感をかもしだしている。これが意図的か、偶然か、については、証明する手だてはなさそうだが、ありえそうな説明は、次のようなものである。

調査資料によると、教会堂および修道士の翼棟が最初(一一六二—一一七五年)に建てられている。そして洗手堂を含む西側の回廊と倉庫が次(一一七五年頃)につけられ、改信者棟は最後（一二〇〇年頃）となっている。後からつけ加えられた第二期以後と、最初のものとの間に、その基本軸にズレが起こり、ここで直交がくずされている。そのズレのしわよせが回廊の不整形としてあらわれたことになるのだが、何故、第二期を直交させなかったかという疑問がどうしても残る。おそらく第二期の軸線は、この建設に着手した当初につくった仮設の施設に基づいているのではないか、というものだ。それが長軸がわずかに南北軸からズレていた。おそらく地形になじんだ方角だったのだろう。そして、教会堂に着手したときに、その軸線を、正確に東西にのせた。そして、第二期のときに、何らかの理由で、仮設の基礎を利用して、そのうえに倉庫棟を建てる決定をしたのではないか。だから、ル・トロネの回廊部分には、角度の偏りからくる長さの差異、同時に、勾配があるために起こった中庭と回廊部とのレベルの差異、この両者を微妙な処理によって、調停をしている。おそらくル・トロネの魅力のひとつは、回廊部分におけるこの奇妙な変形がたくみに統禦されるときに生まれる、簡単には気づかぬような配慮の集積が生みだしたといっていい。

それは、原型モデル（常に直交軸のみで構成されている）が、具体的な地形や偶然と対応して奏でるひとつのバリアントである。簡単に割り切ることのできぬ困難に逢着したときに、その克服過程で、かえってユニークな解が生まれるというひとつの好例でもある。

邂逅

このル・トロネ修道院の名前を最初に心おぼえに記録したのは、一九六〇年代の初頭、

ル・トロネ修道院、回廊屋上のテラス（KS）

はじめて私がヨーロッパを訪れたときのことである。近代建築の主導者のひとりであったル・コルビュジエは、戦前も大きい仕事にめぐまれなかったが、機械をメタフォアに抽出したような、いくつかの珠玉のような小品を残していた。しかし、はじめて大きいコミッションがきたのは、戦後で、ラ・トゥレット修道院もそのひとつであった。リヨンの郊外の、大きく波うつような草原を眼下にした木立ちのはずれに、このドミニカンの修道院は建てられた。一九五二年に設計を開始し、一九六〇年に完工している。だから、私は何よりもまずこの完成直後の建築をみにでかけたのだ。そこで、通念として考えていた近代建築の空間とはまったく異なった空間を体験した。機能的に合理的な構成から生みだされる透明なはずの空間が、ここでは荒っぽい露出したコンクリートの肌に囲われて、深海の闇のような、不透過性の空間に変貌していたのだ。空間にエロスが充満していた。不遜にも私は、修道士たちは、この名状しがたい深海の闇のなかで、ひそかに神と交接するのではないかと、記したこともある。*

それは、幾重にもたたみこまれた線状の空間が渦まくプランである。単純なコンクリートの露出された肌だけで、かくも精神的な深みをもった、静謐な空間が生みだされていた事実は、私に近代建築が単純な教養としてしまった透明な空間に、疑いをもたせるに充分な特質を顕現していた。

ドミニカンの男子修道院であるから、同伴していた女性は門口で待たされっぱなしになっていたのに、そのことも忘れて、ひたすら〈L'espace indicible――えも言われぬ空間〉(ル・コルビュジエ)にひたりきっていた東洋からの訪問者にたいして、案内してくれた神父が――そんなにこの建築に関心をもつならば、あなたは、もうひとつ修道院を訪れる

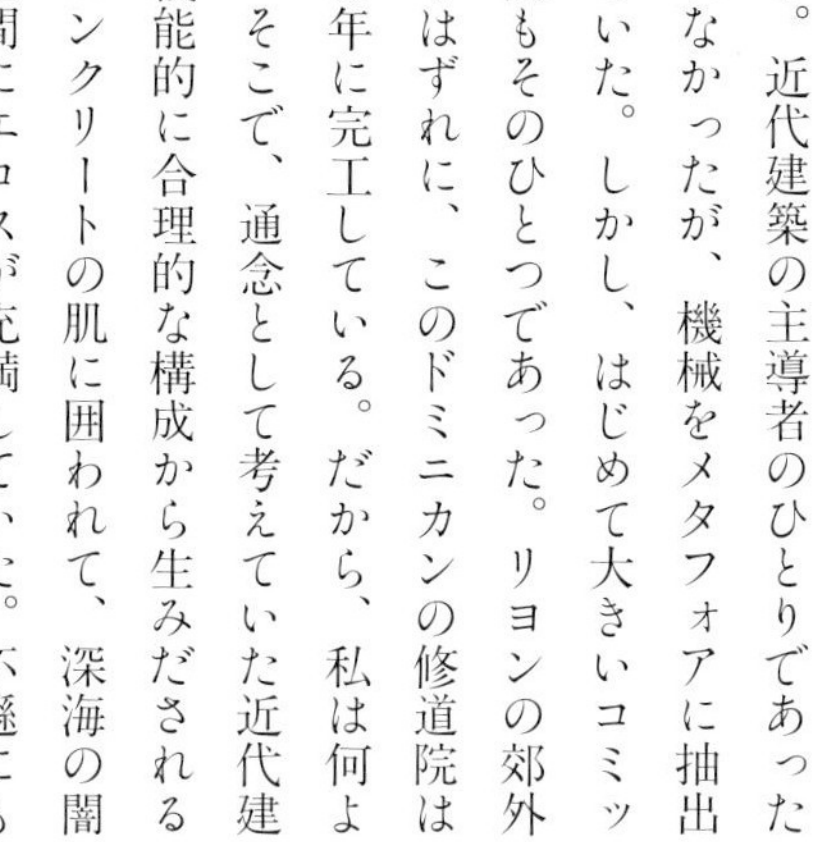

ラ・トゥレット修道院、ル・コルビュジエ

* 磯崎新『海のエロス』Le Couvent de La Tourette G.A.シリーズ A.D.A. EDITA TOKYO 一九七一年。『建築の地層』彰国社 一九七九年刊に所収。

べきでしょう。といって教えられたのが、ル・トロネ修道院であった。

「南仏のプロヴァンスにあります。実は、ル・コルビュジエはこの修道院を設計するにあたって、何度も、ル・トロネを訪れ、実測までしたそうですよ。現にプランも、その修道院を下敷にしています。」

厳密にいうならば、ラ・トゥレットが下敷にしたのは、シトー修道会の原型的モデルとして、理想的に復元されたプランである。それは教会堂が細長い身廊をもっていること、実際にかなりな規模をもって中庭などもはるかにひろいことなどから推定できる。ル・トロネの回廊が、ゆるい勾配をたくみに調整してユニークな解に到達しているのにたいして、同じく急勾配の土地であるラ・トゥレットで、ル・コルビュジエは、回廊を閉鎖して、渦巻状に下降させて教会堂へ導きいれるという、これまたまったく新しい解釈をほどこしたプランをつくりあげた。

しかし、平面構成よりも、ル・トロネがラ・トゥレットと密接にかかわり合っているのは、空間の質であろう。ル・コルビュジエは徹底してコンクリートだけを用いた。それはル・トロネで、粗い石しか使われていないという事実に対応しよう。むしろル・コルビュジエは粗い石だけが生みだす効果を精密に測定しただろう。粗い石の肌のかわりに打ち放しコンクリートを、そして光の制禦によってその肌が変質して、まったく独自のメタフォアにみちた空間を生みだすことを学んだにちがいない。彼はこの変換作業をまったく自分のヴォキャブラリイだけを駆使することによってなしとげている。八〇〇年を間において生まれたこの二つの修道院は、変換の操作、いいかえると引用の構造が明らかにできるような関係を組み立てている。ル・コルビュジエの方法を解読する有力な手がかりとなる関係性である。修道院という、ひとつの自給自足の閉鎖的な機構が維持されていたことがその比較作業をたやすくさせている。その数多くの類縁性のなかにあって、私は空間の質こそが決定的であると思う。空間は不定形であり形態的特性とかかわっていても、それに支配されることはない。むしろ、体験を介して、時間の距離をいっきにとびこえる。全身体をつつみこみ、内部へと貫入する。そんな作用の型をとりだしてみることは、事実や日付けや時代様式とはかかわりなく、すべての建築を並列的にみることを可能にする。ラ・トゥレットはだから八〇〇年という時間的距離を消し去って、私たちにル・トロネを贈りとどけてくれるともいえる。

拒絶された図像

図像は視覚伝達の手段として使用されているわけだから、ひとつの空間内に発生する図像はその場所で要請されている伝達の内容にかかわる。伝達の意図がコンテクストを形成するから、図像もそれに基づいて編成し、解読することは可能である。図像はともあれひとつの言語である。いったんその産出可能な條件が設定されると、ときにはとめどなく増殖する、という内部的法則をもっている。クリュニーはロマネスク彫刻と呼ばれる幻想と日常性のいりまじった柱頭や彫像を無限に増殖させようとしていた。シトー修道会の聖ベルナルドゥスは、図像を介して神への接近をはかろうとする方法を、とりわけクリュニーのような修道院において意図された、偉大な神を賛美するために、壮大な聖堂とその細部を埋める図像の系をいっさい拒否することから、独自の言語体系設立のひとつの端緒にし

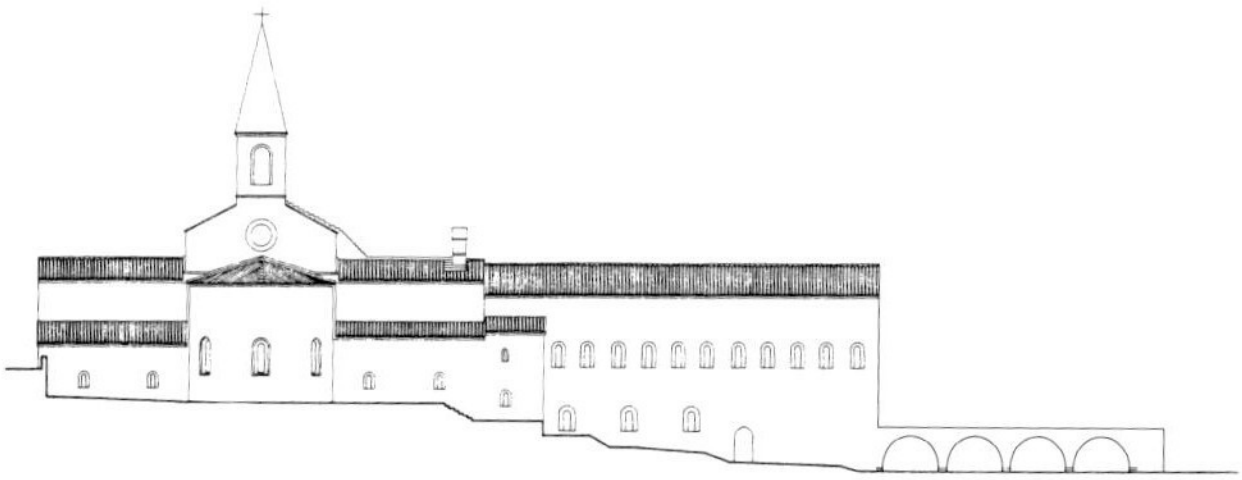

ル・トロネ修道院、東立面図

た。

「――問題なのは、修道士が読書する場所である回廊にいる、あの醜なる美あるいは美なる醜ともいうべき怪物である。あの醜い猿や荒々しい獅子や奇怪なケンタウロスや半獣神や有翼の虎や戦う兵士や角笛をふく猟人はいったいなにか。またここには一頭多身の怪物や多頭一身の怪物がいる。またある獣には蛇の尾があり、獣の頭をした魚がいる。またここには前が馬で後が羊という怪物がいる。さらにはまたここには有角の馬がいる。要するにここには多様ないきものがいたるところに飾られていて、書物をよむよりも彫刻をよまされるという有様で、これに感歎しているだけで一日が費やされ、神の戒について瞑想することができない(聖ベルナルドゥス)」*

勿論これは、大参事会の慣例規則に反映されているが、ここには、よりなまなましい感情をあらわにした批判の意図がよみとれる。清貧に結びつけることによって、豪華な装飾を否定しようとするのだが、それだけではないだろう。むしろ、意図的に眼にみえる、つねに多義的な意味性をもって語りかける図像を徹底的に否定して、見えない神を見えないままにしておくというたったひとつの事実へ、いっさいの構成要素を解体し、編成しなおすことだけが企図されていたというべきである。

ここでは図像は、それ自体が表現の対象とはされていない。つねに代理者であり媒介物である。伝達過程にあって、それを明示し、確実度を高めるための、任意的な手段である。その意味において、図像も当然言語体系の一部を構成する。聖ベルナルドゥスの意図

* W・ブラウンフェルス 渡辺鴻訳『西ヨーロッパの修道院建築』鹿島出版会 一九七四年

は、中途半端な神の代替品であり、単に暗示性をもった指示物にすぎない可視的な図像を徹底して消去しつくすことにあった。とすれば、残存するのは、いっさいの表相をはぎとられた、裸体のような建築物でしかない。平滑で、粗い石だけが積まれている。それを単純化したと形容するのは不当である。眼にみえるいっさいを膨大なエネルギーをかけてはぎとり、最終の物体にまで還元しようとしたのだ。

当然のこととして、シトー修道会の建築にはファサードがない。キリスト教の聖堂は、元来、ローマのバシリカの妻入りの形式を踏襲しているので、至聖所が最深部にあり、それにつづく身廊にむかって、正面の入口がもうけられた。この妻側が正面となり、ファサードがつけられる。ファサードこそは、この聖堂が、それが置かれている都市にむかって、みずからの存在を明示するための、もっとも明確な手がかりとなる場所で、集中的に図像表現がつくられていた。だが、シトー修道会には、外部に語りかける必要がない。誰と交信するわけでもない。ひたすら神への回路の探究だけがなされたわけで、ファサードを意味ある図像表現とすることもなかったのだ。ここは通常、のっぺらぼうの石の壁である。身廊部の構成がそのまま断面として押しだされている。小さい入口がひとつだけうがたれる。ル・トロネでは、普通は側廊横にとられる改信者の入口が、身廊が短いため、西側にひそかにつけられている。後は高窓のみ、切断面が露出し、必要な開口部が石壁をくりぬくようにつくられている。

この手法は、近代建築の実用主義的なデザインを想起させる。実用主義的な表現は、単純さをよそおい、図像化によるメタフォアを拒否することによって生みだされたが、ル・トロネの外観にみられるそっけない開口部の処理は、むしろ意図せずに、同質の表現に到

ル・トロネ修道院、断面図

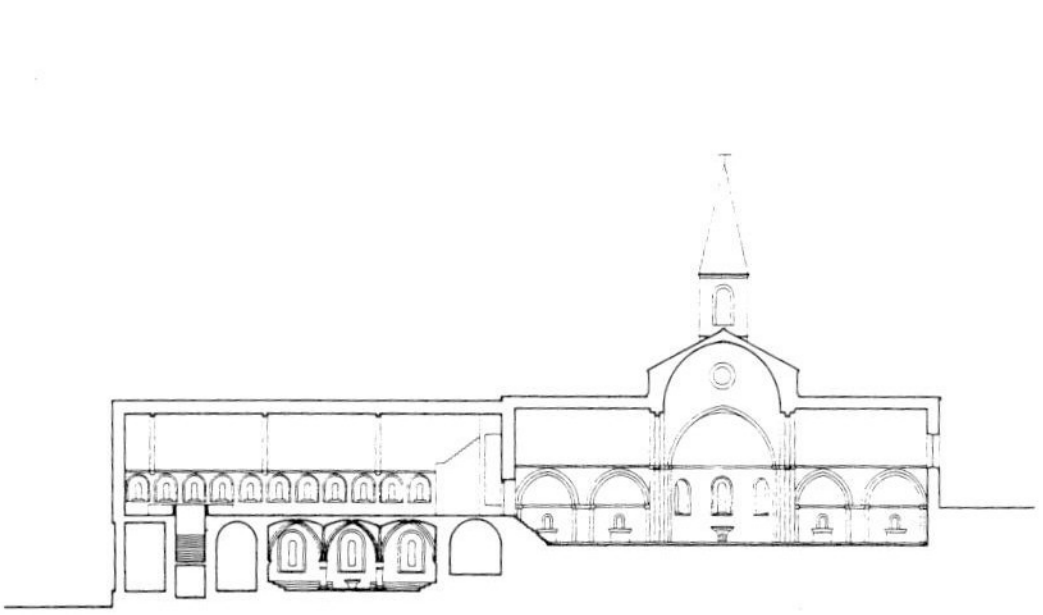

達していたというべきかもしれない。ただ、ル・トロネは、外にむかっていっさい語ることがないという無言の姿勢そのままだが、近代建築の場合に、多くは、単純化作業が、相対的に意味作用を効果的にさせながら、機械という、別種のメタフォアに接近することがねらわれていた。

掟

自給自足の集団が組み立てられているならば、ひとつの論理がその内部を貫通する運動を起こす。それは内部に情報伝達の系を張りめぐらすが、殆どの場合、黙契となり、無媒介なままで相互了解を得ることができるような機構となって作動する。当然のこととして、この自給自足の集団内の掟に従うものだけが構成員となる。

シトー修道会では、その日常の生活行動、労働、祈りの作法、思考の方式、建築物の配置とそのデザイン、といった全生活の細部が厳密な掟に従わされ、簡略化され、余剰物が排除された。肉体までが拒絶されたのだ。これを推進したのは掟をその極限にまで行使しようとするラディカリズムである。生活的には清貧を、宗教的には戒律を、そして建築的には、無駄の排除と原型への還元。これらの多領域にわたって示された、最終的状態への指向は、切実にひとつの言語体系を設立する行動となる。それは多くの場合、掟として作用する。

この還元主義は、徹底すると、否定を無限に繰りかえしていくことになるのだが、いったい、そのような掟までがさだめられて作動させるひとつの言語体系は、いかなる結末を

ル・トロネ修道院、大寝室（KS）

もたらすのか。シトー修道会が生みだしたのは、がんじがらめの掟のなかから、もうそれ以下には還元不能の「最少限の建築」ともいうべきものであった。

用いられる素材は、石だけである。ローマの建築は煉瓦によって軀体をつくりあげ、そのうえに大理石やフレスコによって華麗な装飾をつけた。シトー修道会は、ローマのアーチ工法を受け継いで、煉瓦はいっさい用いずに、石材だけを使用した。また、教会堂の原型となったバシリカは、壁体は煉瓦であっても、天井は木造の木屋組みの下に、同じく板張りによってつくられるのが普通であった。

還元主義的な手法によって、シトー修道会の建築は、これらの附加物を決定的に排除して、何から何まで石材だけで、しかも、その表層をスタッコで覆うということもせずに天井までも石材で組みあげられねばならなかった。みわたすかぎり、単一の素材だけで組みあげられた建築空間。床、壁、天井、机、手摺にいたるまで、すべて同質の粗い石だけでできあがっている。それは、自給自足の、相互の情報伝達も掟によってさだめられた定常回路だけでなされることが最初から予定されていた場所においては、いっこうに不思議でもない。服装も、シトー修道会にあっては漂白されてない、白灰色の羊毛または亜麻の修道服だけしか許されなかった。無彩色の空間のなかに、同じく、無漂の白っぽい無彩色の修道服。徹底した還元主義の到達点は、灰白色の明暗さえ消えた、薄暮のような、無重力感の生まれそうな空間であった。いわば、あえて、人工的に沙漠のような無定形の物質の充満する場所へ、肉体を強制的に投下させたのだ。

ル・トロネ修道院、大寝室（KS）

光の臨界点

扉を押して、教会堂のなかに、一歩踏み込んだとたんに、全身の細胞が、ぎゅっとしめつけられるような、異様な空気につつまれる。瞳孔の調節に手間どるので、手さぐりするような闇とみえる。

奥の内陣の頂部に小さい円型の窓があり、そこから一條の黄色い光が落ちる。開口の量が少ないうえに、モノクロームにちかいステンドグラスがはめられて、その光量をいっそう弱めている。

眼がこの暗さに応答しはじめると、石造の架構が、しずかに浮いてではじめる。それは単純なヴォールトの架構である。身廊の両側に三つの大きいアーチがくりぬかれ、その両側に側廊がひかえる。ここは同じくヴォールト架構で、半分にたち割られている。このヴォールトは、わずかに中央部がとがる尖頭アーチだが、接点はまったく目だたないほどの曲率で、その表相に殆ど影がみえない。

翼廊もまた単純な尖頭アーチで、ヴォールトとなっている。しかし、これらのヴォールトは、交叉することがない壁面で受けられる。

このさほど高くもひろくもない教会堂の内部空間には、表面を粗く磨かれた石の肌しかない。壁面も、それにスムーズにつらなっているヴォールトの内面も、八〇〇年間踏まれつづけた床も、すべて単純で、大まかに組みあげられた石しかない。

特徴的なのはこの教会堂の内部には装飾らしいものは殆どないことだ。壁柱の中央部に、わずかな柱型がつくられ、それがヴォールト面にまで連続して、分節する。しかし、奇妙なことに、この柱型は腰の部分で突然にとぎれて、壁体のなかに消えている。しかも断面がやや丸められているために、この付け柱は、影をつくらない。厚い壁とヴォールト面上に、宙吊りになったように貼りついている、とも読めるほどに、さだかでない分節である。

このような、おずおずとしたような分節は、壁体にくりぬかれた尖頭アーチの断面切口にもみることができる。壁体の厚さを視覚的に消去するために、繰り型にちかいような処理によって、見付のうすいもうひとつの同型のアーチがとりつけられている。それは壁の厚さが露出することから来る圧迫感をやわらげる役割をしている。

円陣と、翼廊に並ぶ礼拝堂は、いずれも完全な球型の四分の一ドームである。その断面と繰りかえされている尖頭アーチによる断面とが、わずかに重ね合わされて、微妙にズレをみせている。まったく何げない、思わせぶりのない切口によって、ズレが調節されている。

最少限の線だけが、ぎりぎりの選択のあげくに残され、他の表相にはいっさいの装飾のみならず、意図的な分節もなされていない。できるだけ平滑に、石の厚い面だけが残るようにつくられている。

このような架構は、その厚い壁体にうがたれた窓からさし込む光だけによって、照らされるのだが、開口部の量は、最少限にしぼられ、殆ど絶えいるばかりに弱められている。

表面から、いっさいの装飾のみならず、彫りの深さをも消し去って、ひたすら単純な石の架構体そのものに還元されたとき、この内部空間に残されるのは、気配だけのような空気だ。おそらくそれは、最大限に制禦された散光の分布によって生みだされたものである。

壁体は、二メートルにおよぶ厚さの石積みだが、それに一定の角度をもって削り込まれた開口部がある。そこにはいずれも透過度のひくいステンドグラスがはめ込まれている。おそらく、三種類の色彩をもつ光線が識別できる。内陣および左右の翼廊にある礼拝堂の窓は黄色いステンドグラスが、南側翼廊の上部の比較的大きい開口部にはピンクが、そして身廊西側、すなわち教会堂への入口の上部は青緑色が基調となっている。

太陽が旋回するにつれて、この教会堂の内部の色調が微妙に変化する。すなわち、朝の光線は内陣側から黄色い光となり、昼間はピンクに、そして夕刻になると青緑色に変化する。ステンドグラスには、抽象的な組紐様のパターンのみが用いられて、いっさいの図像的な図形はないので、その窓は、単に光線を染めるためにのみつくられたことははっきりしよう。

光線はまず床または壁面に最初に落ちてくる。そのときもう輪郭線はさだかではない。石壁のうえに落ちた光線は、そこで拡散する。ぼんやりとした明るさで、不思議にまんべんなく壁面をつたい、そして天井のヴォールト面をはい、ひろがっていく。天井や壁体に繰り型が殆どないために、その拡散がスムーズになる。尖頭が見さだめ難いほどにかすかな曲率の差によってつくられているために、光線は、さらに均等に分布していく。おそらく、幾回かの拡散と反射を繰りかえした光線は、最後には、石の粗面の粒子間にとどまり、面が全面的に発光しているような気分におそわれる。

臨界点にまで弱まった光線が、この空間内部では、全体に充満したようにみえている。

ある振幅をもった波動が、徐々に収斂して、ひとつの定常状態に到達したといってもいい。全空間が、微細な光粒子によって、霧箱のように充填させられたというべきか、大まかな架構だけが、ゆるやかな階調をつくりあげる。

最少限に消去されてしまった建築の架構は、ここでは、光線をも削りとり弱めつくして、極限的な均衡が支配する、白夜のような、エーテルの充満する空間を生みだすためであったというべきかもしれない。それにしても、この建築は、修道士の肉体と同様に、それが内側にひそませている欲望のあらゆる萌芽をつみとったことによってのみ到達したことに注目しておくべきだろう。

それは盲目になることを修道士に要請するような手段であったかもしれぬ。あらゆる欲望の萌芽を導く眼の作動を排除するために、図像を拒絶したのと同じく、光線でさえ、徹底して弱められ、最少限にしか残存しなくなっている。とすれば、盲目になってもいいかもしれない。それほどに光線が拒絶された。その極限において、眼に見えない神を、いっさいの事象を反転させて見えさせるための、しぼり込みという手段の極限的な駆使である。限界ははるかに踏みこえられている。そして、実は決定的なひとつの知覚器官だけが作動する。それは、神の声を聞くための、聴覚であった。

声

見えない神を見えないままにしておくこと、このシトー修道会がとりだした単純きわまりない限定化の意図の背後には、ついにその神を感知する瞬間が到来しうるという、最終的な逆転が予測されていたというべきだろう。それ故に、教会堂の内部でしぼり込まれた光線は、もはや周辺の手がとどき、視線のうごく領域内には、何ひとつ神の存在を暗示するものが消えうせてしまっていることを、ひたすら強制的に感知させようとする手段として導かれた。光線は、それがわずかに引き込まれる窓の存在を通じて、可視的な世界の背後に、具体的には、眼前に厚い実体として存在する石壁の外側に、やはり眼に見ることのできない神の気配を感得させるためにあったともいいうるはずである。盲目状態に自らを追いこむことによって、想像のなかでの神のありかがより明瞭に見えはじめる、と考えられたのであろう。

これほどに視覚の生みだす快楽が拒絶されていながら、聴覚は、むしろ最大限に開花することが期待されていた。聴覚、そしてこの領域の展開としての音楽は、あらゆる学問領域のなかにあって、最重要で、必須のものとみなされていた。

シトー修道会は、いわゆるグレゴリオ聖歌を生みだし、それを展開させる母体となったといわれている。教会堂内におけるミサは、すべて、聖歌としてうたわれることによって進行した。同時に、回廊わきの集会室においては、毎日日課として聖書の各節が朗唱された。修道士たちは、あの静寂しかない修道院の内部の空間を、みずからの声をもって満たそうとしたのである。勿論それはリズムをもち、唱和されたであろう。神を呼びだすためであったのか。あるいは、神の声を、そのまま唱えつづけることによって、神を感知する手段としたのか。いずれにせよ、神は声として降下してくると考えられたふしがある。声は眼でみることができないために、いかなる具象的な形容も不能である。眼にみることができぬという認知の基本的矛盾が、ここでやっと解決される。声だけでも、聞きうる可能

ル・トロネ修道院、教会堂、南側より礼拝堂室ニッチを見る（KS）

性が残される。

　そこで、教会堂の内部空間は巨大な反響器としてつくられる。音響学的には当然の結果で、内部の全表相が徹底して石造であるために、音響は殆ど吸音されない。反響し、それを繰りかえし、徐々にエネルギーを消失していくが、いわゆる残響時間は一〇秒以上におよぶだろう。

　音楽的には、グレゴリオ聖歌はモノフォニイである。多音的な複雑な構造はもっていない。しかしこの残響の長い反響器のなかでうたわれた声は、繰りかえし増幅されたように、後へ後へと残留していく。ひとつの声はひびき合いながら、肉づけされ、次にくる音と混じり合い、遠いこだまのような、ときには地鳴りのような、複合音へと変化する。今日のポリフォニイ音楽になれた耳からすれば、この音のうねりは単調に聞こえるかもしれないが、この空間では、むしろ簡明な繰りかえしだけが生みだす、モノトナスなリズムだけが必要とされていたはずである。このような省略の極限は、装飾の排除、しぼり込まれた光線、石材という単一素材による構成という、この教会堂の空間にもっとも似つかわしい。いいかえると、修道士たちの日常生活を全側面にわたって規制した、単純化の究極と一致する。ひとつの言語体系のもとに、あらゆるものが統禦されているのである。

　音声は長い残響をともなってこの内部空間に充満する。その有様は、光がしぼられ、散光となり、微粒子状になって、同じくこの内部に充満するのとまた類似している。微妙なまでに拡散しつくして、ついにエントロピーが極限に到達する直前のような光景となって全域に浸透する。その中につつまれた肉体は、やわらかいうねりにのせられて、無重力空間をさまようような気分に引き込まれる。そのとき全肉体を構成する細胞は、既存の緊張

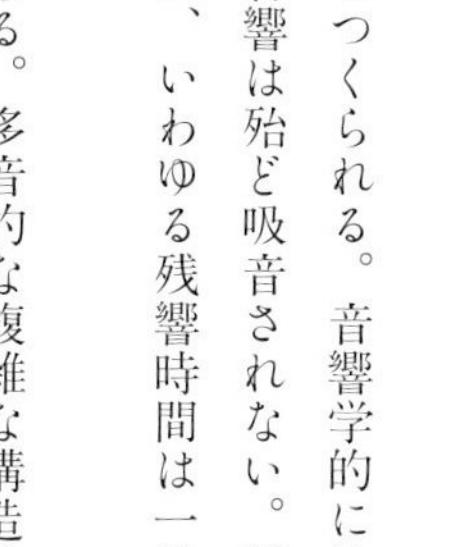
ル・トロネ修道院、教会堂内部、祭壇（KS）

から解除されて、まったく異なった位相のもとに再編される。このような瞬間は、肉体のみならず精神のエクスタシーとしてのみ立ちあらわれるといえるだろう。

修道士たちに課せられた、想像を絶する掟と、ひたすら肉体を消耗しつくすような修行は、拡散しがちな心的状態の活動を圧殺するために目論まれたのであろう。そのあげくに眼を殆ど閉ざし、薄暮のような光の霧のなかにあって、波うつような唱和の渦に全身をひたしつづけるならば、それはエクスタシーの瞬間のみを待つことと同義となろう。死ととなり合いながら、あらゆる時間の流れが停止した、絶対の谷間のような瞬間をとらえることである。

徹底的な排除の法則によって設立された言語体系は、ひたすらこのエクスタシーの瞬間をとらえるためだったといえるだろう。消耗しつくし、夢遊状態と紙一重にまで追いつめられたなかでのみ、そのような決定的瞬間は立ちあらわれる。

棺

厚い石で囲い込み、いっさいの附加物を排除しつくしたような内部空間は、いうならば日常性を消去してしまったのだ。とすれば、その内部空間はいともたやすく死者のみを収容する棺に類似してくる。

大寝室のわきに、ひそやかにもうけられた修道院長の個室、ここだけがこの修道院のなかで私性を保ちうる唯一の空間だが、その面積は、日本的にいえば六畳ほど、最小限の大きさしかない。ヴォールトをもち、中庭にむかって、細い一本のスリット状の開口部がつくられている。ここにもステンドグラスがはめられているが、何しろその細さのため、西日のさすときだけ、やっと室内が照らされるだけで、普段は殆ど手さぐり状態のままである。意図的にこの開口部はぎりぎりに小さくされている。窓ともいえぬほどで、偶然に生まれた、亀裂から外光がさし込んでいるといいかえた方がいい。

修道院長室は、それ故にやっとベッドひとつ置ける空間しかなく、もし類似のタイプをさがすならば、さしずめ独房であろう。そして石造のヴォールトの天井をもつために、この空間は殆ど棺に類似してくる。ローマ以来、石棺は、四周の壁のうえに、ヴォールト状の蓋がのせられていたことを想起するといい。棺の内部空間は、まさに死体のみが収容されるわけであるから、いっさいの変化を必要としない。石の壁と、石のヴォールト天井だけとむかい合う。夜の闇だけでもない。昼間の明るみのなかにあってさえ、それは、死の静寂とともにある。

個室が棺のかたちに構想されたことは、この修道院の建築の特性を象徴しているように想える。元来、シトー修道会に入会し、修道士になることは、いっさいの日常性から隔離されて、ひたすら死と対峙する時間を耐えることによって、死の瞬間を待ちつづけることにある。いわば、絶対的な死、すなわち、決定的な時間の停止状態へとむかって、みずからの肉体の緩慢な老化を見つめることだけを実行していたといってもいいわけだから、当然のこととして、その建築が、死の形象化となってあらわれていい。棺は、その点においても、もっとも特徴的な暗喩である。部屋に身体を横たえることが、すなわち、肉体を死体に擬することになったからである。彼らは死を待ったのではなく、死を生きようとした。

だから、シトー修道会においては、修道士が本当に死をむかえるときには、全員があらゆる作業をやめて、その死の瞬間を見守るならわしであったという。死の徴候の訪れからその儀式ははじまった。そして、死のミサののちに、教会堂のわきにある死者だけが運びだされる開口部から、内陣の背後の墓地へと運ばれる。彼らにとって、生まれいずるという事態は考えられていない。ひたすら、死へとむかう、その過程をみとどけることだけがあった。

日常的空間

修道士たちは食事のときにおいてさえ、美味であることの満足や喜びを表情にあらわしてはならぬとされていた。黙々と食事は進行したのであろう。肉体が呼び起こす快楽が、ここにおいても徹底的に掟として拒絶されていたのである。

このようにひそやかな行為だけが許容されていた食事の場が、シトー修道院においては、空間的に、かなり巨大なものとして建設されていた、という事実をいかに説明したらいいか。普通、大食堂は、中庭をはさんで、教会堂の反対側に置かれている。大寝室棟は、その階下に、回廊に面して集会室や図書室、倉庫などをもっているが、食堂棟は、この二層の建物と同じ高さをもっていた。だから、ざっと二倍の天井高をもつ。日常的な行為のなされる空間としては、もっとも壮大にかたちづくられるものであった。

ル・トロネにおいては、大食堂棟は、その横にもうけられていた暖房室とともに、崩壊したままで、いまではその姿をみることはできない。しかし、平面図をみると、殆ど回廊

ル・トロネ修道院、回廊(KS)

の北側の全翼を占めている。

欲望を表情にあらわすことは禁じられていたとはいえ、食事は修道院においては、より厳粛な儀式と考えられていた。ワインとパンがキリストの血と肉であることは、すべてのミサの行事において基本的な象徴的な仕ぐさとしてあらわされているが、食事はまさにそれを具体的に実行する場であった。聖餐である。それ故に、ここにおいても、開始から終了までが細かい儀式として決められていた。いいかえると、食事を彼らはひとつの神聖なる行事として受けとり、それが行われる大食堂を、重要な記念物としてつくりあげたのである。

二層分の天井高をもち、教会堂に匹敵する空間容量をもつ大食堂は、それ故にもうひとつの重要な儀式の場と考えられたのであろう。教会堂がひたすら、声をたよりに、神を呼ぼうとした場所であったのにたいして、大食堂は、神の血と肉を、みずからの肉体のなかに直接的にのみくだすための儀式の場だったのだ。それ故に、修道院においては、後年になってこの場所に「最後の晩餐」図を描くことになる。これらの壁画は等身大に描かれるのが普通であるが、決定的な歴史的出来事が共有されるわけだ。そこにも、食事の空間自体を、日常的時間を分節する聖なる場にしようとする意図がみうけられる。

消滅してしまった大食堂にたいして、ル・トロネにおいては、大寝室は、大きいヴォールト架構の天井のある一室空間として、教会堂の翼廊北側から数段のステップをあがる位置に連続している。単純なヴォールト架構の一室空間で、一定の間隔に水平のタイ・バーがはられている。東西に面した側には、小さい開口部が並び、ここにもステンドグラスが埋められている。西側には回廊の屋根上のテラスにでる扉がある。開口部はもっとも数多

ル・トロネ修道院、中庭より回廊の列柱を見る（KS）

くとられ、この修道院の数ある部屋のなかで、不思議にもっとも明るい。生活は太陽の運行に基づいてなされたわけで、寝室だから暗くする必要はない。

この大きい一室空間の中央北よりに両側から下におりる階段がつくられている。元来、この大寝室は、現在のものよりもさらに北にのび、およそ倍の長さがあったとされている。その部分は、上部は勿論消えており、ただ、地上階に、それをささえた構造物が残存している。それ故に、階段が両側からむかい合うように降り、おどり場でひとつになり、回廊にむかって折れまがっているのは、奥に長い寝室のいずれ側からも、スムーズに階段が使えるためであった。この階段は、回廊にでるだけでなく、その奥の先端にある便所へも通じる。夜間においても、必要な通路であった。

もうひとつ、この大寝室に割り込んでいる階段は、翼廊からここへ踏み込むすぐわきにあるが、幾重にも屈折して、屋根の頂部につくられた鐘楼へ通ずるものであった。ただ今日では屋根へ通ずる扉は埋められて、外にでることはできない。

大寝室もまたきわめて日常的な空間である。修道士たちは、粗末なベッドに、靴もぬがずに、ただ身体を横たえたという。早朝といっても、午前一時または二時から、もう勤行がはじまっていた。彼らにとって、この寝室の空間でさえ夢みるにはほど遠いものであったただろう。日常のすべての所作を、便所を使うときの姿勢にいたるまで、細部にわたって決めていたことは、私たちはただちに、道元がやはり修業をあらゆる動作の細目として弟子に示したことを想起させる。聖ベルナルドゥスと道元は、いずれも同じ時代を生きた。勿論、交信があろうはずがない。しかし、時代が危機的な様相を呈していたことには変わりはない。そして、いずれも貴族の出自で、独自の言語体系の設立を試みたことは共通している。そのうえ彼らがともにえらんだのは、出家という通常の社会からの離脱であり、徹底的に排除と否定のみを手段とした。語られる体系がちがっていても、そこを貫く手法は、状況が類似すれば、やはり酷似してくることに注意しておいてよかろう。シトー修道会は、みずからの手で石を積むという手段によって、建物までをつくることにしたし、自給自足の体制をつくりあげて、社会的な生産力までを増大させていったが、道元の教団にはそのような建設をとりすすめるような意図はなかった。ひたすら日常的な行為の細部まで、わずかな逸脱もないように、厳密に規定されていた。だから彼らは自らの建築様式をつくりだすことはなかった。中国から移入された新しい建築様式の禅宗様が、その本国においてつくりだされていたというそれだけの理由で、採用されたにすぎない。物理的な実体をもつ、視覚的な形式にかかわる論議は、私の知るかぎり殆どなされていなかった。にもかかわらず、食事の作法も便所の用法にも、徹底した規定があった。

回廊

修道院の建築複合体がつくりだしたもっともユニークな空間は、回廊である。中庭をとりまく、柱列をもった空間は、古代の建築の発生以来、いずれの地方や時代においても不可欠のものであった。ギリシャやローマ時代においては、中庭の空間は、住居の基本形式となっていた。この中庭にむかって、あらゆる生活がひらかれており、したがって、住居の平面は、中庭によって組織化されていたといっていい。

しかし、その回廊を、全複合体の中核にすえ、それを思索と瞑想のための空間に転化したのは、修道院がヨーロッパの中世において組織されてからのことである。回廊は、このとき、単に光を導くためでなく、樹木を眺めるためでなく、さらには部屋相互をわたり歩く通路としてではなく、ひたすら、沈思し、祈るための空間としてつくられた。

回廊がめぐる中庭は、あの禅の庭と同じくのぞき込まれるための庭である。場合によってはそのなかを歩くことができたとしても、それは、回廊がとりまく空洞として考えられるべきではないか。そこに、刈り込まれたブッシュが植え込まれていたとしても、それが具体的な信号を送りとどけるわけではない。むしろ、中庭側の列柱ごしに、そこだけの明るさを感じるようなものであったろう。

ル・トロネの複合体のなかで、建築空間としては、その回廊は最良のものである。教会堂と同じく単純ヴォールトが四周をまわっている。北側の二つの隅だけが交叉ヴォールトとなって、ゴシックの予兆をにおわせている。この回廊は地形の関係上、南側の教会堂わきがもっとも高く、徐々に北の大食堂に面する側にむかって傾斜している。中庭の表面がすでにかたむいている。北側の廊下の床がさらに東にむかって下がっているので、当然のことながら、東西の廊下の傾斜が異なる。ここでは途中に階段をはさむことによって、この傾斜を調整している。この回廊の床面は、それ故に東北隅がもっとも下がったねじれた面をなしている。回廊がそれをまわっているわけで、その床面がたえず変化するだけでなく、まったく別勾配をなしている中庭の表面がはさまっているために、ますます複雑なレベルの関係が生まれる。

多くの場合、回廊は四周とも同一レベルに保たれ、中庭も水平である。それ故に完全に幾何学的な整合性が保たれるのだが、ル・トロネは、屋根のテラス面、したがってヴォー

ル・トロネ修道院、回廊（KS）

ルトの頂部は水平であるので（南側だけは別の処理がなされる。うえにテラスはなく、屋根がかぶされている）、天井高さが床面の変化に応じてちがっていく。同時に、南廊と東廊、北廊と西廊はそれぞれ直交しているのだが、その軸の方向がわずかにズレている。中庭は矩形ではなく、わずかにいびつになっている。

床面の変化に加えて、軸のズレは、ル・トロネの中庭および回廊の空間を、他のいずこにもみることのできない微妙な均衡感を生ませた原因のひとつであろう。地形はかなりの勾配をもっていたことは周辺の現況をみても想像ができる。中庭をとりまくそれぞれの建物は天井・床ともに水平で、かつ直角で平面を組み立てられる必要があっただろう。とすれば、この回廊部において、地形の生みだす微妙な偏差との調整がなされねばならなかった。それがル・トロネの回廊をいずれよりもユニークなものにした要因であるが、ここでも、最少限の手段によって、さりげなく調整を行っていることは、教会堂内部の繰り型のつけかたと同じ手法である。

回廊の西側は貯蔵庫で改信者棟につらなり、西北部に扉がある。東側には図書室、集会室、寝室よりの階段がある。図書室の入口には、中央に一本の柱があり、その頂部に破風形のリンテルがのせられている。集会室は中央に円形アーチをもった入口、左右に窓台のついた開口部のアーチがつくられ、そのなかに、三連のアーチがはめ込まれる。スケールが押し下げられ、同一パターンの繰りかえしでありながら、ここに集約的なデザインがなされていることを感じさせる。内部には三段の石段がとり囲み、ここに腰かけて、集会がひらかれた。

集会室は、ル・トロネの全諸室のなかで、もっとも細かい装飾的な処理がなされてい

ル・トロネ修道院、回廊アーチの詳細（KS）

る。中央に二本の柱が立てられ、天井面が六つのベイに分割され、それぞれがクロス・ヴォールトとなっている。ここにはゴシック的な兆候がある。柱頭には、聖者の杖や植物の文様がわずかにみとめられる。

中庭にはりだしたように、六角形の洗手堂がつくられているが、ここには、回廊側から入口が二つつくられ、列をなして使うときに、スムーズに流れるような配慮がある。中央に置かれた洗手用の水盤は、二段になっており、蛇口が円型に並び、数名以上が同時に使用できる。この洗手堂は、シトー会修道院においては、労働の後、食事の際など、清浄を保つために洗手をひとつの儀式にしたためである。

そのような役割をもつ六角形の堂が、中庭につきだされている。このたったひとつの異物の挿入が、その構成に変化を与え、単調さからすくっている。中央のうごかし難い位置に、いまは二本の糸杉が、両わきに植えられている。構成上からこれをふたたび禅の方丈の庭に比較すれば、このような異質な要素の導入は、さしずめ片側につきでた玄関にあたるだろう。禅の庭では、それが偏心の効果を生ませ、当然のこととして庭石や植木の配置に非相称性が導入される。しかし、ル・トロネのような場合には、やはり中心軸があり、相称性が保たれようとする。ただここでは、微少な偏心が、地形から導かれているだけである。意図的には完璧な相称性を維持しようとしながら、わずかな変形が加わることによって生まれる効果は、非相称性を最初からねらった日本の庭と本質的に異なった構成である。にもかかわらず、これらの庭の間には、相通ずる気分がある。私はそれをいいあてる自信はないが、共通しているのは、静寂を生みだすために、自然のなかから切りとって、人工的に囲いこんだ空間であることだ。いずれもが、ひたすら、瞑想のためにのみ眺めら

ル・トロネ修道院、洗手室（噴泉室）水盤（KS）

れる。一方は座したままであり、他は、ゆっくり歩くことを要請する。勿論腰をおろして、沈思するための石の台もつくられてはいるが、眼は常に列柱になかばさえぎられて不安定である。さらには、木や紙や土のようなもろい素材で組み立てられた軽やかな空間にたいして、単純な石が、ひたすら洞穴のようにほりぬかれた空間であるというちがいもある。しかし、不思議にそれが送りとどける信号の質はちかいのだ。決してわたしたちの身体をやわらかくつつみ込むというたぐいのものではない。はねかえし、拒絶し、沈黙しており、ただこちら側が、みずからの意志によって発見しないかぎり、何ひとつ語りかけてくれない、という点において共通している。眼にうつるのは、空白のような、陽光のもとの、一定のひろがりにすぎない。だが、そのなかに、自らの内部の光景を鏡にうつすように投影することを、あえて強いているような空間なのだ。

第4章

示現の装い

シャルトル大聖堂

凍れる音楽——シャルトル大聖堂

クラシックと並んで、今日にいたるまで、ゴシックは幾度となくリバイバルを繰り返している。

クラシックが、建築の全構成要素間に、緊密な比例的関係性を含む秩序を築きあげるようなシステムを内包しているのにたいして、ゴシックは、細かく分節された単位を、必要に応じて、繰り返しながら、高次のまとまりへと高まるような、加算的なシステムに基づいている。前者がひとつの均衡をもった模型を比例関係を一定にしながら、拡大、縮小するような、閉鎖系であるのにたいして、後者ゴシックは、付加と繰り返しをつうじて拡張に対応する、開放系をもっている。

ほとんど両極を占めあうようなこの二つの建築様式は、同時に形式概念においても、それぞれ独自の特性をもっているために、ヨーロッパの歴史のなかにあっては、決して消滅することなく、姿を変えて、必ずリバイバルする。

ルネッサンスは、ネオ・プラトニズムによるアリストテレス的なゴシックにたいする否定からはじまった。ここで復活したローマ的な古典主義は、グリーク・リバイバル、新古典主義へと、約四世紀にわたって、建築史の主流を占めているようにみえる。ところがこの間にあっても、決してゴシック様式は消え去ったのではなく、むしろ底流として、より強く根をはっていた。シンケルのような新古典主義者でさえ、教会堂や記念碑にゴシック様式を採用している。

一九世紀にいたって、ゴシックは爆発的に復活する。イギリスにおけるバターフィールド、ピュージンらの仕事は、ゴシックの再解釈をつうじて、時代の要請にあわせた教会堂の型をつくりあげたのであった。特にヴィオレ・ル・デュクは、単なるリバイバルでなく、ゴシックを合理性の視点からとらえ、とくに構造システムの明晰な分析をなし、新しい素材である鉄を積極的に導入し、近代建築の展開への道をひらいた。

近代建築は、機械のメタフォアを強調するために、あらゆる歴史的様式の混入を排除した。そのときにゴシック的な様式もクラシックのそれと共に同時に否定されたわけだが、奇妙なことに、その近代建築の論理的な展開の結果生まれた、ポンピドゥ・センターのようなハイテックと呼ばれるデザインが、ふたたびゴシック的な特性を顕わしている。分節化された構造体の外部への露出。ガラス張りの被膜と、大スパン構造による、透明な空間の獲得、そして、結果としての光の内部への導入。これらの特性は、ゴシックの大聖堂とその深層部において同調しているといっていい。一九世紀は様式性・装飾性においてゴシックの再生をはかったが、二〇世紀の近代建築のなかにも、空間性、形式性のレヴェルにおいて、充分にゴシック的なるものがしのびこんでいるのである。

ゴシック大聖堂は、しばしば中世の思想的達成であるスコラ学と比較される。たとえばトマス・アクィナスの『神学大全《スンマ・テオロギカ》』は全体を明晰に分節した、はじめての大系である。ここでは、神、人間、媒介者、の三つの論で部がつくられている。それはいくつもの問（章）からなりたっており、この問にたいして、さらに項がたてられ、細部へと論理を一貫して浸透させている。分節された細部の集合が、全体の構成を自動的に導くという独特のハイアラキーが組み立てられる。

この『神学大全』の構成は、ある面ではアナロジカルに大聖堂の構成に近づく。すなわち、相同の柱間を繰り返していくだけで、天井高四〇メートル、長さ百数十メートルに達する内部空間を実現させているのだが、身廊の軸に直交する袖廊を交差させラテン十字の平面をつくりあげることで、『神学大全』の構成に似て、内陣（神）、身廊（人間）、袖廊（媒介者）といった用途をもって空間の分節が生みだされている。

さらには、大聖堂が都市の住民全部を収容してもまだ余るほどの大容量をかかえ、百十数メートルに及ぶ高塔を建てて、都市生活の中心を象徴していた点も、あらゆる事象を網羅しながらそれに神学的解釈を加えて、神の存在証明にとりくんだ姿勢を、同じく類似性として挙げることができる。

この中世の思想と生活のすべてを収める容器とし、かつまた数えきれないほどの細かい単位が秩序をもって組み立てられているために、「凍れる音楽」と呼ばれるゴシック聖堂は、一二世紀に、サン・ドニ修道院長であったシュジェールによって、彼の思想のマニフェストのように構想された。彼は、修道院の建物からいっさいの装飾を排除することを要請して、典型的なロマネスク建築の型を生みだした、シトー会の創設者・聖ベルナールと同時代人であったことはまことに興味深い。シュジェールは、ベルナールとはまったく対蹠的に、教会堂を一般大衆への教化の手段と考え、教義的な図像を内部に描きだしていた初期教会堂のモザイクやフレスコに代わって、ステンドグラスの画像で埋めつくすことを考えた。ステンドグラスは、透明ガラスでもなく、不透明な石でもなく、それ自体がちょうど発光しているような、二次光面を彩色によってつくることが可能になる。人工的に、日常的に体験できない光によって満たされた内部空間を現出させようとしたのである。光を自由に制御するために、構造体は巨大でありながら、開口部を最大限に獲得できるような構造システムが同時に開発された。飛び梁と控え壁によって、上部の荷重を左右に立体的に分散させながら、地面に伝達する方式である。この構造形式は、教会堂の側面にあらわれて、ここでは複雑で、空間性に富んだ表情を生みだす。尖頭アーチは背を高くするために柱間を相対的にせばめていく過程で案出されたものだが、このかたちは、垂直性をより強調することにあずかっている。

シュジェールは、光によって充たされた、透明性をもつ空間を構想した。立体架構で解放された壁面にステンドグラスを埋め、その光を制御する。同時に、この表面は教義を図解し、教化の手段とした。その光景は、今日の都市空間が、夜間ネオンなどで埋められた光が空中に浮ぶことによって生みだす、昼間とはまったく異なった空間として現象している事実と共通するところがある。

残存《サバイバル》と再生《リバイバル》

「ポンピドゥ・センターはゴシックだよ」と断言したのは、ポンテス・フルテンである。彼は、このセンターの美術館長を、開館前から八年間つとめた。設計過程から、開館後の使用状態まで、熟知している。そのあげくの断定である。

はじめに、この言葉を聞いたときは、私はその突拍子もないと思える連想に戸惑った。何しろ、最先端のペトロケミカル工場を、パリのもっとも古いマレ地区に、どっかと移築したような建物である。

個人的にも、この設計者、ピアノとロジャースを私は知っているし、同時に、いまハイテックと呼ばれるようになった、機械を直喩したようなスタイルが、ロンドンを中心に醸成されていく全過程を、かなり克明に追跡もしていたのだが、そこでのまったく非歴史的とみえる生産物が、これまたもっとも歴史的な建築の様式概念であるゴシックに結びつけうる、とは考えてもみなかったからだ。

おそらく、このスタイルの創始者の一人であるピーター・クックをのぞくと、ピアノとロジャースも、ノーマン・フォスターも、自らのスタイルがゴシックなのだ、とは考えてもいないだろう。

ただ、ピーター・クックの近作をみると、フルテンの断言も、あながち的はずれではあるまい、と思えるふしがある。そしてここから推論をひろげていくと、ハイテックのみならず、ロンドンから発信された数多くの五〇年代以降の諸様式が、色濃く、ゴシック的な

ポンピドゥ・センター、ピアノ&ロジャース

ものに染めあげられている、と思わざるをえなくなってくる。

ピーター・クックは、ビートルズが今日の音楽に与えたような影響を、六〇年代を通じて建築領域になしつづけたアーキグラム・グループの中心的メンバーである。彼らは、今日のテクノロジーが生みだした新奇性を、徹底的に建築表現に導入することによって、現代建築を革新しようとした。その初期において手がかりにしたのが、一九二〇年代の大衆雑誌に登場していた、スペース・オペラのイラストレーションである。ここでは未来派風のディテールをもちながら、荒唐無稽な表現が自由に展開されていた。それが具体的な、未来都市の提案のなかに導入された。同時期に、日本において、メタボリズム・グループを中心に同様な未来都市提案がなされていたが、ここでは、古代的な巨大さとともに、テクノロジーの直接的な適用が顕著にみられたのにたいして、アーキグラム・グループの提案は、よりスペース・オペラの幻想性にひきつけられていた。

彼らの描く世界では、都市はすべて機械的な工業生産物で埋められている。まずは骨組みになるようなパイプ状の幹がつくられ、それに大量生産化された小単位の要素がとりつけられた。メタボリズムはその言葉のように、このとりつけシステムに、耐用年限による交換性を導入していたことから名づけられている。ピーター・クックの初期の仕事は、巨大な幹構造と、表層に付着させる工業製品によって、都市的構造体を描きだすことにあった。これは、五〇年代に、彼らの一世代上の建築家たちが鉄筋コンクリート構造に新たな表現性を与えた、ニュー・ブルータリズムの方法の延長上にあったといえるだろう。彼は、ひたすら、機械を直喩として建築に導入していた。そして、この様式化をはかっていた。その産出物は、あまりに理想化され過ぎているために、自らはついに実現する機会を得ていない。だが彼の方法は、非常に明晰であったために、多くの同伴者を生んだ。彼らはよりプラグマティックで、現実との対応から生ずる繁雑な手続きを解くことに関心を集中しているだけに、実現の機会を得ることができた。

　ピアノとロジャースによるポンピドゥ・センターは、その記念碑的な作品である。そして、ノーマン・フォスターは、おそらく世界でもっとも高価な超高層になろうといわれる香港上海銀行を、ホンコンに目下建設している。これには、月世界から到着した宇宙船といった形容が与えられたりするが、あらゆる方法や細部は、忠実に六〇年代初期に生まれたハイテックのイメージの展開のうえに組み立てられている。

　同伴者たちが、巨大な記念碑的構造物を、パリやホンコンで建設しているなかで、ピーター・クックは、七〇年代にもひたすら図上に空想の都市や建築を描きつづけた。この時点で明らかになってきたのは、硬質な建築を、変身《メタモルフォゼ》とか溶解《メルティング》といった、やわらかい、変態可能な形態として考えることである。前衛の宿命として、彼の描きだすイメージは、ますます現実とは離れていく。それだけに、ここに提出されるイメージは、より非現実的な幻想性を帯びてくる。そして、溶解していくような形態のなかから、ゴシックの怪奇ロマンの舞台になりそうな、奇妙な城館の姿があらわれる。

　この筋書きは、実は予測されてもよかった。二〇年代のサイエンス・フィクション、スペース・オペラは、まさしく、現代のゴシック・ロマンといってもいいからである。ゴシック・ロマンはその怪奇幻想の舞台に、中世以来の廃墟となった城館をえらんだものが多い。これは、明晰な古典性を手がかりにしていた啓蒙主義的な思考にたいする、情念的な反発もかかわっている。一八世紀から一九世紀にかけて、とくにイギリスにおいては野蛮で割り切れない神秘性のよりどころとして、暗黒なる中世のイメージたるゴシックがえらびだされ、代名詞とされていたのである。とすれば、あらゆる荒唐無稽な幻想の産物を登場させるスペース・オペラは、その血縁のうえに成立しているとみていい。その幻想的未来都市のイラストレーションにアーキグラムが出発の時点に注目していたことは、彼がいずれゴシック・ロマンの舞台へと移っていく徴候のひとつだったとみてもいいではないか。

それは同時に、アーキグラム的といわれるポンピドゥ・センターや香港上海銀行が、ゴシックなのだ、と断定できるひとつの傍証の系譜をかたちづくる。実際のところ、これらの今日における異形なもの、としてのハイテック建築を、その構成原理から分析していくと、いかにも、ゴシックの大聖堂が示しているような、構造的・空間的特性を合わせもっていることが明らかになってくる。ポンテス・フルテンの直観的な断定が手がかりになって、私には、ゴシックの系譜が、今日にいたるまで、いくたびとなく再生してきた有様がたどれるのではないか、と思うようになったのだ。

過去二〇年間において、ロンドンが発信した最強の建築的・デザイン的イメージであるハイテックが、ゴシックの系譜にのっているという仮説を論証するためには、一九世紀にも同様の事例があったことにも注目したい。むしろこの時代はゴシック・リバイバルの全盛だった。代表的な建築家として、ウイリアム・バターフィールドと、オーガスタス・ウエルビー・ノースモア・ピュージンを挙げることで充分であろう。この二人によって、一九世紀の教会建築の基本形が形成された。それは教会堂のみならず、国会議事堂や大学のキャンパスをも埋めつくし、イギリスの町並を全面的にゴシックの雰囲気にまとめあげるだけの影響力をもった。

イギリスにおいて、このゴシック的なるものの再興は、ゴシック・ロマンの出現と同時であったことは興味ある事実である。ゴシック・ロマンの創出者として知られる『オトラント城綺譚』の著者ホレス・ウォルポールは、同時に、あらゆるゴシックの城館、ストロウベリ・ヒルを自らの趣味で一八世紀の中期に四〇年をかけて建設し、そのあげくに、中世的怪奇と幻想に基づく綺譚を書きあげた。

バターフィールドやピュージンは、単なる幻想としてゴシック的なものを追い求めたのではなく、その建築的本質を解釈をしなおし、教会堂の様式として再生させようとした。フランスのヴィオレ・ル・デュクは、ゴシックを合理主義的な建築の大系としてとらえ、復元にとりくみ、その理論に基づいて、鉄骨造のような同時代の新技術さえ、あえて導入し、単なるリバイバルではなく、その様式の総体を社会的な新しい要請に適合させようとしている。

彼らゴシック・リバイバリストの中世建築の合理的解釈は、その倫理性において、近代建築が支えにした、構造の正確な表現、素材の適正な使用、空間の透明性など、奇妙にも完全に同質である。その点、彼らがその様式的な装飾性という観点を除けば、近代建築の出発に位置していたのだ、という説明も可能になる。そして、この解釈は、ただちにハイテック・デザインにもつながるのである。

交代劇

一九世紀にゴシック・リバイバルが隆盛したのは、ルネッサンス以来のクラシック、ネオ・クラシック、そしてグリーク・リバイバルという一連の古典主義的建築に対抗するものとしてもちだされた概念であり、様式であったことにかかわっている。いわばヨーロッパの全建築史にわたって、クラシックとゴシックは、相互に主導権争いをしながら、交代劇を繰り返してきていたからでもある。近代建築が、その出発点において、全面否定を試みた、いわゆる折衷主義は、一九世紀を通じて、たとえば公共建築はクラシックで、宗教建築はゴシックで、というように、様式的特性を建築のタイポロジイに応じて、使いわけ、この両者の対立を、社会のなかにおける文化的コンテクストに基づいて、調停するためのイデオロギーであったと考えられる。それがヴィクトリア朝を通じて圧倒的な支配力をもちはじめたブルジョアジーの趣向にも適合したために、二〇世紀の初頭には、身動きならぬ、桎梏とみえたのである。

クラシックとゴシックの交代劇の舞台の例として、イタリーの都市の中心におかれた大聖堂を挙げてみよう。その大部分は中世の末期に、ゴシック的な構造形式をもって着工されている。内部がまずつくられ、ファサードにまで工事が進行しようとしたときに一五世紀ルネッサンスをむかえた大聖堂は、ここで奇妙な論争の波をかぶる。クラシックなモチーフこそが正当とされ、ゴシックは旧弊とばかりにさげすまれたからである。クラシックなアルベルティがその古典主義的な理論に基づいてファサードを完成させた、フィレンツエのサンタ・マリア・ノヴェラは、注意してみると、一層まではゴシックの様式によって築かれていた痕跡が明瞭である。それをのみこみ、かまわず上部のシルエットが古典主義的にまとめあげられている。

同じフィレンツェの花の大聖堂は、後期ゴシックの面影を残したジオットによる鐘楼だけが完成していた。一六〜一七世紀を通じてここでも、ブオンタレンティなどによって幾案も古典主義的モチーフで新しいデザインの提案がなされたが、やはり、一九世紀にいたって、ジオットのスタイルに完全に調子をそろえたエミリオ・デ・ファブリの案が実施される。

その変転がもっとも激しかったのはミラノ大聖堂である。これは南欧において、最大規模のゴシック大聖堂であることは知られている。ウィトコウワーがたんねんに集めた各時代の計画案の図をみると、驚くべき長期間をかけて、そのファサードをゴシックにするかクラシックにするかという論争が続いたことが続みとれる。*この大聖堂は一四世紀末に着工された。当然ながら、南方ゴシックと呼ばれていて、二重の側廊をもっているため、北方のものよりシルエットが横ひろがりで偏平にみえる。このあたり、北伊の独特なロマネスクで、初期ルネッサンスに直結するような性格がみえている。

一六世紀の中期までは、ゴシックでファサードをつくることに疑いはもたれていなかった。レオナルド・ダ・ヴィンチもミラノ滞在中に呼ばれて、中央尖塔の構造の提案をしているが、これも勿論ゴシック的装飾が表面にとりつけられることにしていた。だが、一六世紀後期になって、トレント宗教会議の立役者で、マニエリスムからバロックの時代の教会堂の教義的再編成に大きい影響力をもった、カルロ・ボロメオがミラノ大司教に任ぜら

* Rudolf Wittkower "Gothic VS. Classic" 1974

れ、彼の支持によって、ペレグリーノ・ペレグリーニが主任建築家になってから、事態は一変する。彼は、徹底的にクラシック様式によってファサードをつくりかえる提案をする。以後約半世紀にわたり、後継者たちは、彼のデザインを展開し、より当時のローマを支配した流行のスタイルに近づけようとする。

ところが、一七世紀中期になって、カルロ・ブッジが、まったくゴシックに還る提案をする。とはいってもペレグリーニのクラシックは下敷きとして生かされ、混合様式とでもいうべきものが生まれる。今日完成しているファサードの原型に近い提案が、ここで出現した。だが、事態はこれで終了したのではない。むしろ、長期にわたる論争の幕あけでもあった。

殆ど同時期で、数年おくれて、フランチェスコ・カステッリがより奇妙な提案をしたからである。彼の案は、ローマ風クラシックな窓飾りをもちながら、そのうえをゴシックの尖頭アーチでおおい、シルエットはボッロミーニのような複雑な曲線を描き、これにゴシックの尖塔が林立するというものであった。この徹底した混合様式は、バロックの奇怪さへ趣向を移していたその時代に受入れられたらしく、類似の提案が、その後一世紀にわたり幾度となく繰り返されることになる。だが、クラシックの要素を残したためにベルニーニの支持まで得たカステッリ案に比較して、すべてゴシックの色彩を強めていく。そのあげく、一八世紀の末には、カルロ・ブッジの疑似ゴシックにいずれの案も近づいていく。ペレグリーニ案に基づく、クラシックな窓飾りが下部の二層まで建ちあがったまま二世紀を過したこのファサードは、論争の結末を一九世紀の初頭に、殆どゴシックに還ることによって終止符をうつ。アルベルティのサンタ・マリア・ノヴェラがゴシックのうえにクラシックをかぶせたのに対して、ここでは、クラシックのうえにゴシックをかぶせ、シルエットをゴシック的にまとめあげるという結果が生まれたのである。

この長いゴシックとクラシックの論争過程は、ヨーロッパにおいて、この両者が常に対立し、ルネッサンス、バロック、新古典主義と、クラシックが全盛とみえた時代においても、その副流にかならずゴシックが流れ、あい間をみては浮びあがる、という一例である。一九世紀のゴシック・リバイバルは、これが主流へと変換した事例とみることもできる。とすれば、二〇世紀において、ゴシックが再浮上しない理由はあるまい。その意味においても、ポンテス・フルテンの指摘は正鵠《せいこく》を得ているといえるだろう。

ピュージンやヴィオレ・ル・デュクらの一九世紀におけるゴシック解釈は、合理主義的な視点を貫こうとするものだった。そこで抽出された諸原理を介して、本源的なゴシック様式をリバイバルさせようとした。ミラノ大聖堂のファサードは、類似的と呼ばれてもしかたない不明瞭なものだが、リバイバリストたちの仕事は、単なる表層部における付加的装飾の域から脱して、架構やその空間的配置を根底から洗いなおすものだった。

だが、あくまで、歴史的様式としてのゴシックを解釈の主眼にしているので、建築の主要な決定要因は、装飾に基づく様式性にあった。この部分が後に近代建築家によって批判されることになるのだが、建築の合理的解釈の部分は、そのまま二〇世紀を通じて残存する。ハイテック建築は、その近代建築の論理をテクノロジーとの関係において、極限にまで推しすすめるところから生みだされたものであるから、そこにゴシック的なるものの復活の兆候がみえることも予想できるだろう。それはもはや装飾のレベルではなく、空間の特性や構造の展開、素材の処理などの深層部の仕組みに連続している。この関係をみいだすには、おそらく、オリジナルなゴシックの建築構成原理を説き明かす必要があるのだが、あらゆる先行する時代の実例にたいする解読は、その時代の思考の枠から抜けだし得ないという宿命をもつことも認めねばなるまい。一九世紀のそれは、即物的な合理主義による解読であった。二〇世紀のそれは、おそらく、より多様化し、構造的となっている。

大全《スンマ》と大聖堂《カテドラル》

アーウィン・パノフスキーはその著『ゴシック建築とスコラ学』*において、文学や美術の表現形式をも含めて、ゴシック建築の形式がスコラ学の記述形式と相同性があることを指適している。とくに、一一三〇～四〇年頃と、一二七〇年頃に、その関係は密接にあらわれているという。前期は、シュジェールがサン・ドニ教会堂の改築を開始し、ゴシックのはじめての実例となるその内陣の工事が進行していた時期である。そして後期は、北部フランス一帯の主たる司教座の所在地に、ゴシック様式による大聖堂が着工し、熱狂的に工事が進捗したあげく、一段落しはじめる時期だが、同時に、トマス・アクィナスがそのスコラ学を集大成した『神学大全《スンマ・テオロギア》』を完成しつつあった頃でもある。ちなみに、シャルトル大聖堂の献堂式は一二六〇年であった。それぞれゴシックとスコラ学の創始期と、完成期である。その展開は殆ど、平行的になされていた。

スコラ学は、一一世紀頃から、ヨーロッパ各地の修道院付属の学校で、文法、論理学、自然学、神学などが研究されていく過程で組み立てられていった。当初は圧倒的に新プラトン派の影響下にあったものが、トマス・アクィナスのアリストテレスの徹底的研究によ

* Erwin Panofsky "Gothic Architecture and Scholasticism" 1958

って、存在の形而上学にまで高められた。

パノフスキーはトマス・アクィナスの著作に典型的にみられる論理の形式に注目する。『神学大全』は三部にわかれ、それぞれ、神論、人間論、媒介者としてのキリスト論が展開されている。各部は、数多くの問い（命題）で組み立てられている。たとえば、「神について、神は存在するか」という第二問にたいして、アクィナスは、これを三つの項に分解する。それぞれの項にたいして、やはり三つから四つの異論と、それにたいする反論を紹介する。そして、最後に自らの意見をそのそれぞれにたいして開陳し、異論を論駁し、論理を解明するという手続きをとる。

冊（部）を章（間）に分解し、それをさらに項に分ける。この論述のために、小節がつくられる。細部へむかって、限りなく分解されていくわけだが、それは、主題の展開と同時に論理のレベルにおいても、相互の章・項・節・間に関連づけられる。

このような分節化は、『神学大全』で代表されるようなスコラ学が生まれる以前には、いかなる分野にも顕著にはみることのできないものだった。古典的な著述は、詩歌のアンソロジーや数学論をのぞいて、単に本、すなわち冊子単位でまとめられるのが普通だった。ウィトルウィウスの『建築十書』はその例で、およその主題ごとに、ひとつの本を構成している。これは、ルネッサンスにいたるまでのことである。アルベルティもパラディオもそのスタイルは、ウィトルウィウスを踏襲しようとしたからである。

その点において、『神学大全』は論述にひとつの変革をもたらした。いくつもの命題が次々に解明されていくように、全体が注意深く構築されている。読者はひとつの命題を解き、ついで次の命題にうつることを、あらかじめ予告されている。細部が、全体へ秩序を

シャルトル大聖堂、平面図

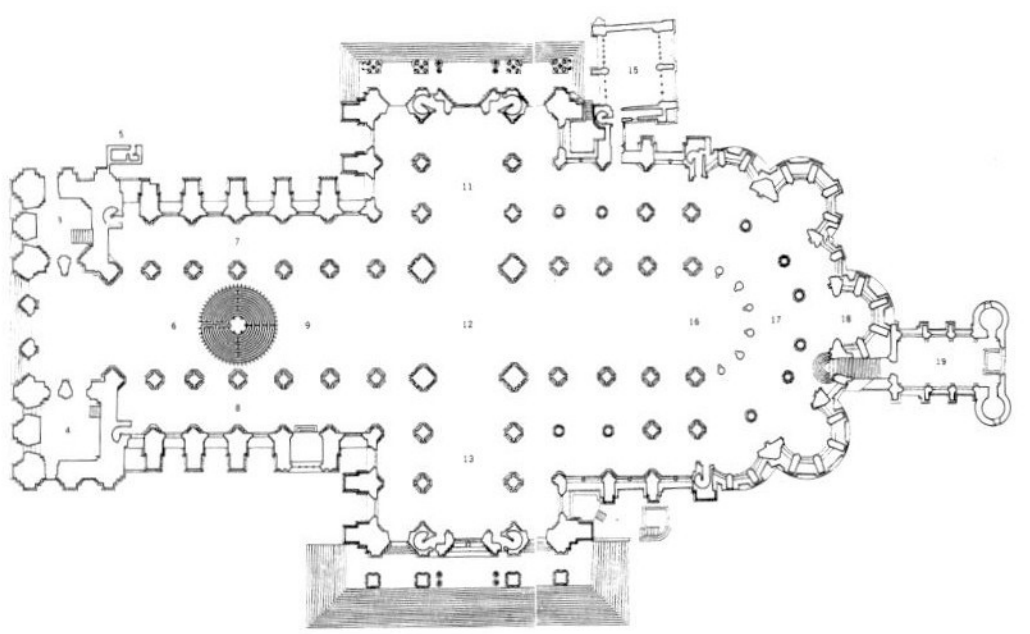

もってかかわらされているために、その場所を見失わずにすむ。

その点からして、パノフスキーはダンテの『神曲』もまたスコラ的であるとする。内容ではなく、その展開の形式が、明瞭に分節されているからである。

この構造的な分析を音楽や具象芸術に適用することも可能である。音楽はこの時期に新しく記符号が生みだされている。記符とは時間を分節していくことに他ならない。同時に視覚的には音を空間的に配置することになるわけだから、これもまた、とめどもなく連続しているメロディをもった音列を音の小単位に分解する手続きなしでは成立しない。

スコラ学における分節化は、その論述あるいは解明の論理の展開を、明晰にする手段として生みだされた。だがいったんその分節の方式が成立すると、明晰であることそのものが求められるようになる。「明晰性そのもののための明晰性」[*1]（パノフスキー）である。たとえば、中世の写本につけられている挿図は、[*2]初期のものは必ずしも細分化されてなく、人物なども大まかに配置されるだけである。だが同一テクストが、年代を経ながら写本が繰り返され、その挿図が、新たに書きなおされていくにつれて、挿図全体の構図が、縦横の線によって分割され、その枡目のなかに、より明晰に対象物が分類配置されはじめる。そして、最後には、その挿図の分割された状態が、全体の論理や意味を関係性として適確に表現するようになる。ここにおいても、構図と表現における明晰性を細分化された分節性によって達成しようとする潜在的な運動があったとみていいだろう。

写本におけるこの分節の形式は、ゴシック大聖堂正面ポルタイユの上部にあたる、タンパンに描かれる図像にもみられる。ロマネスクの時代には、半円型アーチで囲われたなかに、ひとつの構図がはめこまれるのが普通であった。だが、ゴシックの時代に移るにつれ

＊1　E. Panofsky　前出書　三九頁
＊2　E. Panofsky　前出書　四三頁

て、二段、三段に構図がわかれはじめる。最後の審判の描かれる場所では、キリスト、使徒、民衆の三段構成が定着する。

諸領域の表現システムが、『神学大全』の分節方式に類似しているという指摘は、とりもなおさず、盛期ゴシックの大聖堂の建築総体が、キリスト教的、知、神学、自然、歴史の総体を同時に体現し、それぞれを空間的に緊密に配分していることを示すものだ。大聖堂こそは、ゴシック盛期に神学の総合化に同調して、その細部を組み立てられていったといっても過言ではない。事実、聖堂の建設にたずさわった建築家たちは、修道院付属の学校にスコラ学の講議を聴きにかよった。しかも大司教のなかに、シュジェールのような、建築の革新を意図して、各地から工匠を集め、自らの指導のもとに工事をすすめる人物もあらわれている。建築の構成にも、当然ながらその神学的教義が反映することになる。

スコラ学には、全体性を追求すると同時に、その構成部分が、相互に相同性を保っている、という特性がある。この相同性とは、論述の部分とそのまた部分が、ハイアラキーをもって分節されていながら、それを支える論理は相互に同等であり、殆ど互換性をそなえていること、といいかえられてもいいだろう。

視覚的には、相同性はゴシック聖堂の内部をより特徴づけてもいる。たとえば、平面図をみると、柱間は常に等しく、それが繰り返されている。相互に相同であるといってよかろう。この類似した柱間が繰り返されていきながら、平面図上では、外陣と内陣、その中間に交差して置かれる交差廊に分けられ、それぞれ、異なった使われかたをする空間がつくりだされる。同一形式の繰り返しでありながら、ハイアラキーをもつ高次の分節へとまとめあげられていく。『神学大全』における項がひとつの柱間とみれば、これはさしずめ

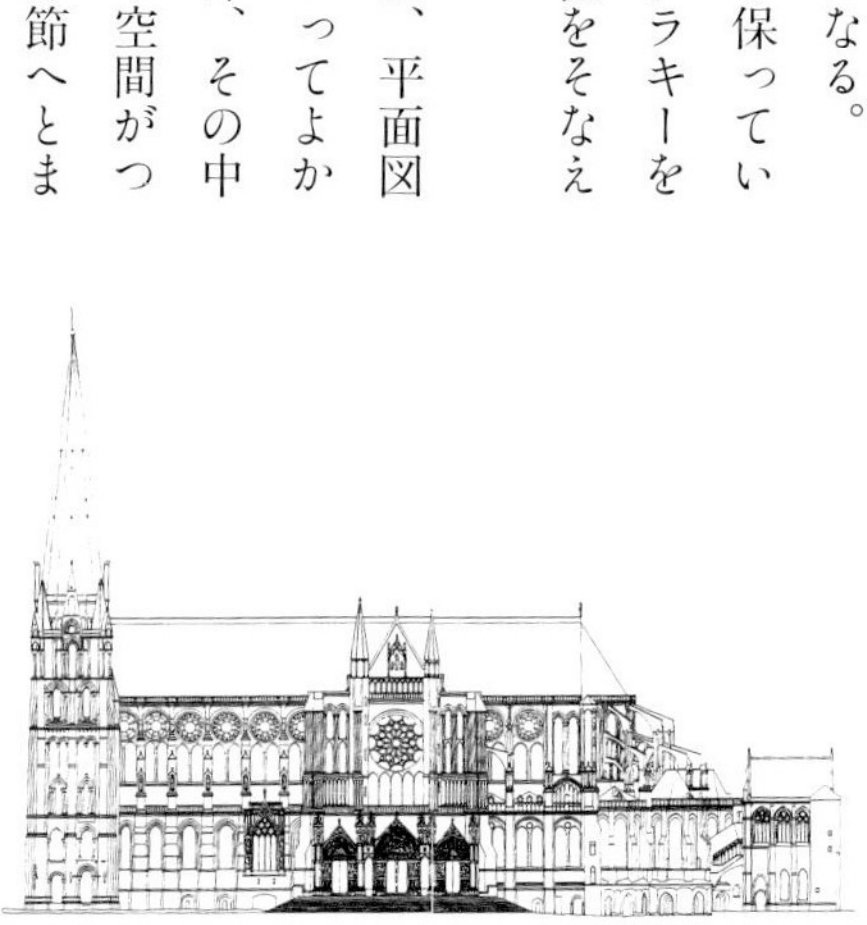
シャルトル大聖堂、南立面図

部に相当する。『神学大全』の第一部が神論であることは、神の座としての内陣にあたるとすれば、第二部の人間論は、外陣の信者の集る空間である。とすれば第三部の媒介者としてのキリストの空間は、交差廊であきらかに内・外陣を媒介している。そして、『大全《スンマ》』が大聖堂そのものにあたることはいうまでもない。

すなわち、墓石や柱飾り（節）の細み合わせでできた柱とクロスヴォールト（項）がかたちづくる柱間（章）が繰り返されながら、内陣、身廊、交差廊（部）となり、その全体がひとつの大聖堂の空間（大全）にまとめあげられているというのである。

比喩的にいえば、ゴシックの大聖堂は中世的な知の結晶である『神学大全』を空間化し、かつ実体として視覚化したものだということになろう。

そこで、大聖堂の壁面を埋める彫像や、ステンドグラスに描かれる聖書物語も、この総体（大全）の細部を埋めて、相互が独立しながらかつ結びつけられている関係に置かれていると了解することもできる。それは、大全のなかで、それぞれの項において問題とされている事例のひとつとみてもいい。

このようにして、知の大系と建築の総体とを類比の鏡に照らし合わせてみることは、アーウィン・パノフスキーに、一九五〇年頃、すでに構造主義的な方法をとりだしていたという賞賛をおくるよりも、彼が『神学大全』の論理の核心にある「存在のアナロギア」を手がかりに、類推をすすめた当然の帰結だったのだといったほうがいいのではないか。

すなわち、トマス・アクィナスは、神の存在を証明する手段として、アリストテレスを解釈しなおし、そこから、存在論の独自の視点をみちびきだした。ここで彼の用いた論法は、世界内存在者ではあり得ない神を、「存在者を存在せしめているもの」と定義し、世

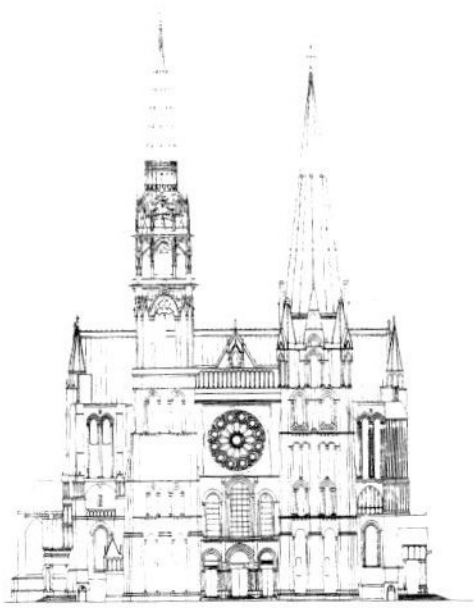
シャルトル大聖堂、西正面図

界を超越する無限なる神と、世界内に存在する有限なるもの、との間に、「存在のアナロギア」が成立しうることを説明する。アナロギアとは、数学的にいえば比例関係である。これを拡張して比喩的に用いれば、「関係性」の論述ということになろう。パノフスキーが、『神学大全』とゴシック大聖堂の建築の間にみいだしたのも、明らかにアナロギアなのである。対比の関係といってよかろう。思考の構図と建築の構図が比例的に響き合っている、というわけだ。

聖ベルナールvsシュジェール

ゴシック的なるものは、通例として、ロマネスク的なるものの後に来たとされている。だが、必ずしも明確に時代的な区分をつける日付けがない。一一世紀はロマネスクと呼ばれるものしかなかったし、一三世紀は、すでに盛期ゴシックの時代であった。この中間期の一二世紀が、いわば移行期で、その後半にはすでにゴシックは様式的に完成させられていた。

シャルトル大聖堂は、この世紀を通じて建設されていたわけで、西側ファサードは、まだロマネスク的な要素を残存させている。アルベルティのサンタ・マリア・ノヴェラのファサードと同じような様式的な重層が、すでにその三世紀前に起っていたのである。ここではロマネスクからゴシックへ、そして、フィレンツェでは、ゴシックからルネッサンスへと、時代の趣向が、強引に前時代を埋めこみ、あたかも痕跡のように残された。

一二世紀における移行期は、そこに対立する二人のイデオローグが並存したことで、そのデザイン的な特性がより明らかに浮びあがらせられる。『排除の手法』（本書第三章）のロマネスク的なるものを代表するシトー会の理論設立者聖ベルナール（ベルナルドゥス）と、ゴシック的なるものを空間的に実現させることを試みたシュジェールの二人である。前者はクレルヴォー修道院の、後者はサン・ドニ修道院の院長であった。彼らは一二世紀初頭のまったく同時代を生き、対立することもあったが、ときに手を結ぶこともした。

その時期までのフランスにおけるキリスト教の中心はクリュニー修道会であった。ヨーロッパ中世は、比較的に移動や変化の少ない暗黒の時代のように私たちは教えられてきた。それは、どうも近世以後の中世的なるものにたいする反発が生みだした固定概念のようで、実際には一二世紀のルネッサンスといわれるほどに、この時期には修道院付属の大学の活動が活発化したし、人びとの移動も頻繁に行われていた。その移動を積極的に推進したのがクリュニー修道会である。移動、それは交通を生みだす。大規模なものが十字軍であった。クリュニー修道会は政治的にも強い影響力をもち、数回にわたる十字軍は、この会の支持によって推進された。間歇的な遠征にたいして、定常的な交通も組織された。巡礼である。クリュニーから出発して、ポルトガルのサンティアゴ・デ・コンポステラ大聖堂へむかう巡礼のコースがつくられ、その沿道に数多くの教会堂を建設した。出発点にあたるクリュニーは、当時、西ヨーロッパにおける最大規模の教会堂を建設した。当然のことながら十字軍の戦果などを反映して、教会堂は華麗に飾られた。

シトー会はこのクリュニーの豪奢にたいする批判から生まれたが、そのイデオローグが聖ベルナールであった。彼は徹底して厳格な戒律をつくりあげただけでなく、その修道院の建設にあたっても、ひたすら「排除の法則」が適用された。修道院の建築には、いっさいの装飾が拒否され、具象性をもつ図像も消し去られた（第三章『排除の手法』参照）。

聖ベルナールの攻撃はクリュニー修道会に代表される、とめどもない豪奢にあった。西ヨーロッパは、一一世紀末の第一回十字軍の戦果として、東方における金や宝石、香料、絹布をはじめとする奢侈品と初めて本格的に接触した。それはローマ帝国崩壊後の自給自足の生活にたいする視点をゆるがせることになる。教会においても同様であった。石だけで彫られていた像や素朴な祭具が、金や宝石や絹布で飾られたものに比較して、いちじるしく見おとりするのは当然のことであった。聖ベルナールは、この奢侈にたいして、あえてそのすべての排除を試みたのである。彼は修道会の内部改革にとどまらず、再度の十字軍の遠征をルイ七世に提案する。そのとき彼はまったく対極的な人物と深いかかわり合いをもつ。ルイ七世の十字軍出征中にその摂政をつとめる（一一四七～四九年）ことになったサン・ドニ修道院長、シュジェールである。

シュジェール（シュジエ、スゲリウス一〇八一～一一五一年）はことごとに聖ベルナールと対比される。聖ベルナールが貴族の出自でありながら、徹底して清貧を説いたのにたいして、シュジェールはむしろ極貧の育ちで豪奢を好んだ。シトー会の建築にみられる、ロマネスクの原型に復帰させるような無装飾主義にたいして、シュジェールは、サン・ドニ修道院付属の教会堂内陣で、ゴシックの原型となる華麗な構造形式と図像大系をつくった。

聖ベルナールは必ずしも新しい大系をつくりあげたのではない。彼はアンリ・フォシヨンのいうように、「ロマネスク的形体にたいして世紀が感じはじめたある種の疲労を、一歩先んじて言いあらわした」*というのが適切な評かもしれぬ。彼の提出した手法は、過剰

* アンリ・フォシヨン　神沢栄三、長谷川太郎、高田勇、加藤邦男共訳『西欧の芸術とゴシック』鹿島出版会　一九七六年

となったロマネスクから、その表層部に付加されている表意的な図像を消し、石と光の反射だけの抽象空間に還元することであった。排除し、還元することは、そこにみいだされる空間に独自の厳密性と精神性を付加できても、建築それ自体の形式が、自律的に発展することは最初から断念されている。アンリ・フォシヨンの信ずるように、その細部も含めて、独自の成長の法則によって、建築の形式が自律的に展開するとするならば、シトー会のこの環元作業は、ひたすら展開をおしとどめるための禁止条項の羅列に陥らざるをえない。事実として、シトー会の記録には、この種の禁止項目が無数にみいだされる。これはひるがえってみると、自律的に多様化をうながす建築形態の成長が間断なくおきていくことを証明している。時代の状況をみると、ロマネスク的形式は限界点に到達していた。そのとき新しい形式を創りだすことがなければ原理的なものへの回帰しかない。聖ベルナールの選択は、この回路にそっていた。ロマネスクの良質な部分があらためて獲得されたが、形式は固定されたままであった。

サン・ドニ修道院付属大聖堂の本陣（一一三七年献堂）の建設を組織し、かつ献堂の記録を残すことによって、ゴシック的なるものの理論的な創始者の栄えを担うことになったシュジエールは、聖ベルナールが徹底して反俗的であったのに比較して、いたって世俗的なエピソードにつつまれている。

彼は、一一二一年にサン・ドニ修道院長に任命されている。ここは王立修道院で、代々の国王の遺体が安置される場所でもあった。ここは貧しい生れであった彼が付属学校に入学し、貴族や国王の子弟と共に教育をうけた場所であった。この経歴によって、彼は国王の友人となる。聖ベルナールの献義によっておこされた第二回十字軍に国王ルイ七世が遠征したとき、シュジェールは摂政をつかさどるまでになる。彼はこのとき、フランス国守とフランス国教会長老と、政治的・宗教的両者を支配する立場にいた。

それ故に常にシュジェールの企画は、強い政治的色彩を帯びていた。サン・ドニにシャルルマーニュが住んでいたという伝説に基づいて、フランス国王をその直接的な後継者であるという新説をうちたて、シャルルマーニュを初代として、歴代のフランス国王の彫像をつくり、修道院付属教会堂の正面に飾った。この説は必ずしも根拠のあるものではない。だが、西ヨーロッパにおける未統一の政治状況のなかで、フランス国王をシャルルマーニュの後継者と言いたてることは、はかり知れない政学治的な効果が予測されたからである。虚構の言説が政治的な意図をもって組み立てられていったのは、あの古事記の成立事情と似ていなくもない。日本においても国家的な統一が意図されたとき、王の系譜が、神話として構想された。シュジェールは、太安万侶に似た役割をもはたしたのである。

サン・ドニ修道院が国王の菩提寺であったために、そこに華麗さが求められたのは当然のことであっただろう。同時にシュジェール自身も華麗さをむしろ弁護する文章を残している。聖ベルナールの攻撃の前にあっても、彼はあえてそのはてしない豪華さへの欲求をかくそうとはしない。

「――この世の最も貴重なものはすべて、何よりまず聖体の祭典に用うべし、と私は確信する。神の御言葉と預言者の指示によれば、金の盃、黄金の瓶、金の小鉢は犠牲の牡山羊・犢・若い赤牡牛の血をうけるに用いられる。ましてイエス・キリストの血をうけるものならば、黄金の器や宝石や、この世のありとあらゆる尊しとされるものを用いるべきである」*

と、シュジェールは記す。その背後に常に聖ベルナールの批判をかわす論述を組み立てていた。祭具は用いかたさえあやまらねば、豪華であるほどいい、と明言もする。彼の意図したのは、聖性を教会堂に演出し、出現させるとき、金や宝石のような貴重な素材によって、その効果を高めることであった。聖ベルナールの精神主義にたいして、現世的な物質主義に裏づけられている。とくにフランスの国王を背後にして、その存在を、教会における宗教的聖性と一体化しながら高めるための演出意図があったなら、その高貴な宝石の偏愛も、実利的な視点から理解できるだろう。たとえば、彼は大祭壇を黄金の板で飾る。既存の祭壇の四周のパネルを、全部金製に貼りかえている。そして祭具をすべて珍貴な製品にとりかえる。金と銀をあしらった鷲の形の祭具、紅縞瑪瑙の盃、藍玉や水晶の瓶。そして、高さ七メートルに及ぶ、あらゆる種類の宝石によって飾られた大十字架もつくられた。皮肉なことに、彼が手にいれたこれらの宝玉は、シトー会から安価に買いいれることもできた。そこでは聖ベルナールの清貧主義によって、すべての奢侈が禁止されていたため、ここに寄進されたものが、容易に流出したのである。

その祭壇や祭具は、信徒たちの眼にさらされるよう配置されねばならない。そこで彼の演出は、その空間に及ぶ。サン・ドニ教会堂の本陣では、光を充分に受けるような、新しい建築形式が生みだされることになった。

シュジェールは、政治的な権力中枢にまで昇りつめるほどの人物であったので、自己顕示欲が強かった。自らの姿を修道院内四箇所に彫らせている。聖母マリアの足もとにひれ

* ジャン・ジェンペル　飯田喜四郎訳『カテドラルを建てた人々』鹿島出版会　一九六九年

シャルトル大聖堂、東側全景（KS）

伏す姿を描くステンドグラスは多くの書物にひんぱんに載せられる。また聖堂の各所には、銘板に、自らの名誉をたたえる文章をはめこませた。それだけでなく、彼は『サン・ドニ教会堂献堂録』を残し、自らの行跡を建設の全過程とともに記録した。それによると、彼は新しい神学的構想の実現のために、フランス各地のみならずイタリーからも、建築の技術者、彫刻家、画家、彫金家、ガラス絵師、陶芸家などを集めている。彼らを指揮して、この本陣を建設した後に、これらの工人たちは各地に散って、そこにサン・ドニではじまった新しい形式の建築を伝播させていく。そこで、ゴシック的建築形式の創始者としてシュジェールが栄誉を担うことになるのだが、それは、トマス・アクィナスが『神学大全』としてスコラ学を集大成したように、彼にたいしても、ゴシック的な空間の総合的な構築とその組織的な具体化をなし得たためだ、といっていい。一一四二年の献堂式には、ルイ七世、王妃エレオノール・ダキテーヌをはじめ、フランス各地の貴族や高位聖職者が参列した。それは聖ベルナールの反俗的な、排除の法則を実現するための精神主義にたいして、世俗化し、教化の手段としての図象学的大系が高度に利用された、王権とも政治的に結びつく現実主義が、明瞭な主張を、実例によって刻印した歴史的な日付でもある。少くとも歴史の流れのなかでは、サン・ドニ教会堂本陣の影響は決定的で、ロマネスク的なものは捨てられ、ゴシックが全面的に支配をはじめる。様式的な細部が変化しただけでなく、建築形式が基本的に改変された。とりわけ、その内部に意図された空間の質が異なっている。光をあふれさせ、透明なひろがりが要求された。その特性の実現のために、建築の構造に新しいシステムが導入される。交差リブ・ヴォールトの架構と、その荷重を分散して伝達する飛び梁である。そのため、大聖堂の外観は、これまでの単純な支持壁が、優雅な三次元的な骨組みの交差にかわる。同時に獲得された広大な開口部にステンドグラスがはめこまれ、光量が調節され、色彩が付加される。構造体の表面は、細く分節され、交差ヴォールトに付けられたリブがその表面にまで延長される。全空間を細い線が縦横に走る。垂直方向に分割された線は、上方へとむかい、後に森の模写《ミメシス》であろうと語られはじめるような、林立する垂直線の構図が生まれる。

二人の同時代人が、いずれも修道院長の職に就きながら、政治的な関係を国王ととり結び、そしてつくりあげた建築がその生い立ちと個性を反映して、まったく違ったものに到達したのは興味深い。それは仏教が、その布教の方法から顕教と密教に分かれ、交代しながら、それぞれ主導的な力を誇ったことがあるのと似ていなくもない。日本においては、必ずしも建築的様式にまで、その対立が及ぶということはなかった。時代の推移がそのまま平行して様式の推移であった。だが、シュジェールと聖ベルナールの対立は、それぞれ独自の建築様式までを生みだした。とりわけゴシックは、サン・ドニ教会堂本陣以降、全ヨーロッパに急速にひろがり、二世紀半の間、支配的となった。それだけでなく、ここで創りだされた建築の特性は西ヨーロッパが生みだした唯一のオリジナルとして、時代を超えて残存し、再生し、変容していくことになる。

構造——その合理主義的解釈

ゆるやかな起伏をもった平原のつづくなかを、パリから南西へむかって走ると、かなたに、二本の尖塔があらわれる。かなりの距離から、この尖塔は固定したままである。視点

東より見た大聖堂の望遠（KS）

が近づくのに、その像が変わらないのは、この塔が他に比較して、桁はずれに大きいためだ。

私は、ふっと、ファイニンガーが撮った、ニュージャージーからのマンハッタンの眺めを想いだす。それは、超望遠レンズが一般になじみのうすい時代のものであったために、いっそう印象深いものだった。うねるようにフリーウエイが旧式の自転車やトラックをのせて、地平線のかなたに消えている。そのむこうの空間に、エンパイヤー・ステイト他数本のスカイスクレーパーの頂部だけが、浮びあがっている。超望遠レンズが、肉眼で感じる距離を超えて、マンハッタンをひきつけているのだ。

何故か、私はこの一枚の写真をみたときに、宗教画をみているような想いにとらわれたことを記憶している。信じられないような場所に、人工の塔が、浮びあがる。それは示現の体験といいかえてもいい。山の端にのぼる満月に、神の示現をみたのと共通しているかもしれない。春日マンダラにみられる円形のかたちは、神鏡でもあり、月でもあり、太陽であるかもしれないが、それが聖なる山の背後から出現することによって、この示現の性格が明瞭にされる。それが浄土信仰と重なって生まれた一連の山越阿弥陀図は、あたかも西の山のかなたに没した太陽や月が、もういちど立ちもどる姿である。阿弥陀仏が、浄土から現世へと旅立つものを、むかえに立ちあらわれている。この壮大な構図は、周辺に描かれている山容に比較して、阿弥陀仏の姿が、きわだって大きいことによって、いっそう示現の感覚が満ちあふれる。

ファイニンガーのマンハッタンは、テクノロジーの産物であるスカイスクレーパーを、同じく超望遠レンズというテクノロジーを駆使することによって、示現の高みにひきあげ

シャルトル大聖堂、主廊南面のトリフォリウムと高窓（KS）

た点で感動的であった。「未知との遭遇」や「ＥＴ」によってスピルバーグは、超越的なものの出現を、おとぎ話として映像化する。示現の感覚がここではパターン化され、クリシエとなって濫用される。それでも圧倒的な大衆性を獲得するのは、巨大なあらぬものの立ちあらわれという根源的な感覚をふみはずしていないためである。

ゴシックの尖塔は、ファイニンガーやスピルバーグが、映像を介して伝達しようとした感覚を、具体的なものとして実現させていたのだ。巡礼の長い族路の果てに奇跡のように超人的スケールをもって立ちあらわれる塔。その種の塔は勿論ロマネスクの時代においても、鐘楼としてつくられていたが、尖塔が、しかも林立するような形式を内包したのはゴシックが最初であった。

ローマ、ビザンチンの時代にすでに巨大な空間をつつみこむ建築はつくられた。パンテオン、ハギア・ソフィアなどは残存するひとつの例である。ここでは、ドームの支持体が単純な厚い壁から、周辺に分散した柱や控え壁へと展開し、内部に、より自由で複雑な空間を生みだすことに成功しているが、あくまで耐力壁を厚くすることによって大架構を支持するにすぎなかった。ロマネスクの時代の教会堂も、構造形式においては、特にめだった改新はなかった。ところが、最終的にゴシックは、上方の荷重をひたすら地面へ伝達する、おおいかぶさっていく形式を逆転して、地上から空中へむかって伸びあがり、消えていくような形式を生みだす。おおいかぶさる、伸びあがる、といういいかたは、かならずしも構造形式を適確に表現していないが、あきらかに、その基本型のもつ運動の方向性とは一致するので、あえてこの呼びかたをしてみたい。

さまざまな解釈があって、どれに依拠していいか困るほどだが、いつの頃か、教会堂は内部の空間を高くしたいという、内的な衝動に突き動かされ始めたことは確実である。その空間の容積は、前時代のとほうもないスケールの架構体のほうがまさっていた。だが、その架構体の基本であるクロス・ヴォールトとそれを両側で支える四本の柱の表面が、細かく分節されていく。クロス・ヴォールトの交差部を補強するようにリブがとりつけられる。それがゴシック的特徴をかたちづくる契機となるとみていいが、柱の表面にまでそのリブが延長され、柱は、古代エジプトにみられる、パピルスを束ねた柱の形式に近づく。だが、これは必ずしも独立柱ではなく、壁柱のようでもある。上方で湾曲していく細いリブが、地上から三次元的にはえていき、空中で相互に結びあい、交差によって、膜面を形成する、と描写する方が実感をいいあらわすような、上方へと伸びていく運動性を内包する。

交差リブ・ヴォールトがかたちづくるひとつの柱間が単位になって、これが繰り返されて全体の空間がつくられる。基本単位の加算によって全構成がなされるわけで、ここにも古典主義建築が、常に全体の比例を優先させるため、割算的な構成を意図しているのとは対称的である。古典主義建築の場合、スケールよりも比例に重点が置かれるから、同じ構成のものが、そのサイズに応じて伸縮する。極小の社殿も、巨大な社殿も、まったく同じモデルを用いて設計することが可能である。その際の細部は比例的に全体に従属しているとみなければならない、細部さえも、伸縮する。そこで、ときにスケールの感覚において、独特の効果が生まれる。人間のサイズや視点は変わらない定数であるのに、建築された実体の方は、条件に応じてスケールが変化し、建築を支持する壁や柱の量塊が、超越的な圧力を加えることも生まれてくる。後に新古典主義の時代になって、建築の規模が拡張したとき、一定の単位の繰り返しで対応することになったが、それでも単位内での比例は保たれた。

ゴシックの構成の特徴は、その加算性にある。同型の柱間が、ときに無限にさえみえるように繰り返される。同じことは、柱間内での細部構成についてもいえる。リブが、交差ヴォールト部から柱の表面へと垂直に降りてきたときに、三、五、七といった細い柱に分解している。ここでも加算的な表情が支配的である。

ポルタイユの彫像をみるとその加算性がより明瞭に読みとれる。尖頭アーチが段々に内側にむかってきり刻まれる。そのひとつの単位は等身大の人像で埋められる。表面は、そこで整列した人像が集積してポルタイユ像は、ゴシックの特性をあらわして、いずれも、縦に長くひきのばされている。細く垂直に分割されているのは、ひるがえると、ゴシックの空間が、徹頭徹尾、垂直にのびあがる方向性を指向していることにかかわっている。

細分化、加算、垂直性、いつしか、ドイツのあの大森林のメタフォアと化して、ゴシックはドイツの国民様式のように思われた時期もあった。イタリアにおいては、そのウィトルウィウス的な古典主義の視点から、ドイツ的野蛮様式の象徴ともなっていた。それにもかかわらず、ボッロミーニの一部分やグワリーニの大部分のようにバロックの時代でさえ、ゴシック的なるものは潜在的に息づいている。比例、逆算、水平性、が主調音になる古典主義を、内側から変形し、崩そうとするとき、その対極の特性を示していることから、手がかりにされるのである。

だが、ゴシックの最大の特性は、架構の合理性にあるのだ、という読みかたを明瞭にしたのは、フランスの一九世紀、とりわけヴィオレ・ル・デュクであった。

シャルトル大聖堂、南のファサード、扉口の見上げ（KS）

クロス・ヴォールトのリブによる補強。はるかな高みにもちあげられたこの天井の荷重を控え壁だけでなく、空中を飛ぶ梁を介して、側廊の壁体へと伝達する、フライング・バットレスの手法が開発され、これがゴシック全空間の合目的性にかなうと解釈された。ヴィオレ・ル・デュクのこのゴシック論は、ピュージンを代表とする同時期のイギリスの風潮とはかなり対立する。ピュージン自身はゴシック様式を緊密に分析し、殆どヴィオレ・ル・デュクと同様な解釈にたちいたり、同時に様式的なリバイバルの手法も確立したのだが、あくまで、それはキリスト教会堂としての総合的なゴシックの継承を意図していた。ところがヴィオレ・ル・デュクは、ゴシックをその宗教的解釈から分離して、構造体それ自身として分析する。理性が神の座にとってかわる変革を経て近代が開花をはじめていたフランスにとっては、この合理主義的ゴシックの解釈は、当然の思考の結末かも知れぬ。ラディカルな分岐が発生したのである。

二〇世紀になって、ヴィオレ・ル・デュクのゴシック解釈の誤謬が指摘されはじめる。クロス・ヴォールトにとりつけられたリブが、必ずしもあの架構体を合理的に成立させたのではなく、ヴォールトそれ自体で充分支持できており、ときにリブは、付加された装飾にすぎなかったのだ、という説である。これは、戦争で爆破された教会堂の天井構造の幾例かが実証した。そのために、ヴィオレ・ル・デュクが、自らの合理主義的解釈によって実施した中世建築の復元の試みも、疑問視されるはめに陥っていく。それにはヴィオレ・ル・デュクが、「一個の建物を修復するとは、それを維持するとか、修繕するとか、作り直すとかいうことではなくて、かつてある特定の時点に実在したことはなかったかもしれないような一個の完全な状態の裡にその建物を確固と置き直すことである」*と修復を定義

* 阿部良雄「歴史と構造——ヴィオレ＝ル＝デュク試論」エピステーメー 一九七八年一二月～一九七九年五月号

づけているることにかかわるかもしれない。彼は、想像的に推理を働かすことを要請していたのである。その根底には常に理性に基づいてすべての事象を解釈するという姿勢があった。ということは、一九世紀の思考が、時代をさかのぼって、中世に介入するとみなければならない。修復に関しては、程度の差はあれ、この方法しかないであろう。ひとつの建築が生みだされるときにかかわる無数の社会的事象が消えて、建築物だけが抽象されているのだから、その周辺を埋めるのは、やはり現代の推測しかない。とすれば、方法を貫徹する論理こそが問われてくる。ヴィオレ・ル・デュクにとっては、合理主義的解釈がそれに充当されたのである。

だが、その解釈は、単に中世へむかうものだけでなく、むしろ時代を拓く方向に働いた点に注目すべきである。たとえば、彼の建築講義に載せられた、古い石造アーチで支えられた建築を、実用に応じて、鋳鉄製の骨組みで置換して、より広い空間を確保することを説明する挿図にみられるように、彼は一九世紀に展開をはじめた新しい構造技術を導入する。その点に、彼の合理的な、合目的的建築の思考が一貫してあらわれる。そのとき、ゴシックは、鋳鉄構造のモデルに反転する。

鋳鉄という構成素材は、基本的に工場で生産されるために、線材である。かつては木造でつくられた建築が、歴史時代のある時期から石造に置換され、ふたたびそこに森や林のメタフォアが出現するような細い線材として使われていたことが、鋳鉄という線材でしかない構成体の、新しい構造形式をイメージするのに役立ったというべきかもしれない。次節で述べるように、板ガラスの生産が同時に、新しい型へ被膜をかたちづくれるようになる。一八五一年のクリスタル・パレスは、その最初の大規模な記念的作品だったが、ここ

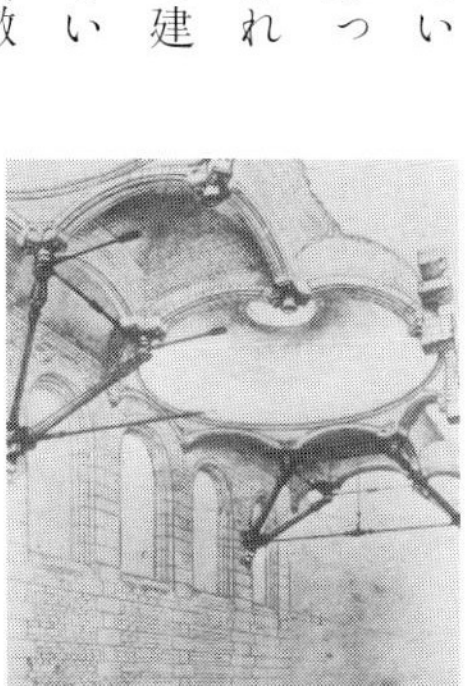

ヴィオレ・ル・デュク、古い石造アーチを鋳鉄製の骨組に置換して広い空間を確保する

クリスタル・パレス、ジョセフ・パクストン

では、徹底して、ゴシック的な架構形式が踏襲されていた。分節された細部が、工場生産化されたプレファブ・ユニットにされ、現場でアセンブルされた。その部材の間は、同じく大量生産された板ガラスで埋められたのである。

一九世紀の後半にいたって、鋳鉄架構はその時代のトップ・モードとなった観がある。ただし、そのいささか野蛮な継手や仕口のために、たとえば鉄道駅舎とか工場とかの、単純に合目的性だけが要請される建物に多用されたのだが、ヴィクトリア朝では、クリスタル・パレスの建築家パクストンが造園家であったように、グリーン・ハウス、あるいはウインター・ガーデンの建築形式に最適のものとされていた。教会堂にもさっそく応用されている。一八五六年のウイリアム・スレーターによる鋳鉄製教会案は、* 聖堂の内部いっさいを鋳鉄製の骨組みにしているが、細部にいたるまで、ゴシックの形式を一歩も踏みはずしていない。全部材が必要な寸法の鋳鉄の骨組みに置換されただけである。

パリにおける実例をさがすなら、その世紀も末期に着工された、サン・ジャン・ド・モンマルトル（一八九四〜一九〇一年）を挙げよう。この建築家アナトール・ボドーもまた鋳鉄駅舎などを手がけていた建築家であったが、ゴシックを新しい鋳鉄材を用いて変形させながら、垂直性にこだわらない独自の形式に近づけている。

鋳鉄が銅材にかわるのは、その世紀の末期のシカゴである。ここで発明された箱型骨組工法は、内部空間がむしろ水平に広がるような架構を可能にしたが、時代はゴシックの塔の垂直性へ関心を示す。スカイスクレーパーが要請されたためである。ニューヨークに建てられたウールワース・ビル（一九一三年）は、立体格子の骨組もネオ・ゴシックの装飾でおおいつくした。ウールワース・ゴシックと巷間に喧伝《けんでん》されたこのスタイルは、一世を

* George Germann "Gothic Revival" MIT Press 1973 p. 61

風靡《ふうび》する。一九二四年に全世界コンペティションで注目をあびたシカゴ・トリビューン・タワーは、数々の近代建築家が、骨組を露出した提案をするなかで、レイモンド・フッドの案が一等となる。これもウールワースに似た、疑似ゴシックでシルエットができていた。二等に当選して、その後のアメリカでの活躍の端緒となったエリエル・サーリネンの案は、アール・デコの先駆といったスタイルではあったが、それでも、垂直線を強調するという点において、ゴシックの系列に入れていい。いやここでもっとも注目されるのは、そのアール・デコ的なデザインがゴシックの垂直性と結合して、スカイスクレーパーに与えられるひとつの様式を暗示したことであった。ファイニンガーのマンハッタンの写真に頂部をのぞかしているエンパイヤー・ステート・ビルも、クライスラー・ビルも、いずれもが、アール・デコ・ゴシックの尖塔状の形式をもったもので、一〇年以内に一挙に完成することになる。そのとき、もはやゴシックの大聖堂の尖塔が、神の示現を指し示すものとして構想されていた、といった意味は消え失せている。その垂直性の強調が、ここでは、技術的達成とそれを実現させた権力の象徴としてのみ作用する。やがて、ときに、スカイスクレーパーの林立するマンハッタンのスカイラインが、別種の神の示現とさえみえるときさえあるのだ。

ヴィオレ＝ル＝デュクは、たまたま一九世紀の中期にあって、ゴシックの構造体を合理主義で解釈しつくそうとしたにすぎない。興味深いことはそれをその後の近代建築の歴史が受けとり、反転させ、かえって近代建築の背後の理論の形成に役立たせたことである。構造形式のみならず、その解釈は、建築の他の細部にまで及んでいく。そこに浮びあがるのが、ゴシック的な空間である。

シャルトル大聖堂、北側の袖廊を見下ろす（KS）

空間――その近代主義的飜案

ゴシック大聖堂の内側にふみこんだときに、最初に感じるのは、全身が浮遊していくような感覚である。全体はほの暗い。だが決して、ロマネスクの建築がもつような、量塊によって圧倒されるような闇ではなく、薄い半透明の被膜でつつまれていることが徐々に明らかになる。薄膜のようにみえるのは、実は交差リブ・ヴォールトによって分節されている石積みの表面であり、その間に大きくはめこまれているステンドグラスを通過する光線のもたらす効果なのだが、その半透明と不透明の両方の表皮は、リズミカルに奥へむかって伸縮していくなかで、相互に混じり合って、全体が細かい交錯する線の織りなす交響楽のようにも見えてくる。中央の身廊部は三〇メートルから四〇メートルの高さに達しているので、およそ一〇メートルほどの幅と比較して、極端に高い。それに加えて、リブと細く束ねられた柱が、垂直性をいっそう強調する。さらに、奥の祭壇のある内陣部分まで、一五〇メートルに及ぶこともあり、殆ど無限遠点まで、延長されているかにみえるのだ。

古代的な巨大さが、内部空間を保ち得なかったのにたいして、ゴシックは最初に、内部空間を総合化する目的をもって構成された様式としてあらわれたのである。大聖堂という司教座のある都市の中心におかれた建築は、一様に、他から隔絶するほどのスケールで建設された。その後の時代に、これを超えるほどの数と規模の建設はついぞみられない。その大空間は、都市の住民の全員を収容しても、余るほどのものであった。とくに巡礼コースにあたる都市では、周辺の人口を吸収しても充分なものもあった。

シャルトル大聖堂、交差部を通して北のばら窓を見る（KS）

この巨大な空間を成立させた技術は、その構造の合理化と軽量化にあったことはいうまでもないが、シュジェールのサン・ドニ修道院付属教会堂内陣以来、これが、可能なかぎりの明るさを内部へ行きわたらせるような、光のあふれたものになっていた。あの、浮遊するような空間体験は、空間の視覚的な構成だけでなく、もっぱら、この光の効果によって生みだされているというべきだろう。

控え壁と、飛び梁によるゴシック聖堂の断面にみられる構造は、壁の荷重伝達の方向を直角方向に転換させることにより、壁面を自由にさせることであった。壁の厚みだけで屋根と天井の荷重を支えていたロマネスクまでのバシリカの形式にたいして、ゴシックは、立体的な構造骨組を開発して、柱と梁という線材で荷重を地上へ伝達した。その結果、壁が受ける上方と横からの荷重は軽減され、開口部を大きくできる。そこにステンドグラスがはめられる。

構造の新しい開発は、ドミノ・システムによるル・コルビュジエの「自由な平面」「自由な立面」「ピロティ」「屋上庭園」という四つのスローガンを想起させる。ゴシックでは、開口部（立面）を自由にすることを主目的にして、構造形式を更新させていたのである。ル・コルビュジエは、柱と床だけの駆体をつくり、その外被膜を耐力から自由にしようと宣伝した。その結果が今日のカーテン・ウォールの氾濫である。これを成立させたのは、やはり構造形式にたいする技術的新案であった。

前川道郎によると、ヤンツェンは、ゴシックの空間の特徴を、ダイアファナスな壁（ほのかに透き通った壁）によってつつまれているという。* それは、ロマネスク聖堂のように、壁体部分と開口部が相互にコントラストをもって連続するのではなく、「空間限界が

シャルトル大聖堂、南袖廊の奥、ステンドグラスを通過する光（KS）

＊ 前川道郎『ゴシックと建築空間』ナカニシヤ出版 一九七八年 八〇頁

あたかもひとつの薄い膜面によって区切られているかのような状態」をさし示す言葉として用いられる。ゴシックの空間がめくるめくように感ずるのは、柱頭やステンドグラスの図像ではなくて、その表面が細かく分割され、ステンドグラスのように色彩を散りばめられ、かつ三次元的なリブの構成する膜面上の反射が交り合う、溶け合った、すだれ状の空間限界によって区切られていることに起因する。

このような空間は、むしろ日本の書院の内部で、より正確に感ずることができる。時代が下るにつれて、日本の書院造りでは、明り障子が縁側の外に押しだされる。室内に板戸と障子を重ね合わせてもっていた寝殿造りの発展した初期段階に比較して、障子が外に押し出されることは、縁側をとりこむだけでなく、かえって、室内にくまなく微妙な光線を行き渡らさせる。これは一見矛盾しているように思えるだろうが、実は明り障子という半透明でそこが全面的に二次光源となるような光面は、かえって、奥の天井や暗い隅部に光を送りとどける作用をする。明り障子を縁の内側へ移動すると、かえって、板戸の部分とのコントラストが強くなり、その明るさの分だけ、残部を暗く感じるのである。実際に透明な天窓から天空をみるときの室内照度を測定すると、晴天時より、曇天時のほうが、明るいという結果がでる。雲が二次光源の働きをするからである。

明り障子は、ダイアファナスな壁の好例であるといえよう。透明でも不透明でもない。二次光源となっているが、それはすべて外界と感応し合っている。ステンドグラスも同様の作用をする。着色ガラスが、外光を受けると、透過させてはいるのだが、その過程で光線に着色し、その膜面が新しい種類の光線を発する源になる。あくまで外光を受けることでその効果が生まれる。外界が曇ると、光線の質が変る。雲の影も敏捷に反応する。光線

シャルトル大聖堂、南袖廊西側の高窓（KS）

が濾過されることによって、実は内部の表面につく装飾や建築的要素などが、かえって明瞭に識別できるのである。それはあくまで人間の眼のメカニズムに従っている。直射光の強い南国よりも、曇天の多い北国の方に光線をより濾過して弱めるようなステンドグラスが発達したのも、その効果があくまで二次光源としての作用だったためである。

ゴシックに対する解釈は、そのリバイバルが意図されはじめる一八世紀において、イギリス、ドイツ、フランスは、それぞれまったく異なっていたのは注目しておいていい。ジョージ・ジャーマンによると、[*1]イギリスにおいては、ひたすらゴシックの情念的な領域に焦点があてられて、暗く、神秘的な、中世的なおどろおどろしさが注目されていた。それにたいして、ドイツは森林のイメージをひきだし、殆ど、自国の国家様式とまで思いこむにいたる。ところが、フランスはこれに反して、ゴシックを軽快で明るいものとみなした。三国三様の異なった解釈が、国民性を示すようで興味深いが、そのなかで最初に空間の明るさ、透明性へと結びつけたのは、パリのパンテオンの設計者、ジャック・ジェルマン・スフロ（一七一三〜八〇年）であった。スフロこそは一八世紀の古典主義を代表する建築家というのが定説であった。彼の設計したパンテオン（サン・ジュヌヴィエーヴ）[*2]には、ゴシックを思わせる様式的特徴はひとかけらもない。平面においても、断面型においても、純粋に古典主義の言語に従っている。ところが、今世紀になって、スフロが二八歳の齢に、リヨンのアカデミーに提出した『ゴシック建築覚え書』が発見されるに及んで、彼こそがゴシックを最初に理論的に理解した近代の建築家であろうと考えられ始めた。[*3]スフロの関心は構造的な特性にとどまらず、ゴシック建築の生みだす「軽さの印象」のよって来る由来を分析する。そして、ヴォールトにとりつけられたリブ、バットレ

＊1　G. Germann　前出書　一八二頁

＊2　スフロが設計したときは、サン・ジュヌヴィエーヴ寺院であったが、フランス革命後ここはキリスト教の寺院ではなく、フランス国家に貢献した英雄たちを祀ることになり、パンテオンと呼ばれ、内部も改造された。

＊3　G. Germann　前出書　七五頁

スの形態、アーケード上部のエンタブラチュアの欠損が、この軽さのイリュージョンを惹起する基本的原因であることをつきとめる。さらに、高さと幅の比例についても述べる。

「——ゴシックの聖堂内にはいると、われわれの眼は、その比例によって欺かれるのだが、まずは気づかせず、そして今度はまったく驚きをもってみはるような快楽を与える。だが、建物を知るにつれて、これは身廊の異状なまでの高さと長さから惹き起こされるのだと分からせる」[*1]

その比例は次いで光と混じり合う。

「——パリのノートルダム聖堂のトリビューンは非常に大きな規模をもっており、驚くべき効果を生み出している。すなわち、視覚に対して、第二の教会とも言うべきものを示すのであって、この第二の教会の明るさは、下方に領する一種の暗闇とコントラストをなし、聖堂をいっそう高く、しかも漠たるものに見せる。その結果として、見る者は、あたかも遠景におけるが如く、無数の物体を見分けるのだが、それらの物体は、見る者が遠ざかりあるいは近づくのに従って、ある時は見失われ、ある時は再び見出されて、彼らをうっとりさせるような光景を現出させる」[*2]

内部空間の軽さ、透明さ、光の微妙な支配などの特性を抽出したスフロは、古典主義言語だけを用いたパンテオンに、新たな透明性を実現するため内部の壁を除去する。だがそ

＊1　G. Germann　前出書　七五頁における引用より

＊2　阿部良雄　前出論文　エピステーメー　一九七九年　三、四月合併号　二六四頁より阿部訳を引用

の処理はあまりに極端で、今日では補強の壁が挿入されてしまった。それにしても、いまだに内部の明るさは、眼をみはるものが残されている。

明るさ、軽さを、建築の内部に達成しようとする意図は、一九世紀にいたって、一挙に解決の手段が登場する。前章で述べたクリスタル・パレスをはじめとする一連の博覧会の建築はその代表である。鉄骨で組まれた屋根に、透明な板ガラスが載せられて、内部空間は、殆ど透明性そのものとなって、外界と連続しはじめる。半戸外的な都市空間に、その手法は多用される。ガレリア、パッサージ、などと呼ばれた、街路のうえに架けられたガラス屋根は、明るさを他と同様に保ちながら、雨だけをよける用途をもっていた。人工照明の貴重であった時代に、この透明被膜の空間は、もっとも有効な解決法であった。

近代建築と呼ばれるものの発生が、鉄やガラスの建築材料への導入と結びついているのは定説になっている。それは一九世紀の中期から数多くの実例を生みはじめるが、前節で述べたように、その転換に際してモデルとされたのが透明で、軽く、明るいという解釈を下されるゴシックであったことは疑う余地もあるまい。その点において、スフロの先駆的解釈が重視されるのである。

近代建築は、一九二〇年代にその原理を確立し、その後の展開のすべてが見通されるまでになっていた。骨組みが自立させられ、被膜がそこから分離して、自由にデザインされるようになる。完全なガラスの箱の建築が二〇年代初頭にミース・ファン・デル・ローエによって描かれていた。そのいくつかが実現したときに、近代建築は、ガラスの薄膜ゆえに、批判にさらされる。ガラスがあまりに透明であるために、熱の遮断の効果がなく、寒気とともに直射光がさし込む。居住性が著しく問題になった。遮熱については、二重窓で

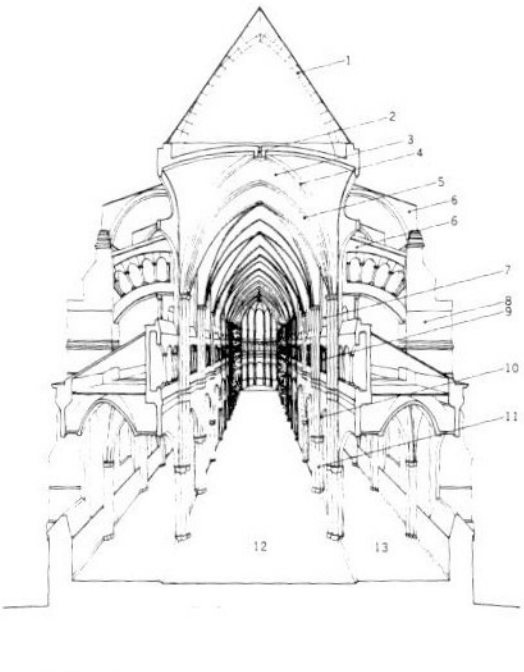

シャルトル大聖堂、断面透視図

ある程度防ぐことができる。だが、直射光は遮光戸かカーテンやブラインド、さらには庇のようなものを付加して、調節する他に手がなかった。単純なガラスのカーテン・ウォールだけでは居住性は確保できなかった。

伝統的な着色ガラス、二重にしたガラスブロックなどの素材が検討のプログラムにのった時代があったが、決定的な転換が生まれるのは、熱線を吸収または反射する板ガラスが開発されたことである。そのアイディアは五〇年代に生産に移された。その結果、あの二〇年代にイメージした原型的近代建築が、そっくりのかたちで実施されるようになった。

このガラスの特性は、建物内に侵入する熱を反射または吸収してしまうもので、前者はハーフミラーの効果を生み、後者は勿論反射効果はもつが、混入材料によって、微妙に色調を変えたガラスが生まれる。いずれにせよ、内部からの眺めは充分に確保でき、サングラスをかけたように、わずかに明度が落ちるだけである。

透明ガラスしか生産されなかった時代では、ガラス面は風をさえぎるだけで、殆ど内外を連続して感知させようとするだけだった。だが、特殊な板ガラスの生産化は、ふたたび、内部空間をダイアファナスな壁で囲繞する可能性を生んだのである。ゴシック的な空間が姿を変えて出現をはじめることになる。

最初の節に登場したアーキグラムのピーター・クックは、自国の建築にたいして批判的な姿勢を変えていない。それ故にポップ・カルチュアの紹介はいくらもしてくれるが、現代の建築家の作品を私に推薦したためしはない。ただ一度だけ例外があった。彼は私を、ロンドンから一〇〇キロメートル余りはなれているイプシッツという港町につれていったことがある。その主眼は、ノーマン・フォスターが近年に完成させた生命保険会社の建物を、私にみせようとしたのである。それは、古い建物の並ぶ一画のなかに建っていた。特別に開発された、点だけで支持する方式のサッシュで真黒いガラスだけが、うねるように連続して、建物をぐるりと囲いつくしていた。昼間は、その黒ガラスが、空の雲や周辺の街並を映す。夕刻になって、内部の照明が、外光より明るくなるにつれて、その光線が、黒ガラスからにじみでてくる。周辺と対立する異和感をもった新しいガラスという素材が、自ら演ずるドラマの舞台のようでもあった。ここでは、構造体は、すべてガラスの内側に隠蔽されている。薄い外皮膜が、底光りをするような光沢をもって、そのもろさの限界をためすように、張りめぐらされている。

ステンドグラスは殆ど内部での効果しか期待できない。外部からは、その反転したパターンが浮いてみえる。ところが、反射ガラスを用いた近代主義的建築は、ひたすら外部の効果にそのデザインの力点を置いている。内部は、定常状態が保持できさえすればいい。このような反転が起ったとしても、半透明の被膜の生みだす空間は、遡るとやはりゴシックに到達するといっていいだろう。ロンドンで六〇年代以降発信をはじめたハイテックのデザインがゴシックの系譜にあるに違いあるまいという断定の証拠に、この建物を挙げることも可能なのだ。ちなみにノーマン・フォスターは、外被膜と構造体の関係をその後一貫した主題にしている。エクゼターの美術館では構造体が側面部だけ露出し、近作の香港上海銀行では、ポンピドゥ・センターと同様に、構造体は、外部にそっくり押しだされ、あたかもゴシックの大聖堂が、垂直に立ちあがったようなシルエットになる。

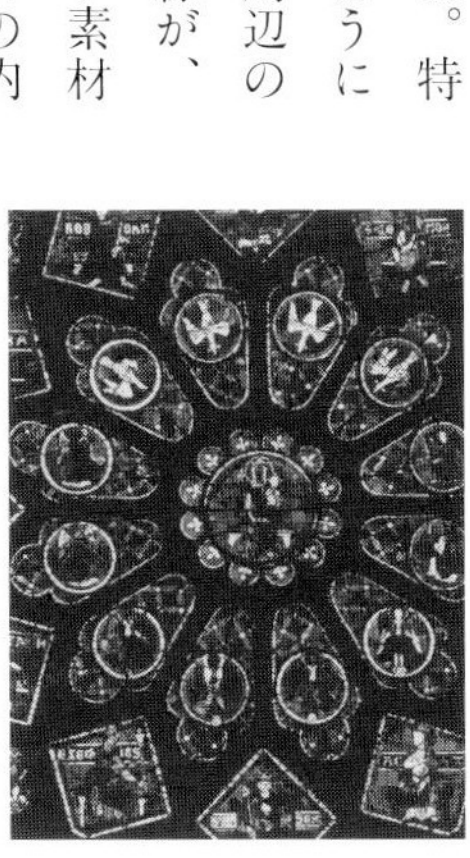
シャルトル大聖堂、北のファサード、「フランス王家のばら窓」の『栄光の聖母』(KS)

シャルトル大聖堂、南ファサード、ばら窓の下、中央のランセット(KS)

図像――その伝達論的視点

図像についても、ふたたびシトー会についてふれねばならない。聖ベルナールがクリュニーの奢侈を攻撃したときは、金や銀や宝石といった貴重品の効果によって信者たちを畏怖させるその安易さが非難されたのであった。その攻撃範囲はひろがり、ついにあらゆる具象性をもつ図像におよぶ。シトー会で許されていた窓飾りは、網目状に組まれた抽象的なパターンだけで、それも、殆ど単色であった。

一三世紀のフランスの教会が、聖母崇拝を中心に教化の教義が組み立てられていた点において、ゴシックの大聖堂、たとえばシャルトルやパリのノートルダムと変わるところはない。だが修道院の内部には、その種の図像を置くことさえ許されていなかった。彼らは、抽象的な、石と光だけと相対した。

大聖堂の立場はこれと対称的でもある。シュジェールが、国政に参与する立場にあったこととともかかわるが、彼は、ロマネスクのあらゆる図像体系を受け継いで、再編成した。一二世紀の図像は黙示録から、数多くの幻想をひきだしていた。キリストは、その幻想の生んだ怪物たちに囲まれて立っていた。それにたいして、一二世紀は、その図像主題を、日常的なレベルに転換し、キリストを人間のなかに降してくる。聖母子崇拝が支配的になるにつれて、この女性像は、よりリアルに、だが理想化されて描かれる。同時に数多くの日常的、自然的な主題がとりあげられる。シャルトルにおいてはステンドグラスの寄進者たちは、しばしば自らの像をそこに残している。王や貴族だけでなく、各種の職業組合までが、その日常の姿を描かせている。

シュジェールがサン・ドニにおいて、自らの姿をステンドグラスのいくつかに残し、自らの功績を言葉にして刻ませたのは、人間たちの世俗的な欲望のなかで、最後に残す記銘の場所を、墓石は勿論だが、公共の聖なる場所にもうけるという範例を残したといえる。ローマにおいて皇帝たちが神格化され祀られていた記憶をそっくり受けついで、それを大衆化し、誰でもが手のとどくようなシステムにして示したのである。聖堂内の彫像や焼絵の図像が具象性をより明らかにし、しかも卑近な日常を描写しはじめたことは、図像に大衆をその手のとどくところから、聖なる高みへと引きあげるための手引きの役をはたさせようとしたことでもある。

『神学大全』が神の存在証明の長い論理的手続きとして著されたのにたいして、大聖堂はそれ自体の空間と図像大系によって、神の存在を感知させる装置としてつくられた、といえよう。空間があくまで身体を包みこみ、全感覚に働きかける、非言語的な作用をするのにたいして、図像はむしろ眼を介して、より具象性をもった言語として、具体的な情報を伝達する。抽象的なパターンだけのステンドグラスや建築装飾は、空間のもつ非言語的作用の一部に繰りこまれるが、それが図像として具象的になると、より限定した意味が発信される。

シャルトルの内部は、身廊の内陣、袖廊を問わず、大量のステンドグラスの焼絵で埋められている。それらは数々の信者からの寄進によってつくられた。今日風にいえば、寄進者はスポンサーでもある。個人や団体がある。貴族や庶民も混っている。ステンドグラスという形式に統一されていながら、その図像はそれぞれが工夫をこらしている。さらにこ

シャルトル大聖堂、南正面左の「キリストの受難」(KS)

れを今日の都市の夜景のようだと読みかえてもいい。街頭を飾るネオン・サインは、いずれも広告主の任意の意図を反映して、自由にデザインされているのだが、これもまた、聖堂内部が、バラ窓をはじめ数種の開口部に統一されているのと同じく、ほぼ形式をそろえている。発生の有様は乱雑である。平面や立体が混じっている。それでも総体として、都市の夜景は、数多くの商業的な意図をもつネオン広告によって活性化させられている。

都市の夜景を電気メディアを用いて飾ることが普通になったとき、私たちは逆に中世の大聖堂の内部のドラマを想うのだ。パリのサント・シャペルのように、小さいながら四周の全壁面が殆ど全面にわたってステンドグラスで埋められているような内部空間をみると、今日の都市空間の構図が、そのテクノロジーの展開の割には、まだまことに貧弱な効果しか生みだし得ていないことを思い知る。あの巨大な聖堂の内部が、全面的に色彩で染められたガラスで埋まったとき、それは共同体のシンボルであることを、否応なしに実感させられたことであろう。世界のいくつかの都心の夜景がそれでも、やや近い驚きを与えてくれるようになった。

マンハッタンのスカイライン、東京の夜景、ハイテックの超高層、近代のテクノロジーが生みだしたこれらの二〇世紀を代表するような光景が、そのデザインの起源を探索すると、いずれもゴシック的なるものへと接近していく事実をみて、かくいう私さえ驚いている。中世においてはその空間を統合するのに、超越した神とそれにつかえる聖職者の組織とがあった。だが今日では神も教会も無力化して、都市の構成に参与することはない。その構図をかたちづくるのは、神と無縁な、個人やその延長としての企業の発揮する欲望だけである。相互の関係をかたちづくるのは競争の原理だが、その一部分は中世にもみられた。サン・ジミニアーノが今日でも好例を残しているが、この小さい丘にかつては数十本の塔が乱立していた。何故かその市民たちが、各戸に塔の建設をきそったのだ。その結末はマンハッタンのスカイラインを想わせる。逆にマンハッタンこそサン・ジミニアーノを模倣したというべきであろう。

ゴシックは、教義を世俗化することを意図したときから、案外、今日の資本主義社会の自由競争を背景にする集合的な表現形式の出現と、同様のメカニズムを生みだしながら、それを大聖堂というひとつの単体建築にまとめあげたのであろう。今日の都市は、だがそれをひとつにまとめあげるような、神に代る統括者がなく、ひたすら、目標の欠除した個別の運動の集積だけが可視化されている。ポンピドゥ・センターは、多層化された無限定な空間だけを内包する装置である。その内部は、「何が起ってもいい」というアナーキズムが支配する。国家がその装置の建設を保障した。それ以上の限定を誰もが認めたがらないのは、国家を目的のない器官と考えているためである。神の国は消え失せたのだ。国家は、目的のない自動生産装置として、頭も尾もない胴だけの蛇でありさえすればいい。頭が尾をのみこむウロボロスのメタフォアでさえあり得ない。したがって、都市空間も確率だけが支配し、領域もさだかでなくなる。ポンピドゥ・センターは、その意味においても絶好のモデルとなり得る。無限に繰り返されてもいいようなシステムが、たまたま敷地と高度の限界のため、ぶったぎられている。設備系統も、何が起るか不明のため取り換え可能のまま、常時工事中という面影をみせる。ゴシックの大聖堂が長期間にわたって建設途上のまま放置されたのは、経済的な理由だけであり、誰もが、その完成の時期がいつかくることを信じて疑わなかった。完成、という全体像が存在したからだ。だがポンピドゥ・

センターには、そんな全体像さえない。いつが完成か誰も知らない。変動過程の一断面が、偶然に眼前にみえ、それでもひとつの装置として作動する。その事実しか、信じられていないのだ。それでも、あらゆる構成体の細部にいたる原則は、ゴシックと同一である。欠けているのは、これだけ巨大でありながら、完成という概念なのである。

神が死に、国家が風化し、切断された器官の自動的な作動しかみえないときに、ゴシックの断片だけがテクノロジーの背後に見えかくれする奇妙さに、私は身ぶるいを感じる。その神とまったく無縁な私が、シャルトル大聖堂の空間に踏みこんだとき、全身を貫いた天空から降りかかるような感動は、普遍的に建築が所有する特質によるものだったのか。とすれば、現代建築にも、同質の期待をかけていいのだろうか。残念ながら、私はまだそんな場面に出くわしていないのだ。

第5章

楕円の背後

サン・カルロ・アッレ・クァトロ・フォンターネ聖堂

バロックの真珠——
サン・カルロ・アッレ・クァトロ・フォンターネ聖堂

「動的な統合」をバロックの特徴といっていいだろう。ヴェルフリン以来、バロックをルネッサンスと手法上で比較分析する試みが数多くなされたが、すべて、この統合の感覚の由来を証明しようとするものだった。

楕円はこの「動的な統合」を象徴する。勿論一六世紀中葉より、楕円は教会堂の計画にのせられはじめたが、一七世紀にいたって、時代の様式となった感がある。それは二つの焦点をもちながら、全体がひとつの形態に統合されているからで、その形態も、連続的な変化による動的な感覚を生みだす。

建築のモチーフになったのは、ルネッサンス以降、建築形式として分節されていた祭壇のおかれたドーム部分と参拝者の席となる身廊部分とを、同時にひとつの架構形式に収めようとしたためで、集中式聖堂の使用上の矛盾を一挙に解決するためであった。

二つの焦点を対立したまま統合することは、同時に、この時代の科学的思考の産物でもある。ケプラーの惑星の軌道に関する説がその典型であるが、二つの引力をもった惑星の相互作用が、楕円形をかたちづくるというもので、コペルニクス以降の天文学の展開に決定的なイメージを生んだ。この動力学的な宇宙観の発生が、神の座としての祭壇と人間の場としての身廊の統合のかたちとしてあらわれたとも考えられる。

ローマのキリナーレ通りに、この楕円をモチーフにした二つの聖堂が、わずかな距離をおいて建っている。サンタンドレア・アル・キリナーレ聖堂（一六五八―七〇年）とサン・カルロ・アッレ・クァトロ・フォンターネ聖堂（内部一六三八―四一年、外部一六六五―六七年）で、前者はジャン・ロレンツォ・ベルニーニ（一五九八―一六八〇年）の作、後者はフランチェスコ・ボッロミーニ（一五九九―一六六七年）の作である。これはいずれも典型的にバロックと呼べるのだが、建築家の個性をきわだたせるような対蹠的なデザインがなされている。

両者はほぼ同年輩だが、ベルニーニのほうが早くから認められ、ボッロミーニはある期間彼の下で働いたことがある。ベルニーニは、建築家でもあったが彫刻家としてすぐれ、バロック彫刻の真髄ともいわれる傑作を数々残した。建築は明晰なシステムを常に指向したため、よりインスティチューショナルで、その理由からも、法王、王侯から重用された。いっぽう、ボッロミーニはストイックで性格が偏屈であったためもあり、少数の熱狂的支持者はあっても、社会的に格の高い仕事はできなかった。その関係は具体的に二つの小聖堂のデザインを比較することで明らかになる。

ベルニーニのサンタンドレアは、そのドームが完全に楕円形になっているだけでなく、それを支える壁柱が、長軸の両端に置かれ、空間のひろがりを押し止め、より明確に楕円形が浮かびあがっている。さらにそのファサードは、単純な大きい門形で上部にペディメントが置かれ、古典主義的構成をあらわにしている。すべての要素が明確に分節化され、システム化されているといってよく、これが彼のサン・ピエトロ聖堂前広場のような巨大なスケールのデザインを成功させた理由でもある。

これにたいして、ボッロミーニのサン・カルロ聖堂は、同じく楕円に基づきながらも、それを支える平面形は、菱形や十字形が微妙に重なり合って、全体として、大きいうねりが壁面に発生しており、それが、楕円を支えるアーチにつたわり、最後にドームの中心のランタンにむかって上昇する。この空間をとりかこむ壁面の表面はさらに細かい波動が発生するように工夫がなされている。

ところが、この楕円はベルニーニのもののように連続的に微分変化をしない。重ね合わされた二つの中心のずれた円から生まれる擬似的な楕円である。この擬似的な楕円はボッロミーニの好みであったらしく、他の作品の飾り窓などに出現する。

また、ファサードは、波うつようにうねるエンタブラチュアが二段に重ねられており、大きい柱間に、さらに二段に分割された小さい柱間がはめこまれている。この異なるスケールの要素の重層は、表面にさざ波のような微かな動きを誘発すると同時に、浅い空間でありながら、視覚的に仮想の深さを生みだす。ベルニーニのサンタンドレアも大きい枠のなかに、小さいスケールの玄関ポーチを埋めているが、要素間の分節が明瞭になされているために、それ以上の深さを感じることはない。

この比較を通じてみると、ボッロミーニはバロック時代の共通の意識をもちながら、そのデザインが細部にいたるまで個性的で、すべてに彼自身の手の痕跡をとどめようとしたために、アカデミックなひろがりをもつシステムを生みだすことなく、閉ざされた、風変りな建築家とみられたことが理解できるだろう。だが、それ故にこそ、この小さい聖堂のユニークさが、時代を超えて賞賛されたともいえる。

ボッロミーニのデザインで特徴的なのは、個々の細部がすぐれて独創的であると同時に、二つ以上の異なった基本形と異なる方向への運動が、常に合成されていることである。この合成は、ときに対立的であり、分裂的でもあり、相互侵犯的で、必ずしもスムーズな連続的変化は採用されない。この強引な融和を、両義的統合と呼んでいいと思われるが、その重層作業のなかに、ボッロミーニは彼自身の手の痕跡を強く残している。だが、それが方法の系を閉ざして個人的なものにしてしまう。

大量にバロック的と呼ばれる建築が生みだされた後の、今日の時点から一七世紀のこの状態をふりかえってみると、例えばベルニーニのサンタンドレア聖堂にみられる開いたシステムが一方的に伝播して、ボッロミーニのデザインは、やはり彼個人の枠にとどまっている。それだけにシステムとして消耗されることがなく、いまだに新鮮な驚きを与えつづけているともいえる。この例をみると、私たちは、システム化を拒絶するような手法を確立することは、時代にたいして、常にあらがいつづける運命をえらびとるという教訓を得ることができる。だが、それ故に、時代を超えた不変の影響力も生まれる。サン・カルロ聖堂は、この最高の事例といっていいだろう。

ストイシズム

ボッロミーニの同時代人で、社会的な立場や性格にいたるまで、比較の相手にされるのはベルニーニである。この両者の個性の相違は、バロック建築の両極を生み出した点において、後節でとりあげる。それはひたすら、方法的な差異性として分析されることになろう。それにたいして、同じく同時代人として、むしろ類縁性をもってとりあげられるのが、画家ニコラ・プーサンである。

プーサンは、ボッロミーニより五年早く、一五九四年に生まれている。三〇歳のときにローマに移住、この地でのみ制作した。ボッロミーニは二〇歳の一六一九年にローマに移っているから、数年の後から同じローマで生活していたことになる。プーサンは、バロックに特有の激しい動きのある画面をつくることから出発した。しかし、徐々に、古典的な、静謐が支配する安定した独自の様式を生んだ。

アンソニー・ブラントは、この両者の対社会的な姿勢が類似していることをひとつの例で示している。* ボッロミーニはしばしば自分のデザインの自由度を確保するために、報酬を拒絶したことがあるので有名だが、プーサンは、同じく注文者と逢わずに画室にこもったままであった、という。画家は必ずしも注文者に逢わなくても制作できる。だが建築家はそうはいかない。注文者の要望を受け容れねばならず、職場では多くの職人に直接の指示をせねばならない。ボッロミーニはときに気分的に平静を保つことができなかった。ボッロミーニはシソイド型の神経症の症状をしばしばあらわしていた。社会的に不適応で、

* Anthony Blunt, "Borromini", P. 21, Harvard University Press, 1979

エクセントリックで、しばしば激情にかられた。[*1]プーサンは画室に閉じこもることによって、対人関係の暴発をさけることができた。その対比は両者の方法にもみることができる。プーサンの初めのデッサンはかなり動きの激しい複雑なものだが、それを徐々に削りおとして、最終的には、主題を適確に表現する簡潔な構図に到達する。

いっぽう、ボッロミーニは、幾何学的で明快な形態を下敷きにしながら、それに数々の変化を加え、直線を曲線におきかえ、いっそう複雑にする。静謐と波動、この対極のような様式がここで生みだされたわけだが、これが、おそらく類似した非社会的な個性に由来しているのである。対極的にみえるこの両者を関係づけるのは、もはやひとつの推理である。

ウィットコウワー夫妻は『数奇な芸術家たち――土星のもとに生まれて』のなかにボッロミーニの自殺の状況の記録を引用している。[*2]

「――ふたたびひどい憂鬱症に苦しめられ、二、三日のうちに、だれもがボッロミーニだとはわからないほどになってしまった。それほど彼の肉体はやせ衰え、彼の顔つきは恐しいものになったのである。彼は、いろいろとこわい形に唇を曲げ、時々両眼をぎょろぎょろさせて、すごい目つきをし、時には、たけり狂ったライオンのように唸ったり、身震いしたりした。彼の甥（ベルナルド）は医者に相談し、友人たちに忠言を求め、何度も牧師たちに彼を訪問してもらった。みなの一致した意見は、彼を一人にしても、仕事をさせてもいけないし、また彼の気持が落ち着くように、何としても、彼に睡眠をとらせなければいけないということであった。そのとおりのことが、甥から彼の召

＊1　Rudolf Wittkower, "Studies in the Italian Baroque", P. 154, Thames and Hudson, 1975

＊2　Rudolf & Margot. Wittkower, "Born Under Saturn", P. 300, 1963. 中森義宗・清水忠訳『数奇な芸術家たち――土星のもとに生まれて』岩崎美術出版社　一九六九年

使いたちに伝えられ、召使いたちもいわれたことを実行した。

しかし、彼の病気はよくなるどころか、ますます悪化した。何を要求しても拒絶され、自分のいうことは一切聞いてもらえないとわかった彼は、こういうことは、自分のためを思ってなされたことではなく、困らせるためにしたのだと思い込んだ。それから不安はますます大きくなり、時がたつにつれて彼の憂鬱症は、胸の痛み、喘息、それに一種の断続的逆上へと変っていった。

ある夏の盛りの夕方、彼はたまらなくなって、ベッドの上に身を投げ出したが、一時間も眠らないうちにまた起きあがり、控えていた召使いをよんで、明かりと書く道具をもってくるように命じた。これは医者と甥から禁じられていることだ、と召使いにいわれて、やむなくベッドに戻って眠ろうとつとめた。しかし、そんな蒸し暑い時間に寝つくことはできず、彼はいつものように、のたうち回り、つぎのように叫びはじめた。

『いつになったら俺を苦しめなくなるのだ。憂鬱、陰気な想念ども、俺の心はいつになったら休まるのだ。こんな惨めで、いまいましい生活のなかで、俺はまだ何をしようというのだ』

彼は怒って立ち上がり、そして彼にとって不幸なことに彼の面倒をみていた人々の迂闊なことには、テーブルの上に置き忘れてあった剣の方へ駆け寄り、無惨にも、刃先の上に倒れかかって胸板から背中へと突きとおした。物音を聞きつけて、飛び込んできた召使いは恐ろしい光景をみて助けを求めに行った。半死半生で血まみれになった彼はベッドにかつぎこまれた。その時自分の寿命が終りに近いことを知った彼は、懺悔聴聞師をよび、遺言書をつくった。」

プーサンとの関係を推理するためのひとつの証拠品は、この遺言書と同時につくられた財産目録のなかにある胸像である。決して数多い胸像があったわけでなく、インノケンティウス一〇世およびヴィルジリオ・スパダ、そしてセネカの三体の像であった。インノケンティウス一〇世は、ボッロミーニを支持した唯一の法王であり、スパダは同じく彼に重要な仕事をもたらした最大のパトロンである。当然ながら、建築家としてこの二人には最大の恩義があった。ところで、セネカは彼の同時代人ではなく、ローマ時代の人である。その胸像が他の二人のものと共に所有されていたことは、ボッロミーニがセネカの思想に強い関心を抱いていた証拠とみなければならない。

何故セネカの像があったのか、という傍証としては、一七世紀の初頭にイエズス会が、『キリスト者としてのセネカ』(一六一八年)を出版していることが挙げられる。一七世紀のカソリックはプロテスタントとの闘争を経て、それとの共存を強制されることにより、いっそう内部での神学的な探究が要請されていた。イエズス会は一六世紀の後半を通じて反宗教改革の中心的存在であったが、教会堂を世俗化させバロック的な幻想で埋めながら、いっぽうでは、修道会での清貧にあまんじた修道が重視された。ストイシズムの代表的な思索家であったセネカは、彼ら修道士によって再発見された。『キリスト者としてのセネカ』はそのように解釈されなおしたストイシズムであった。

ボッロミーニが修道会のストイシズムに関心を抱いたことは、彼の仕事の経歴からも推定できる。サン・カルロ・アッレ・クアトロ・フォンターネ(サン・カルリーノ)は、スペイン系の聖三位一体修道会のローマ支部である。この教会と殆ど同時期の仕事であったオラトリオはフィリッポ・ネーリによって創られた修道会で、これは一種の社会奉仕団でもあった。教化の手段として音楽が結び合わされて、今日でいうオラトリオを生んだ。そして、後期の仕事のひとつであるプロパガンダ・フィーデの学院はイエズス会系の伝道師養成機関である。イエズス会が発行したセネカにかかわる著作はこの学院との関係からもボッロミーニに親しまれたにちがいあるまいと推定される。

　セネカ像、そして彼のストイックな思索、そして一〇世紀のカソリックによって再発見されたストイシズム、それが、まずはプーサンとボッロミーニを結びつけるひとつの手がかりである。プーサンはストイシズムによって自らの静謐な様式を確立できたといわれている。* 意志と理性の力によって自らの情感を制御すること、それがプーサンのこの時期における主題であった。先述のように、プーサンの画面は激しい動きから最後には古典的な均整に到達している。その過程に不断のストイシズムに対する関心があったことは容易に想像できる。いっぽう、シゾイド型の症状を示していたボッロミーニにとって、ストイックな思索によって自らの激情を沈めることは、時代に共通な趣向とはいえ、かなり切実な手がかりであったのではないか。セネカにとっての最大の問題は、病める魂の救済であった。彼はそれをストイックな意志の制御という手段で実現しようとした。だから死もまた重要な救済の手段のひとつであった。セネカの死にかかわる思索をそのまま実行した人物がいた。彼の倫理的な規範を政治的改革に適用したカトー弟である。

　セネカのストイシズムに関心をもっていたプーサンは、このカトー弟の自殺の光景をひとつのデッサンに残している。これが、ウィトコウワーによるボッロミーニとの関係を組み立てるもうひとつの証拠品である。

「カトー弟の自殺」と題されたプーサンのデッサンは、一六四〇年頃のものと推定され

＊ Walter Friedlaender, Anthony Blunt らの Nicolas Poussin 論はすべてこの点を強調している。

ているが、あたかもボッロミーニの自殺の記録にあるように、刀剣を逆にたて、胸板から背中まで突きおとし、いまやベッドから床のうえに崩れ落ちようとしている。明らかに全体重を刀剣に投げかけている。

プルタークによるとカトー弟は常に死を想いながら、決して剣など用いない、息を止め壁に頭をぶっつけるだけでいい、といっていながら、やっぱり剣をもち、ベッドにいて自らの肉体に剣を突き通した。しかし、ボッロミーニのように自らの体量を剣にかけるように倒れこんだのではない。

そこでウィトコウワーは、プーサンのデッサンをボッロミーニは何らかの機会で見ていて、それが無意識の自殺行為の形となってあらわれたのではあるまいか、と推定する。*

「——それは偶然の一致だろうか、それとも、プーサンによるカトー弟の自殺の光景の解釈を再演してみせたのだろうか。私は後者を信じたい気がする。彼の性格に照らし合わせてみても生涯の最後を象徴するような結末に思えてならないのだ。おそらくずっと以前に、もし彼がプーサンのデッサンに魅惑されたことがあったとしたら、突然それが無意識の底から湧きあがり、その人生の至高の瞬間に、避け難い力をもっておそいかかってくることもありうるではないか。」

この推理は、ボッロミーニの内部の激情がストイシズムによって浄化されながら、ついに破滅的な神経症の発作におそわれた瞬間にさえ、セネカ的な死のイメージを実行してしまうという、ストイシズムの希求があったという観測に裏づけられている。

* R. & M. Wittkower 前出書 一七六頁

私は、彼の自殺にいたる内部の葛藤に関心がある。激情と制禦、乱舞と静謐、破壊と秩序、このような相容れない二つの対極を同時に自らの内部にかかえこみ、その統合の形式の探索に全生涯をかけることになった建築家の矛盾にみちたままの生は、そのまま、このバロックの時代のありかたを示しているからである。

カンピドリオ

対立する要因に統合する形式を与える作業は、バロック時代のあらゆる層にみられる共通の運動であった。ボッロミーニは生まれながらにして内側に矛盾する性格をかかえこんでいた。その矛盾が最後にはおさめきれずにふりきれるように自己破壊の衝動となってあらわれたわけで、この時代をそのまま内側にとりこんでいたといってもいいだろう。

二つにひき裂かれたもの、あるいは単一の論理だけでは解くことのできない事象、このような矛盾がヨーロッパでは一六世紀を通じて意識にのぼりはじめた。マニエリズムはその矛盾を知りつくした地点からはじまり、矛盾をそのままほうりだすように表現していた。だが、その渦中から、矛盾を統禦する方法を探索しはじめる。たとえばブラマンテがすべてを求心性をもった単一原理へと集約していったのにたいして、二〇年も経ぬうちに、ジュリオ・ロマーノは乱視者の眼にうつる像のように中心がズレたままの不整合を表現しはじめていた。そして一六世紀の中期、とくにヴィニョーラの活躍する頃から楕円が建築家たちの意識にのぼりはじめる。楕円はその性格上、二つの中心をもち、全体として統合された形式をもっている。その作図法は、たとえばセルリオの『建築書』に外接する二個の円のかたちづくる楕円が例示されている。おそらくこの時代に計画されたひとつの例は、ミケランジェロのカンピドリオ広場のパターンであろう。

中世以来、ローマの元老院であった建物がカンピドリオと呼ばれる丘の中腹にあった。その前面にコンセルヴァトーリ（治安維持官）の官邸がやや角度をズラしながら建っていた。ミケランジェロは、その広場の中央に置かれたマルクス・アウレリウス像の台座をつくることを手はじめに、この広場全体の再編成の提案を依頼された。直交していない二つの建物がとり囲む広場を、統括したイメージへと再編成するため、ミケランジェロは元老院の正面とマルクス・アウレリウス像を結ぶ軸線を設定する。元老院の正面にはこの軸上に塔をつくり、かつ、この直下に正面の玄関ポーチを突きだし、それに左右から昇る階段をとりつける。これだけの付加によって、元老院の建物は完全に正面が相称形となり、軸の末端に、モニュメンタルな形式をそなえて位置することになった。

ところで問題はこの正面に八〇度の角度をもって建てられているコンセルヴァトーリの建物である。ミケランジェロは建物のファサードだけを扱う権限しか与えられなかった。当然のことながら、中心軸にたいして平行でない面があらわれる。そこで、彼はそのむかいに鏡像のようにまったく同一のファサードをもつ建物を提案する。これはパラッツォ・ヌオーヴォ（新官邸）と呼ばれたが、実はプログラムにはなく、したがってその要求もなかった建物で、広場の軸線を介して相称形を完成させるためだけの目的でつくられたものである。そして軸を延長して、丘の下へと続くアプローチの階段をつくる。しかもその階段はむかい立つコンセルヴァトーリとパラッツォ・ヌオーヴォが生みだす奥へひろがる空間に対応して階段も奥ひろがりになっている。八〇度に傾く両側の建物の正面線が全体の

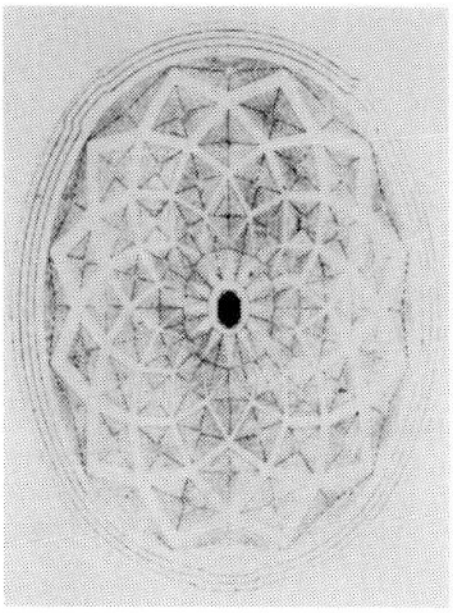

カンピドリオ広場の平面パターン

カンピドリオ広場、ピラネージによる

軸上に収斂する点が決められ、その点にむかって階段も収斂させている。

偶然に八〇度の角度に傾いていた既存建築の関係を手がかりにして、広場を逆遠近法的空間につくりあげ、階段によって丘の高みへと昇るときに、奥の建物が大きく浮きでてくるような錯覚を生む都市空間が創りだされた。注目されるのは、この三つの建物の囲む広場に、マルクス・アウレリウス像を中心に置いた楕円形の床のペイヴメントのパターンが与えられていることだ。この楕円は、ルネッサンスが好んだ円形や正方形では関連性を生むことのできない微妙にズレた建築のファサードの間をさりげなく調整してしまっている。いわば、あらかじめ楕円形の広場があって、その輪郭に外接するように二つの建物が配置されたとさえみえるのである。

三〇度や四五度のような明瞭に感知できる角度ではなく、一〇度という微妙な傾きを手がかりにして、楕円があたかもそこに存在していたかのような必然性をもってつくられたことに、ミケランジェロの非凡な、現実との応答がみられる。同時にこれは彼がルネッサンスのブラマンテ的規範からはるかに自由であったことの証明でもある。彼がバロックを予知していたといわれるのはこのようなとらわれない自在さから、緊迫した空間をみちびきだしえたことによろう。

楕円はこのミケランジェロのカンピドリオの例をみてもわかるように、ルネッサンスの単純幾何学的な整合性の破綻を再調整するときに着目され、有効な手がかりとなった。それもまた自然を幾何学として解釈するネオ・プラトニズム的思考の産物なのだが、その典型的な事例を惑星の運動を論じたヨハネス・ケプラーの宇宙観にみることができる。

惑星軌道

ヨハネス・ケプラーの惑星楕円軌道説が生まれるまでには、一六世紀を通じて、宇宙観、すなわち天体モデルの転換の激烈な過程があった。

コペルニクスが『天体の回転』を遺書のようなかたちで発行したのが一五四三年である。惑星軌道の観察から、古代以来の地球を中心とする同心円のモデルでは矛盾が生まれていることが一六世紀の初頭で、すでに明らかになっていた。コペルニクスはこのプトレマイオスの同心円形の宇宙モデルを全体の構造はそのままにして、太陽と地球の位置を置換した。人間の観察点は地球からはなれるわけにいかない。その観察点を定点とせずに、回転する軌道上に移すことは、想像を絶する大転換であっただろう。大航海時代がはじまり、地球球体説をその眼で確かめることができていたことが、その転換を想像しやすくしたに違いない。それにしても観察定点を移動させるという視点の相対化は、世界の中心が移動するという思想上の転回点でもあった。

だがコペルニクスの時代においても、宇宙全体の構造モデルに基本的な変更はなかった。すなわちギリシャ以来の宇宙モデルは、地球のまわりを同心円状にすべての惑星が回転し、そのはるかかなたのまっくらな球殻の表面に全天の星がはりついていると考えられていた。これはプラトンに代表されるギリシャの幾何学的な整合性を重視する思考方式に支えられている。宇宙は完璧な形態をしていなければならない。それには球がその完璧性のモデルとなる。プトレマイオスの宇宙モデルはプラトンの純粋幾何学的元素の思考にも一致していた。
一六世紀を通じてこのコペルニクスの地動説は多くの議論を呼んだ。とりわけ地球が中心であるとする数々の教義との矛盾を調整することに努力がはらわれた。その代表がティコ・ブラーエである。ここでは依然として地球が宇宙球体の中心におかれながら太陽のまわりを回転する水星、金星が一組にされて地球のまわりを回るひとつの惑星とされている。他の惑星はそのままである。太陽と地球を相対的に入れ換えているので古代モデルのままではあるが、新しい観測結果により近似させるために、水星と金星という太陽にもっとも近い惑星を地球と月との関係のようにみたわけである。

これもまた古代モデルを全面的に改訂したわけではない。何しろティコ・ブラーエの目標は天動説を保持しながら新しい観測結果とのズレをおさえこもうという復古思想であったわけだから、モデルが変更されないことが重要だった。

一六世紀はマニエリスムの時代である。ルネッサンスの規範を尊重し、その建築的言語を駆使しながら、静的で完結性が重視されたその形式を崩し、自由な操作にゆだねながら、機知や諧謔に富んだ表現が意図された。この過程に、コペルニクスからティコ・ブラーエまでの宇宙モデルの変換は対応していると考えられる。彼らは整合性をもち完結した古代モデルを置換し、若干の変更を加えた。これは観測データに基づく要請から必要となった作業である。それにたいして美術や建築のマニエリスムは同じく内的な意識の側からの要請に基づいたというべきであろう。見あきてしまったルネッサンス的な完結性にあえて変形を加え、要素間に組み立てられていた関係性をかきまぜ置換する。このことにより、はっと驚くような新鮮さが感じとられたであろう。そのような要請が内部だけでな

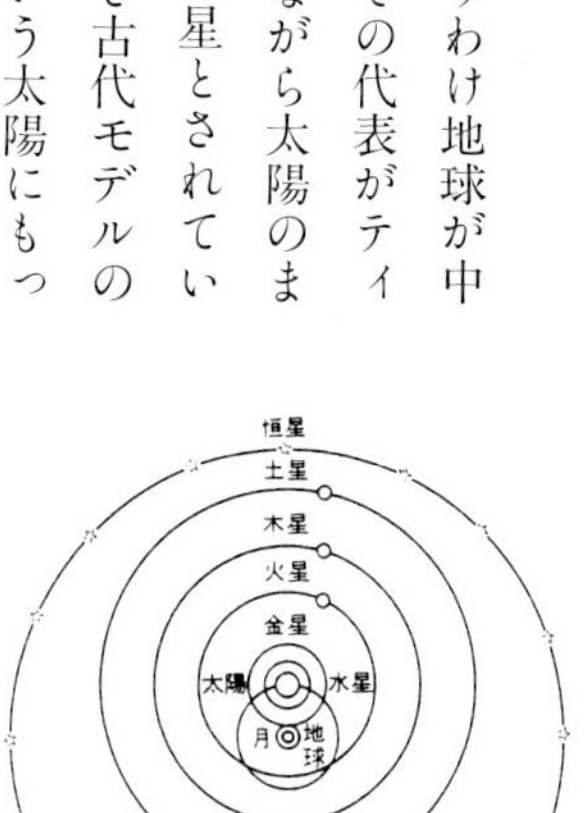

コペルニクスの宇宙体系

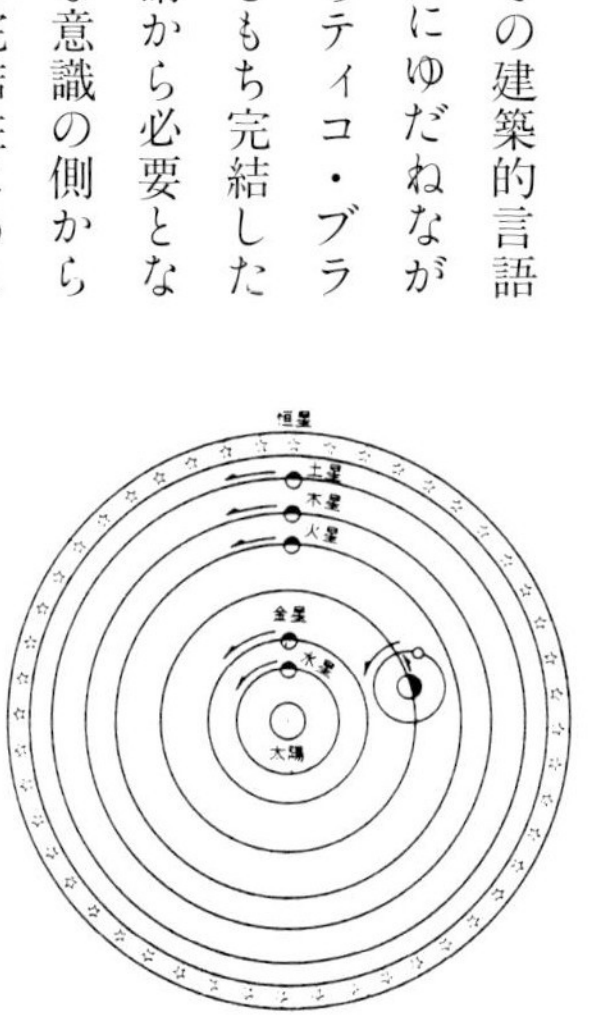

ティコ・ブラーエの宇宙体系

く、外的な規制への対処の過程から生まれることもあった。先にみたミケランジェロのカンピドリオの広場はその一例である。偶然に与えられた非整合の条件を彼は逆手にとった。そして楕円が統合要素として導入されたわけだが、それが楕円という同じく幾何学的に完結性をもった形態であることに注目したい。楕円は円を複合することによって近似的に生みだされ、さらにそれに連続的な変化を加えることによって完成する。いわば円の外延的な展開として生まれる形態であるため、当然ながらネオ・プラトニズム的思考の枠内で許容できるものであっただろう。ミケランジェロは楕円を媒介にして、非整合な条件を調停した。そのとき楕円は、先験的に目的化されていたのではなく、後からやってきたものである。

ティコ・ブラーエの妥協的な混成モデルの後にはじめて注目すべき惑星モデルを提出したのがヨハネス・ケプラーである。彼は惑星の軌道が楕円形を描くことを証明するのだが、その出現過程は、あのカンピドリオの楕円のパターンの出現に類似している。実は、ケプラーの最初の仕事は既知のプラトン立体を用いて惑星の運動を説明するものだった。

ギリシャ人は正多面体のうち、正四面体（正三角形）、正六面体（立方体）、正八面体（正三角形）、正十二面体（正五角形）、正二十面体（正三角形）の五個の存在を確認していた。プラトンはこの五個の正多面体に世界の構成物質をそれぞれ措定した。すなわち宇宙の象徴的なモデルとして、正十二面体を、そして、四元素のそれぞれを以下のように配当した。

立方体＝土

正四面体＝火

プラトン立体

正八面体＝空

正二十面体＝水

この措定はプラトンの思考を一般化したといっていい。四元素という自然現象と、結晶としてときには自然界に発見できるが、基本的には純粋な人工的抽象形態としての正多面体、それが等価として関係させられることは、この世界を基本元素に分解するだけでなく、それが基本形態をもってあらわれるという、神の造化の神秘性を完璧な整合性という透明なイメージのもとに組み立てられていることが、ここには提示されている。ルネッサンスがネオ・プラトニスト的な世界観によって支えられ、意図的にかたちづくられていたときに、純粋な幾何学的な整合性が重視されたのは当然である。それは数多くの錬金術師たちの仕事をも支えていた。錬金術師とは今日の呼び名で、実は科学者である。ニュートンのようにバロック後期を生きた科学者でさえ、その人生の大部分を錬金術の研究についやしていたわけだけだから、その影響は決定的で、のがれることのできないパラダイムを形成していたことは充分に推定できよう。

ヨハネス・ケプラーの生きた一六世紀末から一七世紀初頭において、天文学者として名声を挙げるには、最大の共通の関心事である惑星運動について独創的な見解を組み立てることにあった。彼は若年にして『宇宙の神秘』*（一五九六年）を出版した。この論文で彼は惑星の数とその軌道間の距離について考察している。そのモデル決定の補助線として用いられているのが、プラトン立体である。例えば、正多面体は五個であるから、それぞれを中にはさんでいるとして、惑星の数は六個である、と言いきる。すなわち、太陽を中心において、水星、金星、地球、火星、木星、土星である。その六個の惑星は古代以来知られ

＊ ヨハネス・ケプラー　大槻真一郎・岸本良彦訳『宇宙の神秘』工作舎　一九七〇年

ていたもので、これを疑うこともない。事実、天王星以下の新惑星ははるか後世になって発見されたので、当時としては何ら不都合はなかった。そして、これらの惑星軌道は、これらの正多面体を間にはさみ、それに内外接する球面上にあるとする。この事実の証明に『宇宙の神秘』は充てられているが、惑星軌道の観測データを基にして、近似的な数字が与えられほぼ説明がつけられている。この構想によると、惑星の配置は次のようになる。

水星―(正二十面体)―金星―(正八面体)―地球―(正十二面体)―火星―(正四面体)―木星―(正六面体)―土星

彼はこの惑星軌道説を実際に大きい立体モデルにつくり、保護者ルドルフ二世に献上しているが、この内外接球を介して入子《いれこ》になっているプラトン立体の構図は、もっとも優雅に宇宙の神秘を解読しているかにみえる。

反物質が支配する鏡の対面のような反宇宙の存在まで知らされてしまった私たちが、いま一六世紀末のこの時代をふりかえって底知れぬ驚きにとらわれるのは、プラトン立体の根源的な拘束力である。プラトンのこの四元素モデルは、たとえばハイゼンベルグに独自の量子論を展開する緒となるアイディアを与えるなど、今日においても思考のモデルとしては依然として有効であるし、私には人工的な形態を構想するときに、ほとんど根源的な基本形を網羅していると思える。それが宇宙の運動の科学的証明に拡張して展開されたことは、その着想の雄大さとともに、このモデルの強靱な存在感を同時にみてとれよう。ケプラーにとって、惑星運動が宇宙の秩序をかたちづくるならば、造化の神の使用する道具はプラトン立体に違いない、という先験的な思い入れがあった。

『宇宙の神秘』はその証明がネオ・プラトニズム的な透明性によって貫徹されている点

で、感動的でさえある。夜空にあらわれる惑星の運行をみながら、そこに巨大な入子になった正多面体の存在を空想するのは、美がまさに秩序であることを宇宙的な規模で実感させることができたであろう。私はそこに宇宙の神秘の解読に立ちむかおうとした天文学者や占星術者たちの長い歴史のひとつの結末をみる想いがする。若年のケプラーはその証明がほぼ完了するまで、はてしない興奮にとらわれつづけたに違いあるまい。

ところがこの『宇宙の神秘』は今日の天文学においてはさほど評価されていない。ヨハネス・ケプラーが歴史に残るのは、この若年のネオ・プラトニズムの直接的な適用作業ではなく、その作業の結果明瞭にあらわれてきた矛盾の追跡にとりかかったからである。それは、今日、ケプラーの法則と呼ばれる、惑星の楕円軌道説である（正確には楕円と呼ぶわけにはいかず、卵形に変形した細長い円で、長円と呼ぶ方がいいが、ここでは楕円を広義に円のひずんだものとして考える）。それは次の三つの法則から成りたっている。

1) 惑星の公転軌道は長円で、太陽はその焦点の一方に位置している。

2) 惑星と太陽を結ぶ線分がおおう面積が常に一定になるような速度で惑星は軌道上をうごく。（面積速度一定）

3) 惑星の軌道の長径の三乗と公転周期の二乗との比は、各惑星について同一である。（調和法則）

太陽が中心に置かれているのは自明なのだが、惑星の軌道がこれまでのすべての天体モデルのように正円、すなわち完全球面上ではなく、ひずんだ円上を移動しているのではな

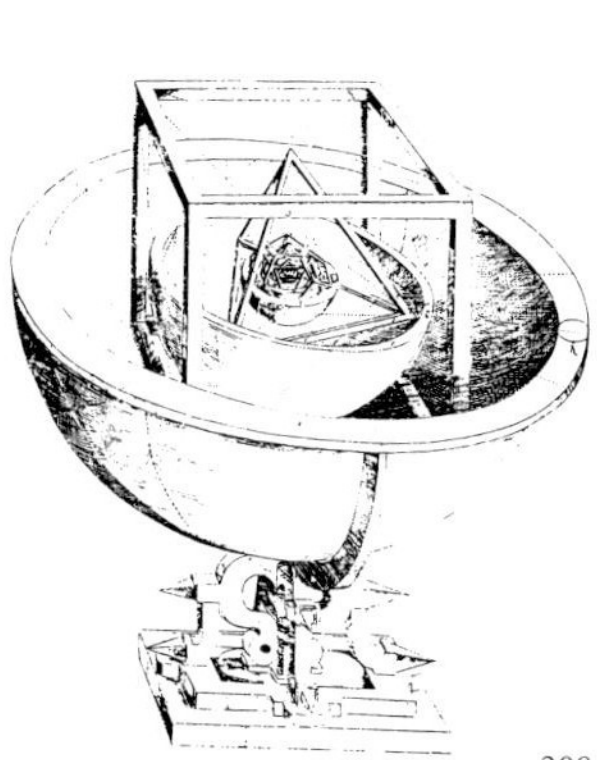
ケプラーの宇宙模型

いかという疑問は、観測データを細かくしらべるほど突き当る疑問点であった。ケプラーはそのひずみの形態を捜したのだが、ここでもネオ・プラトニストらしく、徹底して、数学上の明快な証明を試みた。そのあげく、太陽と惑星という二つの中心をかたちづくる運動体が相互に一定の数学的法則のもとに関連し合っている事実をつきとめる。完全球体といった古代的な純粋形態が捨てられ、運動の生む数量的な整合性に着目した。この運動法則はネオ・プラトニズムを幾何学から、微積分による動力学へと転換させたわけで、静的な解析から、動的な運動論へと大きく変えることになる。後にニュートンがこのケプラーの法則を万有引力の存在から逆証明する。二つの質量をもつ運動体が、相互に引力を作用させながら運動するときに生まれる関係性の軌跡が、ケプラーの証明した惑星軌道に近似的に一致することが明らかにされた。

ケプラーがこの法則を発表したのは、一六〇九年（第一、二法則）から一六一九年（第三法則）のことである。一六〇九年にはガリレオ・ガリレイが天体望遠鏡をつくって、惑星の観測にとりかかった。彼はその結果をまとめて、一六一〇年『星界の使者』を発表している。

この年代的な事実から推定すると、コペルニクスの地動説から一〇〇年近く経た一七世紀初頭に、宇宙観上に大きい転回点がおとずれつつあったことがわかる。すなわち正円や正多面体のような単純な幾何学的形態を基準にした古代モデルが、新しい観測事実によって修正が加えられ、ついに動力学的な形態に基づく楕円形の支配するモデルへと置換されることになる。ケプラーの法則がその代表的な仕事であったといえる。

一七世紀の初頭は、コペルニクス以来のモデル変換が、ほとんど確実なデータと解析によって完成しようとしていた時期であった。それは天文学の領域にとどまることはなく、勿論、建築領域においても発生しつつあった。ミケランジェロは楕円に関心をもった初期の建築家のひとりであった。楕円形の空間は、すでにユリウス二世廟の内部にみられる。そして同時代のバルダッサーレ・ペルッツィのスケッチにも楕円形はあらわれる。しかしいずれもルネッサンスの人文主義者たちの夢想した完璧性のイメージには不適合で、いずれもしりぞけられている。そして、カンピドリオ丘の広場のパターンがあらわれる。その床面は中央のマルクス・アウレリウス像にむかって、わずかにむくりがつけられ、全体が凸面鏡のような表面となり、広場の舗石とはいえ、充分に建築的な処理がなされていた。だが、建築空間に楕円形が直接的に使用されはじめるのは一六世紀の四半世紀を残す頃からである。教会堂の構成における基本的な変化とそれはかかわっている。

水平軸vs垂直軸

意図的に楕円形が教会堂の平面計画に持ちこまれたのは、一五五二年頃のヴィニョーラによるサンタンドレア・イン・ヴィア・フラミニアであろうとされている。[*] しかし、決定的にはヴィニョーラがその二〇年後の死の前年にプランを完成したサンタンナ・ディ・パラフレニエーリを待たねばならない。これは柱頭上のコーニスのレベルまでがヴィニョーラの案で、そのうえは後代に大きく変更されている。だがこの教会堂の平面は完全な楕円に基づき、その長軸の奥に祭壇がおかれ、それに対面する逆側が入口になり、ボッロミーニのクァトロ・フォンターネの原型のような型がすでにあらわれている。

* Rudolf Wittkower, "Studies in the Italian Baroque", P. 24

つぎにあらわれる楕円型プラン教会堂は、フランチェスコ・ヴォルテーラによるサン・ジャコモ・デッリ・インキュラビリ（一五九二年）である。この空間構成は、より複雑に展開して、基本的に十字型のプランと楕円形が重ね合わされている。

完全な円形やギリシャ十字のように点対称であり、完璧な求心型のプランを理想としていたルネッサンスにおいては、楕円形は当然のこととして、否定的にみられていた。にもかかわらず一六世紀の後半にいたって、意図的に楕円のプランが提案されるようになるのには、現実的な背景があった。

宗教革命によって新教徒たちの攻撃にさらされていた旧教世界では、起死回生をはかるためには内部よりの教義上の革新を必要とした。

トレント公会議（一五六三年）はそのひとつで、ここでは、教会堂の形式にいたるまで言及されている。その主眼は教化すべき聴衆をできるだけ多く収容しながら祭壇と近づけることにあった。これにはルネッサンスの求心性のみが目標とされた形式では不適応である。ゴシックの長軸上に延びるバシリカ型あるいはラテン十字の形式が再認識されようとした。いわば、ルネッサンスの中心の一点から天空へ飛翔する垂直性とゴシックの奥へ延びていく水平性の感覚の総合が意図されたのである。

サン・カルロ・ボロッメオ（ボッロミーニのこのサン・カルロ・アッレ・クァトロ・フォンターネは、まさにこの聖人に捧げられている）はトレント公会議を受けて、次のように書く。

「伝統に基づいて、教会堂は十字形の平面をもたねばならぬ。円型の平面は、異教徒の神殿には用いられたが、キリスト教会堂には殆ど用いられてはいない」

中心の頂部にドームを戴く求心型の教会堂はルネッサンスの理想であったが、いうまでもなくこの時代は古代神殿の形式をそっくりそのまま教会堂へ適用させていたのだ。ブラマンテのテンピエットがその典型である。彼のサン・ピエトロ大聖堂の原案は壮大なスケールで求心性をもっていた。ミケランジェロの実施案もそれを踏襲している。この形式にたいして意図的な修正が要求されたのである。

旧教派の内部改革の立役者であったイグナチウス・ロヨラのひきいるイエズス会の中心施設であるイル・ジェズ聖堂（一五六八～八四年）はトレント公会議の決定を受けてラテン十字の平面をし、その交点に垂直に伸びる視線を組織するようにドームが載せられた。

さらにカルロ・マデルナはサン・ピエトロ大聖堂において、求心型のミケランジェロのプランに、身廊部をつぎたし、巨大なファサードを完成する。

交叉部にドームを戴くラテン十字の平面形は、ルネッサンス的なものと中世的なものとの合体のうえで成立したわけだが、その複合化は、内部の空間に複雑な流動感を生むことになる。すでにルネッサンス以来、側廊部分に壁龕がもうけられるようになっていたが、その格子間が奥へむかう空間に律動感を与える。その律動が波紋状に収斂していくのが、十字の中心にかぶせられるドームである。ここで奥へむかっていた空間に左右と上方へと同時にひろがる空間が重ね合わされる。そして、天上にいる神へむかうように、空間は浮きあがる。イリュージョンを生む数々の手法がマニエリスムの時代に試みられていたが、バロックの教会堂においてはその手法は完全に空間の特性と合体させられる。地上の視線がとらえるのは、上昇していく神々の姿である。それはイリュージョニスムの手法によって、実際にドームの中心の深部へとむかって消えていく。

　楕円型の教会堂はこのラテン十字と中心のドームとの融合するイエズス教会堂形式と等質の意図をもって生みだされたといっていい。おそらく、それは純粋な楕円である前に、中心のズレる二つの正円であっただろう。その輪郭がスムーズに融合し、そして単一のドームでおおわれる。祭壇の位置はイエズス会型と同じく、長軸の最深部にある。異なるのは聴衆の集まる身廊部が、ひとまとめにされ、単一の求心型の空間に近い感覚を与えることである。この楕円形プランをはじめてもったサンタンナ聖堂も、イル・ジェズ聖堂と同じくヴィニョーラの手によって創られたことに注目しておく必要がある。彼は、一六世紀中期のパラディオと同じ時代に活躍したが、パラディオがイタリア北部のヴェネト地方で、ヴィッラを新しく組織されたシステムのもとに編成していたのにたいして、ヴィニョーラは、ローマに在って、イエズス会ともっとも近い位置にいたために、バロック教会堂の原型になる二つの型を同時に生み出したのである。とはいえ波うち、相互貫入するようなバロック的空間の表現はまだ訪れない。表層部分はマニエリスト的に浅く、ひたすら軽快である。

　バロックの特性は都市においても一六世紀の後半にみえはじめていた。法王シクストゥス五世がローマ市内に巡礼コースに基づいて、その目標を直線で結びつける新しい道路の計画に夢中になったとき（一五八五年）、それは都市計画のレベルにおいて、まったく新しい方法を生む契機を秘めていた。道路それ自体がモニュメンタルな構成要素となった。この道路にそった都市的建築は、広場をとり囲む建築と同じく、外部空間と一体化させられ

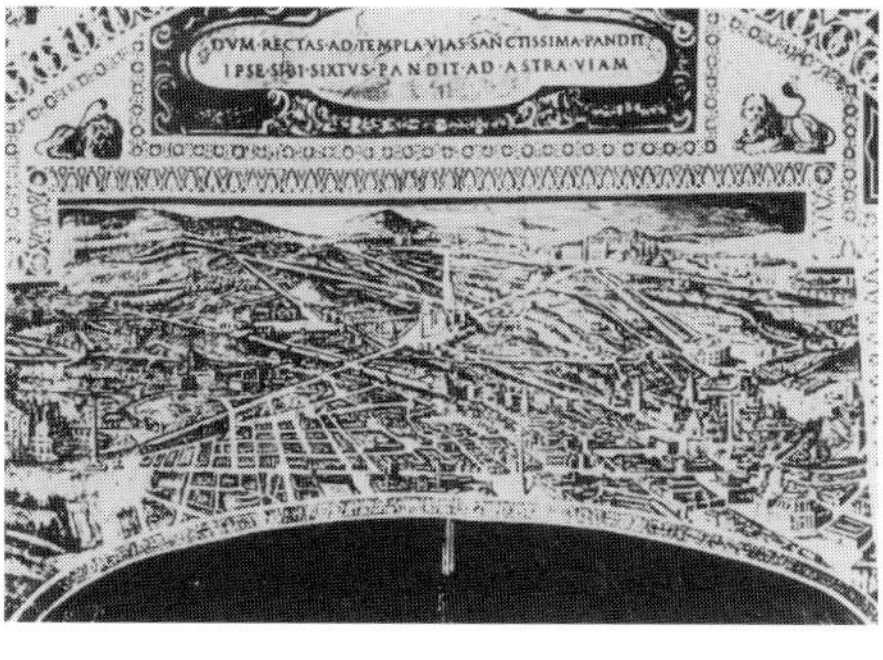

シクストゥス五世のローマ

た。無限にひろがっていくような直線道路は、ここでも水平運動の直接的な表現である。そして道路と道路の交叉点あるいは結節点に、広場が主としてつくられた。その広場の中心には、たとえばポポロの広場のようにオベリスクが建てられている。それは垂直運動をあらわしていると考えられる。水平と垂直の運動感が重ね合わされていることは、イル・ジェズ聖堂にみられる空間の性格と同じ意図があるとみていい。建築の内部空間と、都市の外部空間が、表現の形式や手法が異なっていても、同一の空間特性を示しているのである。

ついでながら、このサン・カルリーノ聖堂は、シクストゥス五世の計画した新しい道路ヴィア・クアトロ・フォンターネとヴィア・キリナーレの四つの噴水のある交叉点にある。その意味においても、まさにバロックの時代の刻印がおされているともいえる。

外部空間に楕円があらわれるにはベルニーニの大規模なサン・ピエトロ聖堂前広場の出現をまたねばなるまい。それは、ブラマンテ＝ミケランジェロの中心式聖堂の垂直性、マデルナによって付加された前面の身廊部の水平性。それに加えられた外部空間に、ベルニーニは、ファサードを貫通して中心へむかう水平の運動を発生させるために、二つの焦点に噴水を置き、中心点にオベリスクを建てた楕円形の巨大な広場を構想する。これはあたかも聖堂から二つの腕が突きだされ、両側から広場全体を抱きこんだ格好をしている。

楕円が内部のみならず外部空間にまでひろがって使用されはじめたことは、楕円という形式がすでに自立してしまったことを意味している。ルネッサンスに正方形と円形があったように、バロックには、ラテン十字と楕円形が生まれたのである。当初は神へ近づく垂直の運動と、それに接して参集する人間のための水平の運動を統合するために案出された

ポポロ広場、ピラネージ

わけだが、このようにいったん幾何学的な形態をともなって形式化すると、それは、自律的に展開する。

神と人間という相対峙する二つの焦点が相互に引き合うことから生みだされた聖堂の形式が、ケプラーがとりだした惑星軌道と同じく楕円形であることは興味深い。二つの質量をもつ惑星が万有引力の法則のもとで運動するときに描く軌跡の発見と、神と人間という二つの相互に牽引し合う焦点をひとつの空間に統合することは、いずれも、ひとつの時代の要請であったようである。そのあげくに、ルネッサンスの静的な宇宙観から、明らかに動的な宇宙観へと移っていったのである。

確執

ベルニーニvsボッロミーニ、この二者の運命的な対立を語ることが即バロックのローマを語ることになる、という定説に従って、私もまずはこの両者の確執を追ってみることにする。いずれは楕円形そのものが具体的なモチーフとして浮びあがるだろう。だがいまは、この二つの惑星が、相互に反発し合いながら法王庁という中心の周辺を旋回していった有様が、これまた楕円をメタフォアとして思い浮べうるという奇妙な構図に注目する。

両者は一年ちがいで、一六世紀末に生まれた（ベルニーニ、一五九八年、ナポリ生まれ、ボッロミーニ、一五九九年、ルガーノ生まれ）。ベルニーニは南イタリア、ボッロミーニはスイスに近い北イタリアである。

ボッロミーニはミラノを経てローマへおもむく。そこで遠縁にあたるカルロ・マルデナ

サン・ピエトロ広場、ピラネージ

のもとに弟子入りする。マルデナは当時サン・ピエトロの主任建築家で、ミケランジェロのドームの前面に、身廊部をつぎ足し、新たなファサードを完成していた。彼はボッロミーニの才能を見抜いて、かなり自由に仕事をさせたといわれるが、ボッロミーニのマデルナに対する尊敬は一生かわらなかった。遺言で、ボッロミーニは師マルデナの横に葬ってもらいたいと言ったほどであった。

いっぽう、ベルニーニは、父親がフィレンツェ出身の彫刻家で、一六〇五年に家族と共にローマに移動した。若年から彫刻家としての才能を発揮、バルベリーニ家出身の法王ウルバヌス八世に認められた。建築家としての仕事を法王から受けた最初は、サンタ・ビビアーナの改修（一六二四〜二六年）で、同時に、サン・ピエトロ大天蓋（バルダッキーノ）の仕事もはじめた。一六二九年カルロ・マルデナの没後、サン・ピエトロ大聖堂主任建築家に任命された。三〇歳で建築家としての最高の地位を獲得したのである。そして、バロックの宮殿の典型となったパラッツォ・バルベリーニの建設（一六二九〜三三年）もマルデナの後をひきついで遂行した。

とんとん拍子にキャリアをのばしたベルニーニにたいして、ボッロミーニはまだ一介の石工であった。大天蓋（バルダッキーノ）とパラッツォ・バルベリーニの両方で、彼はベルニーニの下で働くことになる。サン・ピエトロ大聖堂の大天蓋（バルダッキーノ）は主祭壇、礼拝堂、装飾彫刻など一連のベルニーニの仕事のひとつだが、旧サン・ピエトロにあったといわれるねじれ柱を復活させ、そのバロック的な動的構成は、後に多くの模倣を生んだほどに劇的な構成をもっていた。ボッロミーニがどの部分を担当したか、明瞭ではない。ただ、ねじれ柱の頂部エンタブラチュアにボッロミーニ自筆のドローインクが残っている。

パラッツォ・バルベリーニにおいては、痕跡はもう少し明瞭である。一階が吹きはなちとなり、中央の奥へむかって柱間が徐々につぶされ、三角形状の深い空間がつくられるというユニークなプランをもつこのパラッツォの全体構想は、やはりベルニーニのものであろう。そしてバロックの軽やかさと華やかさを溢れさせている正面ファサードもベルニーニのものと想定されている。その脇壁の三階の屋根裏窓、庭園側の窓廻り、おそらくは螺旋階段、このような細部にボッロミーニの手の痕跡がみえる。窓飾りは後年のボッロミーニレスクに連続していく特徴をあらわしている。とくに屋根裏窓には、サン・ピエトロで働いた経験が反映している。ミケランジェロからマルデナにいたるまで、矩形の開口の上部に円形の開口部、メダル、貝殻形などをはめこみ、それを組み合わせて窓飾りをつける一連の型が展開されていた。ボッロミーニはおそらくこの屋根裏部屋の飾り窓を下敷きにして、独自の型をつくりだしていく。窓の頂部に重く大きい飾りがとりつけられることによって、重量感を増すだけでなく、開口部それ自体に象徴的な意味合いが含ませられる。窓および扉廻りのデザインの展開を跡づけるだけでもボッロミーニの仕事の特性を分析できるほどだ。たとえば最晩年に設計された、このサン・カルリーノの中庭側のファサード玄関扉上部にも、バルベリーニの屋根裏窓の特徴は連なっている。ほとんど限定された古典主義の構成要素でのみ組み立てられていたバロックの建築にあたって、窓飾りは、建築家が自らの個性を発揮できる、ごく限定された部分であった。ボッロミーニがこれに注目し、最後まであくことなく無数のバリエーションを生みつづけたことは、いいかえるとこの建築家が、執拗なまでに細部を自らの手で埋めつくす意図を抱きつづけた証拠といえる。

それにたいして、ベルニーニの処理した部分はもっとおおらかである。必ずしも建築的細部にこだわっていない。一六世紀以来クリシェとなった型がそのまま採用されている。彼の関心はむしろ全体の劇的構成にあった。そのとき細部は全体構成に従属する限りにおいて、個性的である必要はない。そのかわり、彼の関心は祭壇や壁飾りの彫刻に注がれる。それ自体も徹底して劇性を帯びさせられる。

ここにすでにこの二人の方法的な対立の徴候がみえる。ボッロミーニが細部をあくまで個性化し、発見的であろうとするのにたいして、ベルニーニは全体の構成を優先して、細部はクリシェを多用する。建築という、指揮者はいてもかなり共同作業的性格をもつ領域の仕事にとって、前者の方法は閉ざされざるを得ない。それにたいしてベルニーニの方法は開かれ、多数の協力者を組織することが可能になる。その違いは、その後の両者の生む建築の性格の相違へと発展するが、大げさにいうと、運命的な分岐点にもなってくる。

ともあれ、両者がやっと三〇歳を過ぎたこの時期において、ベルニーニは法王の信頼する最高の建築家であったのにたいして、わずかに一年だけ若いボッロミーニは、まだ無名の助手にすぎなかった。その関係は一六三三年、ボッロミーニが独立するまで続く。

ボッロミーニへの最初の注文は、一六三三年のサン・カルロ・アッレ・クアトロ・フォンターネであるとされている。彼はこの年に修道院の宿泊棟の設計を開始している。おそらくはこれを手がかりに独立したと考えていい。ところでこの聖堂の定礎もバルベリーニ家のフランチェスコが行なっていることから、法王家を通じて依頼があっただろうという推測もなされている。ということは法王庁の建築家ベルニーニが当然ながら仲介しているだろう。サン・ピエトロの装飾を数多く手がけていたベルニーニにとって予算の限られた小さい修道院の仕事に手をだす余裕はなかったというのが正直なところかもしれない。いずれにせよスペイン系の清貧をモットーとする修道院の段階的な計画のごく一部分ということであれば、独立の意志をもちはじめていた自分のスタッフにまわすということもあり得ただろう。ともあれ、決してステイタスの高い仕事ではなかった。

すぐに仕事には結びつかなかったが、ボッロミーニは独立の前年、ひとつの公的なポストを手にいれていた。これは明らかにベルニーニによる推薦で、法王ウルバヌス八世も賛同した。それはサピエンザと呼ばれたローマのアルキギナッシオ（後の大学）の建築家である。一六世紀にこの建築は大部分完成していた。図書室、教会、東面のファサードなどが残っていたが、いつ建設に着手できるのか見当もついていなかった。彼はジャコモ・デラ・ポルタがすでにデザインしてあった西側のファサードの中央におかれた扉を両側にふりわける提案などをしたが、とりあげられなかった。彼のもうひとつの教会堂の傑作となるサン・ティーヴォが、並列する列柱の突き当りに建設に着手されたのが、一〇年後の一六四三年のことである。それにしても、この契機はベルニーニがつくってくれたといっていい。

法王ウルバヌス八世の在任期間中（一六二三〜四四年）ベルニーニは数々の重要な建築設計の注文を受けている。この法王の着位前年に創設された伝道師たちの養成機関であるプロパガンダ・フィーデ評議会の本部は五年後には建設を始めていたが、一六三四年ベルニーニはここに楕円形のプランをした礼拝堂を設計した。一六四四年、新法王インノケンティウス一〇世が着任すると事情は一変する。新法王はベルニーニをしりぞけて、ボッロミーニが重用された。一六四六年、コレッジオ・ディ・プロパガンダ・フィーデは敷地をひろげ、全面的な改築を企画し、その建築家にボッロミーニを登用する新計画のなかで、彼は旧建物の大部分を取り壊したが、ベルニーニの礼拝堂もそれに含まれていた。

ボッロミーニは一六三六年頃、このプロパガンダ・フィーデの評議員であったヴィルジリオ・スパダの知己を得た。そして彼の推薦によって、フィリッピニと呼ばれたフィリッポ・ネーリを中心に活躍をはじめていた修道院の礼拝堂の小さい仕事を得る。そのうちこの修道院は施設の拡大計画をつくり、この建築家にボッロミーニが選ばれる。一説によると、公開コンペであったとも伝えられるが、いずれにせよ、ヴィルジリオ・スパダの力のあずかるところが大きい。後にこの修道院内のオラトリオの計画を中心にボッロミーニの作品集、"Opus Architectonicum"が編纂されるが、これに序文を寄せているのが、このヴィルジリオ・スパダである。おそらくパラディオにウィトルウィウスの手引きをし、自らその訳編をつとめたダニエレ・バルバロのような役割りを、彼はボッロミーニにたいしてなしている。パラディオがバルバロのためのヴィッラを設計したように、ボッロミーニはスパダのためにパラッツォを設計する。そればかりでなく、ヴィルジリオ・スパダは建築への想い入れが深く、"Opus Architectonicum"のボッロミーニの文章まで自ら手伝って書いただろうとさえ推定されている。

ボッロミーニに巡ってきた幸運は、ほとんどこのパトロンの手によって開かれた。一六四四年、インノケンティウス一〇世が着位すると、ヴィルジリオ・スパダは、法王の施物分配役（elemosiniere segreto）に任命された。重要な建築物にたいする建築家の決定に強い影響力をもつことになる。ボッロミーニはスパダの在任中は、法王庁の最重要の仕事を常にひきうけることができた。サン・ジョバンニ・イン・ラテラーノ（一六四〇—五〇年）の改修がそれである。勿論このときもスパダが建設の総監となっている。

いっぽうベルニーニは前法王ウルバヌス八世在位中にさらに幾つかの小さい仕事を手がけたが、不幸な事件に見まわれる。サン・ピエトロ大聖堂に彼が付加した鐘楼に基礎が不充分であったために亀裂がはいり、ついに取り壊さざるを得なくなったことである。ベルニーニは構造的技術を必要とする建築家の能力に欠けている、という評判がたった。しかも彼を保護した法王は一六四四年に没した。建築家として危機に立たされたのである。

だが、ベルニーニは建築家である以前に彫刻家であった。法王の死去によっておとずれた不遇の時期に、彼は彫刻家として復活する。サンタ・マリア・デッラ・ヴィットーリア聖堂のコルナーロ家の祭壇に置かれた「聖女テレージアの法悦」（一六四五〜五二年）がそのひとつである。キリストとの合一を感知した瞬間、肉体的な苦痛と歓喜がエクスタシーとなっておそいかかる有様が、大理石のひだに彫りこまれている。それは超越的な体験が完璧に視覚化され、カソリック・バロックの典型となったといわれる。

この絶妙の表現技術は、ベルニーニの評判を一気に高めたが、彼は同時に屋外彫刻においても革新的な作品をこの時期に残す。ナヴォーナの広場に置かれている「四つの川の泉」（一六四八—五一年）で、中央にオベリスクを建て、その下部に流動感あふれる人体と荒けずりの石を組み合わせている。これもまたバロックの都市広場に置かれる典型的な彫刻の形式を生みだし、以後数多くの模倣を生む。

「四つの川の泉」のなかの人像が、いずれもその前に建つサンタニェーゼ聖堂の方を向いていないのは、ベルニーニがボッロミーニを嫌ったためであるという俗説がこの彫刻に

ベルニーニ、二四歳の肖像

ナヴォーナ広場とサンタニェーゼ聖堂

まとわりついている。だが、年代的な事実からすると、この俗説は正しくない。関係はむしろ逆で、ボッロミーニの方が、そのファサードを設計するときに、前面に置かれているベルニーニの彫刻を常々意識したはずである。いずれにせよ、この時期、一六五一年頃に二人の関係は悪化したらしい。ベルニーニの信奉者が強力になってきたためで、一時はボッロミーニはオルヴィエートまで退去せざるをえなかったともいわれている。

ナヴォーナ広場に面するサンタニェーゼ聖堂の再建は、インノケンティウス一〇世の最後にして最大のものであった。最初それはライナルディ父子にまかされていた。ところが彼らの計画がファサードを高くして、背後のギリシャ十字の頂部に置かれたシンボリックなドームを半分ほども隠すことになることを知ったインノケンティウス一〇世は、ライナルディ父子を解雇して、ボッロミーニにファサードの完成を依頼した。一六五三年夏から翌年いっぱい工事は急ピッチですすめられた。というのも法王がこの時宿痾に冒されていたためである。一六五五年正月の法王の死で事態は急転する。ボッロミーニは保護者を失う。その二年後、今度はボッロミーニが工事の完成をまたずに解雇される。新たに総監となったカミロ・パンフィーリとことごとに衝突したためである。そして、カルロ・ライナルディがふたたび完成のために呼びもどされた。

これ以来、ボッロミーニは公的な新しい仕事はまったくない。以前から継続している工事を完成するために働きつづけたにすぎない。ヴィルジリオ・スパダは、何かにつけて援助しようとしている。だが、ボッロミーニの狷介な性格は協調することを徐々に不可能にした。最後にスパダ家の礼拝堂が計画されたときも相談には呼ばれたが、彼のデザインは用いられていない。

サンタンドレア・アル・キリナーレの景

ベルニーニの晩年はこれと対照的である。一六五五年以降、ふたたび社会的に重要な仕事はベルニーニの手元に集まる。ウルバヌス八世の没後、一一年ぶりである。そして今度の仕事はいずれもけたはずれに大きく、時代を劃するものばかりであった。一六五六年、サン・ピエトロ大聖堂の主祭壇と、大聖堂の前庭の楕円形の大列柱廊が着工する。前者は一六六六年に、後者は翌年に完工する。サン・ピエトロではこの時期にパースペクティヴを強調したスカラ・レージア（一六六三―六六年）が工事中であった。

そして、一六六五年には、フランスのルイ一四世の招待をうけて、ルーヴル宮計画のためにパリにおもむく。このときの旅行は国賓級の待遇であったといわれている。

また私が後でボッロミーニの作品と具体的に比較してみようと考える三つの小聖堂もこの時期に着手されている。サンタンドレア・アル・キリナーレ（一六五八―七〇年）、サン・トマーゾ・ダ・ヴィラノーヴァ（一六五八―六一年）、サンタ・マリア・デッラッスンツィオーネ（一六六二―六四年）で、この他にも、新法王アレクサンドル七世を出したチギ家の宮殿（一六六四年―）の設計をする。

冒頭に記したボッロミーニの自殺のいきさつは、この時期のことである。ベルニーニは滞仏中にルーヴル宮の計画の他にサン・ドニのブルボン礼拝堂、ヴァル・ド・グラースの祭壇の設計をし、ローマへの帰国後もさらに名声が高まり重要な仕事の注文が後を絶たなかった。勿論ウィトコウワーの指摘するようにボッロミーニはシソイド型の性格であっただろうが、ライヴァルの華やかな活動にたいして、嫉妬といらだちの日夜を送っていたことは推量できる。サン・カルリーノのファサードはやっとこの時期に下層までが完成して、いよいよ上層にとりかかることになっていた。それは自らの出世作を最終的に完成さ

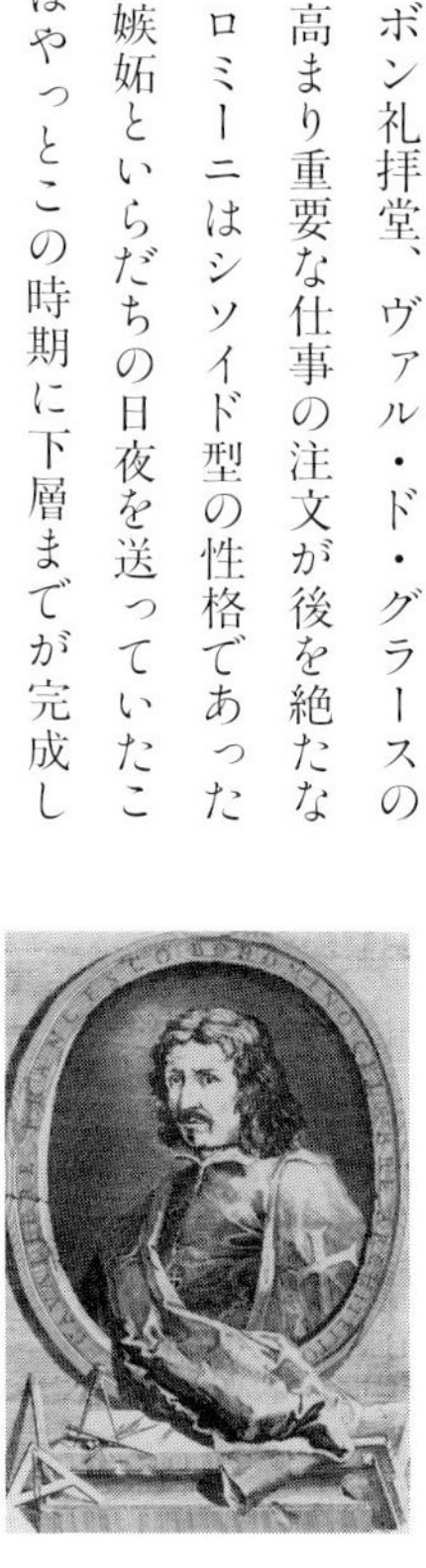

フランチェスコ・ボッロミーニ

せることである。後は……。あるいはそういう想いといらだちにとらわれていたかもしれない。いずれにせよ発作的にえらばれた自殺という行為は、ボッロミーニの作品の軌跡を円環的に閉ざすことになる。

ボッロミーニの生涯は奇妙なことに一一年ごとにそれぞれ区切りがついている。一六二九年のカルロ・マデルナの死後ベルニーニの下でアシスタントをして一六三三年に独立をしてから、一六四四年インノケンティウス一〇世の着位までの、建築家としてのデビュー期。その後一一年間が法王の保護の下で主要な作品を多数完成した最盛期、そして一六五五年以降は、見はなされた失意期に区切れよう。こうしてみると実は彼が直接に信頼されたのは、インノケンティウス一〇世のみであって、前後の歴代法王はすべてベルニーニの側に立っていた。一六八〇年の没年までベルニーニは都合五代の法王につつがなくつかえている。

建築の設計上の才能というよりも、ここには両者の個性が強く作用している。ひいては建築の方法にまでその差異が及んでくるが、この間の事情をアンソニー・ブラントは次のようにのべている。*

「――両者の性格の違いはあまりに大きく、これでは喧嘩が起らぬほうがおかしかった。ベルニーニは、才能にあふれ、早熟で、魅力的で、社交的、また如才がなかった。気軽に法王庁を歩き廻り、一六六五年のパリ訪問に際しては、傲慢さで有名なルイ一四世の廷臣どもまでをとりこにした。ウルバヌス八世の死後、若干の期間その後継者インノケンティウス一〇世の不興をかったほかは、彼の経歴は絶え間なく成功へ昇りつめて

* Anthony Blunt "Borromini" P. 21

いくものであった。芸術において、彼は万能であった。建築家、彫刻家、画家だけでなく、作詞し、劇作もし、舞台装置をつくり、衣裳のデザインをし、演出もした。そして彼の天性は、このカソリック・リバイバルの段階に要求されていた建築と装飾における壮大で、劇的なるものの様式に適していた。

ボッロミーニは肉体的にはいい格好をしていたが、社会的な優雅さに欠けていた。彼はメランコリー、神経質、非妥協的であり、これらの性格はいずれ人間関係を病的に恐れ、猜疑心を抱き迫害妄想の域に達した。彼はパトロンたちと絶えず口論し、時には自らの意志で、時には解雇要求から、仕事を放棄することもあった。

おそらくベルニーニとの初期の経験からであろうが、彼は他の建築家が自分のアイディアを盗むのではないかという危惧をもって、死の直前に、実施できなかった多くの作品の図面を焼き捨てるほどであった」

ウィトコウワー夫妻が、ボッロミーニを土星の星廻りに生まれついたというのも由ないことではない。* 彼の生涯には不吉な事件も多い。それにたいして、ベルニーニはどの惑星が充当されているのだろうか。さしずめ金星かもしれぬ。常にヴィーナスのように光輝いている。この二つの惑星は法王という太陽の周辺を回遊した。時に接近し、反発し、競争し、のろい合った。中心から等距離を円型を描いて回転したのではなく、法王と相互に牽引しながら、明らかにいびつな軌道を描いている。彼らの時代にもう惑星のこのような構図は、新教徒であったケプラーによって提出され解明されていた。だが、同じ天文学者で旧教権内にいたがガリレオ・ガリレイは、『星界の使者』(一六一〇年)、『新天文学対話』

* R. & M Wittkower 前出書

（一六三二年）等の著作を、自ら開発した望遠鏡を駆使したデータをもとに著わしたのだが、惑星の軌道はあくまで正円を仮定している。想い描かれる基本図形の選択によって、その理論の全体の構図は限定されるのである。私たちは、ケプラーがいちはやく楕円形の軌道の解析に成功したからといって、ガリレオのおそまきながら、より精密な全体像への接近が無視できないことも知っている。そこには彼らのそれぞれが採用した方法の異なった射程がうかがえるのだ。この比較はおそらくベルニーニとボッロミーニにも適用できよう。前者はより劇的で壮大な構成をケプラーの惑星軌道説のような透明性をもったシステムとして完成している。それにたいして後者は、より微細で個性的な細部をもって、新しいバロック的空間を創造した。だがそれはあまりに閉ざされ、不透明で両義的な構成に満ちている。その点でガリレオが晩年に陥った宗教的な圧力下での苦境と似ていなくもない。彼らが使用した楕円形をとりだしてみても、この差異は明瞭にあらわれる。ベルニーニは、二次曲線的に連続変化する楕円をケプラーのように用いている。だがボッロミーニは数多く楕円を用いながらも、それは長円の先端側が妙に尖っていく二次曲線的な形態ではなく、複数の正円を複合してつくる近似的な楕円でしかない。視覚的にはふっくらとして安定している。そしてよりなまめかしいような秘密めいた感じを与える。だが、ガリレオのように、といわねばなるまいが、完全な二次曲線としての楕円ではないのである。

劇性と空間性

一六五五年以降ベルニーニはサン・ピエトロ広場の列柱廊をはじめとして、多くの大建

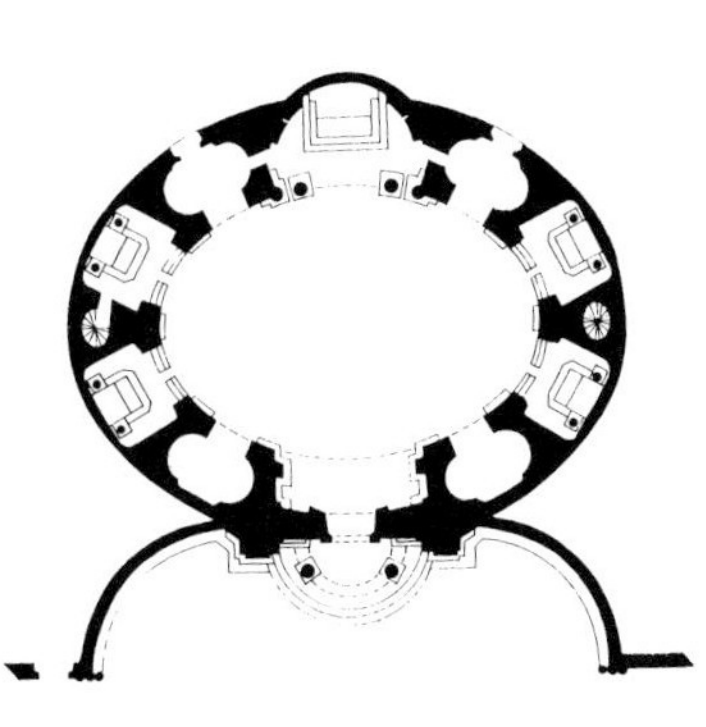

サンタンドレア・アル・キリナーレ聖堂、平面図

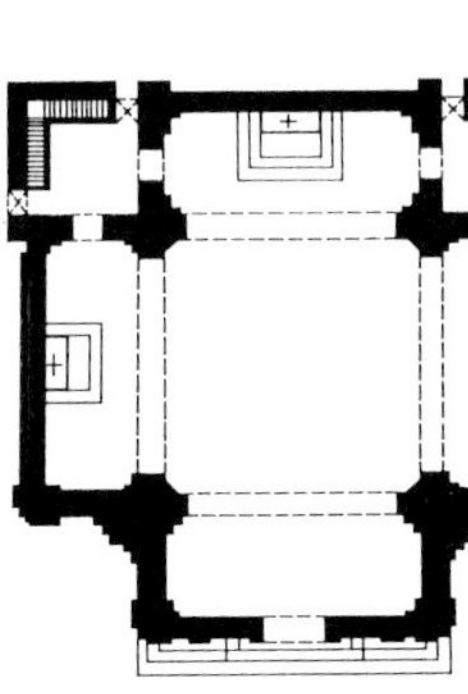

サン・トーマゾ・ダ・ヴィラノーヴァ聖堂、平面図

築を手がけるが、かたわら、三つの小聖堂を設計した。着工順にそれを記すと、サンタンドレア・アル・キリナーレ（一六五八―七〇年）、サン・トマーゾ・ダ・ヴィラノーヴァ（一六五八―六一年）、サンタ・マリア・デッラッスンツィオーネ（一六六二―六四年）である。これは小品ながらいずれもまったく異なった形式を採っている。楕円、ギリシャ十字、円がそれぞれ純粋にその形式が保たれるような平面である。先にバロック的な建築空間は、ギリシャ十字よりラテン十字の長軸の方向性を有するものへ、円型よりも長軸の両端は玄関と祭壇を置いた楕円へと、ルネッサンスの求心的な形式が変化していると述べたが、ベルニーニのこれらの小聖堂は、そのいずれとも逆行している。サンタンドレアは確かに楕円型ではあるが、短軸上に主軸を設定するという、奇妙な平面をしている。これらの事例はベルニーニの古典主義者としての性格を浮きあがらせる。

ボッロミーニも宗教建築を主に手がけたわけであるから、いくつもの聖堂、礼拝堂を設計しており、やはりベルニーニのように異なった形式をもっている。かりに、ベルニーニのとりだした基本形に相当するものをひろいだすと、楕円型にはサン・カルロ・アッレ・クアトロ・フォンターネ（一六三八―六七年）、ギリシャ十字はみあたらないが、矩形の平面をしたものとしてフィリッピーニのオラトリオ（一六三七―五〇年）あるいはプロパガンダ・フィーデのレ・マギ礼拝堂（一六四三―六六年）を挙げることができよう。そして円型のプランには、求心性をもった、サン・ティーヴォ聖堂がある。だが、ボッロミーニの場合には、常に反語的註釈が必要となる。いづれも、純粋な形が、微妙に崩され、変形させられている。

二人の方法を比較するために、まずは正円を平面形とする、サンタ・マリア・デッラッ

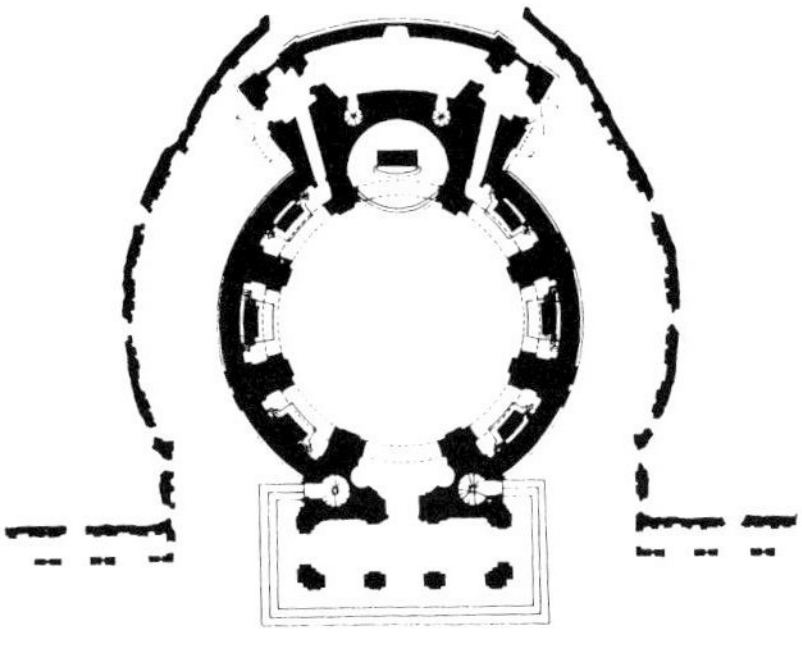
サンタ・マリア・デッラッスンツィオーネ聖堂、平面図

サン・カルロ・アッレ・クアトロ・フォンターネ聖堂、平面図

スンツィオーネとサン・ティーヴォをとりだしてみる。前者の平面は完全な円型で、この内部は八分割され、中央の奥が主祭壇、その対面が入口で、左右に三つづつ壁龕がある。これにドームが架けられ、頂部のランタンから採光されている。そして前面には三連のアーチで支えられた三角破風をもつポーチがとりつけられ、広場にむかって、ファサードを形づくる。いうまでもなくこの形式はローマのパンテオンに基づいている。ベルニーニは、ここでこの古典的形式を借用しながら、それにバロック的な空間解釈と装飾を付加している。中央のランタンにむけて、天井格間はパースペクティヴをもって徐々に小さく消えていく。また中央へむかうリブはあたかも天空の中心から放射される光線のようにもみえる。そしてこのドームはまた聖母の昇天していく天空でもある。聖母に従う花を散らすエンジェルが、ドームの下端エンタブラチュアの上に舞っている。

すなわち、ベルニーニは建築形式において完全に古典的な原型に基づき、空間の型はそのまま保持しながら、その表面にバロック的な図像を象徴的にはめこむ。ドーム全体が聖母昇天の劇的な光景へと仕立てられたわけである。

これにたいしてボッロミーニのサン・ティーヴォは同じ求心性をもつ平面とはいっても、まったく異なる。正三角形が二つ逆向きに組み合わされてまず星が想定され、その頂部が互い違いに、三個の半円に置換され、残りを逆の円弧で切りとっている。凸と凹が連続してあらわれ、不思議な花弁状のパターンが生まれる。この屈折した壁面を断面が円弧を描くように中央に収斂させる。球体の内面でしかなかったドームが、ここではうねる貝殻状の表面に置換される。その内部では、複雑に折れる曲面に中央頂部のランタンから降ってくる光線がつける陰影だけで、絶妙なドラマが生まれている。ボッロミーニによっ

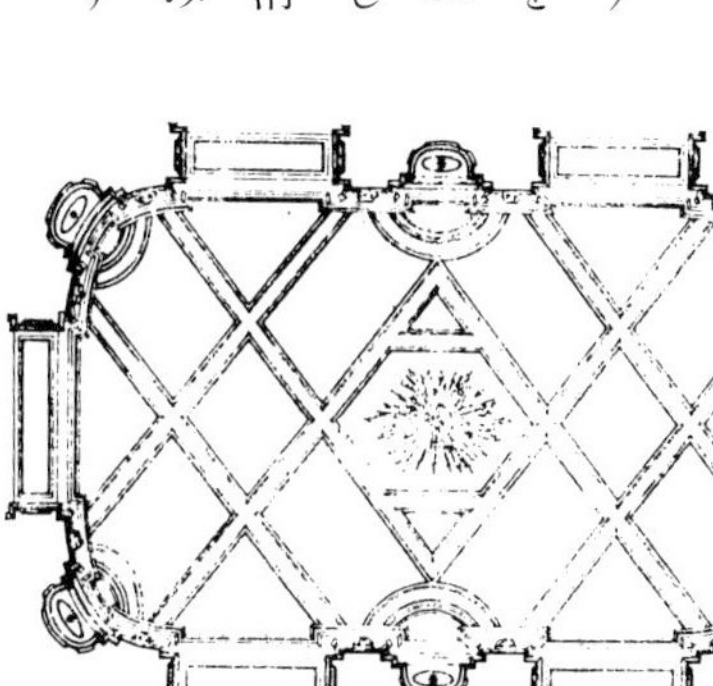

プロパガンダ・フィーデのレ・マギ礼拝堂

サン・ティーヴォ・デッラ・ザピエンツァのドーム

て、このドームはその空間だけで充分で、意味をもった図像的要素を付加する必要はない。若干の紋章などがちりばめられただけで、全体は真白に塗られた。ここで両者の建築観の相違が浮かびあがる。前者が建築を劇的な効果を生みだす舞台装置と考えていたのにたいして、後者は建築をたくみな手法によって切り裂いて、内部に空間をはらんだ彫刻へと還元していることである。ベルニーニには彫刻や絵画を自らの手によって建築物に付加していく技量にたいする自信があっただろう。建築は劇性を生みだす舞台でありさえすればよかった。だがボッロミーニが扱いえたのは建築装飾までである。その装飾部分に数々のオリジナルなものを開発はしたが、それしも全体の建築空間に従属するにすぎないと考えたであろう。それ故に彼の勝負は建築空間の彫刻的な創造に賭けられた。図像的な要素の侵入をこばみつづけたのはそのためである。彼の空間は、だから基本形態がもつ古典主義的な存在感ではない。微妙に分解された表面を流れる屈曲する光線の生む陰影である。

　ギリシャ十字形の平面をもつサン・トマーゾ・ダ・ヴィラノーヴァは同様にベルニーニの古典主義的性格を顕著にみせる。平面型だけみればルネッサンス初期のものと見間違っても不思議はない。だがこれがブルネレスキやアルベルティのそれと異なるのは上方へのプロポーションの引きのばしによる空間の垂直性の強調である。バロックはドームの内部空間に徹底して垂直性を付加する。その徴候はサン・ピエトロ大聖堂のドームをジャコモ・デッラ・ポルタがミケランジェロ原案より三分の一も高く卵型に引きのばしたときにすでに発生していた。そしてたとえばグァリーノ・グァリーニ（一六二四―八三年）の一連の聖堂において頂点に達する。彼はドームを分解して交叉する放物線や、細分化した断片の集積に置き換えて、ひたすら空間の上昇性を強調した。ベルニーニのこの小聖堂は、

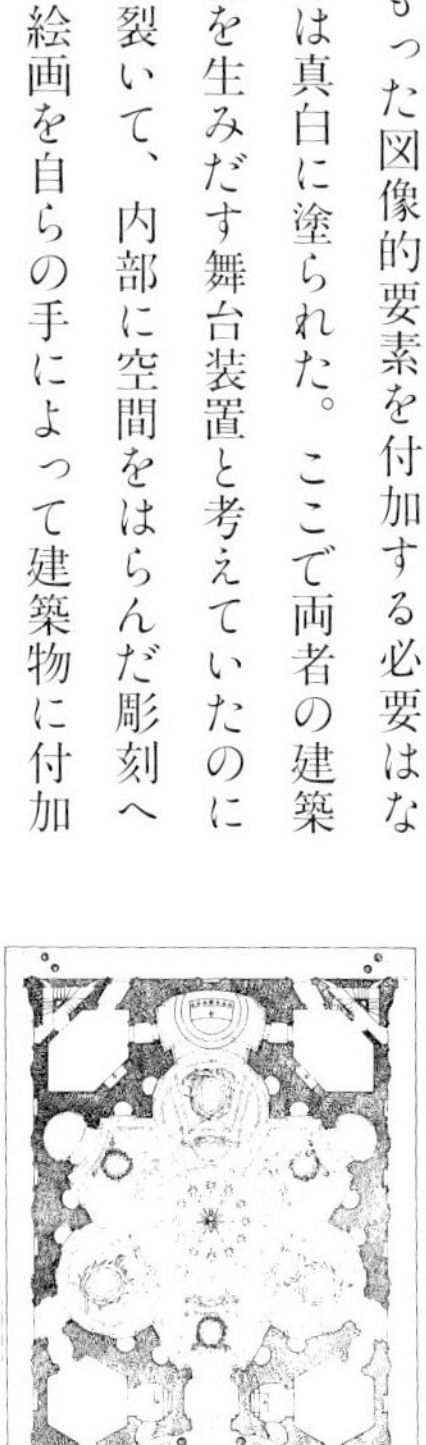
サン・ティーヴォ・デッラ・ザピエンツァ聖堂、平面図

バロックの全期間を通じて流れる上昇する空間という主題に合致しているだけでなく、それを典型的に古典主義的形式から一歩もはみだすこともなく実現させているところに特徴がある。

ボッロミーニの全仕事を通じて空間が垂直性をもつのはサン・ティーヴォ聖堂のみといっていい。他は上方への浮遊感を与えはするが、視覚的な垂直性はみあたらない。矩形の平面をもつ例としてプロパガンダ・フィーデのレ・マギ礼拝堂をここでは対抗例としてとりあげる。この平面および立面がルネッサンスの古典主義と同様に、正方形と黄金分割の矩形だけで構成されている点で、ベルニーニのギリシャ十字の採用と類似しているからでもある。だがボッロミーニの場合、黄金分割も正方形も、それはこの箱形の部屋を規定する基準線にすぎない。隅部がまるめられ、天井を彎曲させ、リブを斜めに走らせる。この処理で、箱型の空間は内部にむかってつつみこまれるように感じる。クリアストーリーから採光されるという点においてフィリッピーニのオラトリオと同様であるが、この光線は空間の上方を明るくして、対角線状に走るリブによってひとつの連続した殻となった天井面を浮きあがるようにみせる。

同じく基本的に古典主義的形式を用いながら、ボッロミーニはそれを外殻の下敷きとして、内側にむけて囲いこむ。内部の空間の彫刻的な琢磨が主要な関心事であったことがわかる。いっぽう、ベルニーニにとっては古典主義的建築形式は、垂直に上昇する空間を実現するための素材でありさえすればよく、定型化された形式がクリシェとして使用される。細部にいたるまで古典主義の型が守られる。それにもかかわらずバロック的にみえるのは、空間に運動性が与えられているためである。これが劇的に飾られる。ときには錯視

サン・ティーヴォ・アッラ・ザピエンツァのランタンと塔

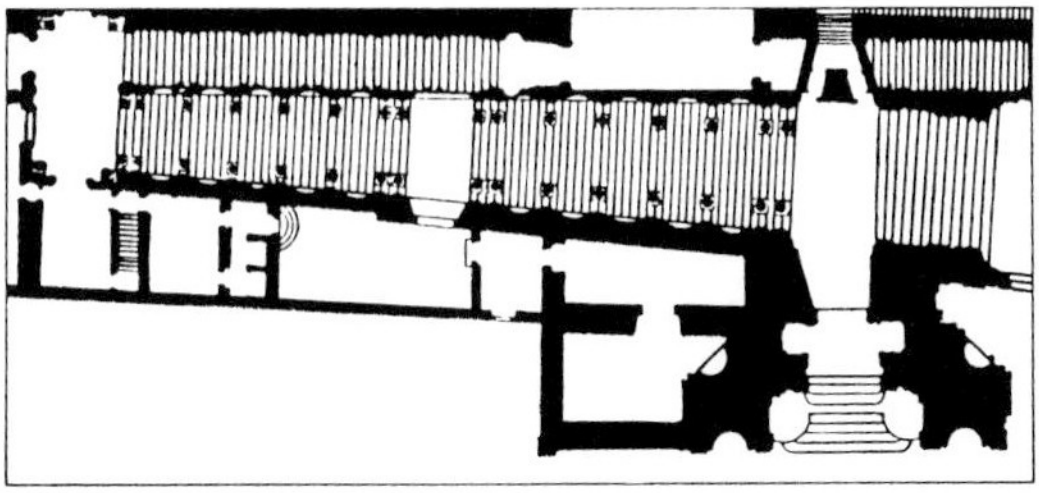
スカラ・レージア、平面図

の効果も応用される。

両者とも軸線方向に錯視の効果をねらった空間も設計した。ここでも時間的にはボッロミーニが先行する。パラッツォ・スパダの中庭につくられたパースペクティヴをもった柱廊（一六五二―五三年）とスカラ・レージア（一六六三―六六年）である。パラッツォ・スパダの柱廊は、ボッロミーニには珍しく劇場舞台的なしつらえである。実際には奥の浅いトンネル状の空間であるが、彼はここにテアトロ・オリンピコの舞台装置に似た強調されたパースペクティブをもつ列柱を挿入した。床がせりあがり、両側の柱間が狭まり、天井のアーチも奥に行くにつれて小さくなる。徹底してイリュージョンが意図されている。スカラ・レージアは実際に使用される大階段である。スパダの列柱が殆ど通れないほどに狭いのにたいして、これは壮大なスケールをもち、モニュメンタルでさえある。ベルニーニはおそらく偶然に生まれたいびつな空隙を利用して、奥へむかうにつれて狭まっていく階段をつくり、同時にこれを徐々に縮少されていく列柱で囲った。アイディアとしてはマニエリスムの時代から開発されていた錯視の効果であるが、ベルニーニは階段を昇るという身体的な行為の過程にこれを導入する。ふたたびここでも階段は劇的なドラマの舞台となる。ここを歩く人間は単なる観客ではない。身体に直接空間を感じながら、そのドラマティックな変化を体験する主人公となる。ここでは他の多くの作品のようにボッロミーニの列柱廊は空間性を発揮できていない。ひとつにはこの列柱廊が、中庭に面したグロットのような役割しか与えられてないためであろう。

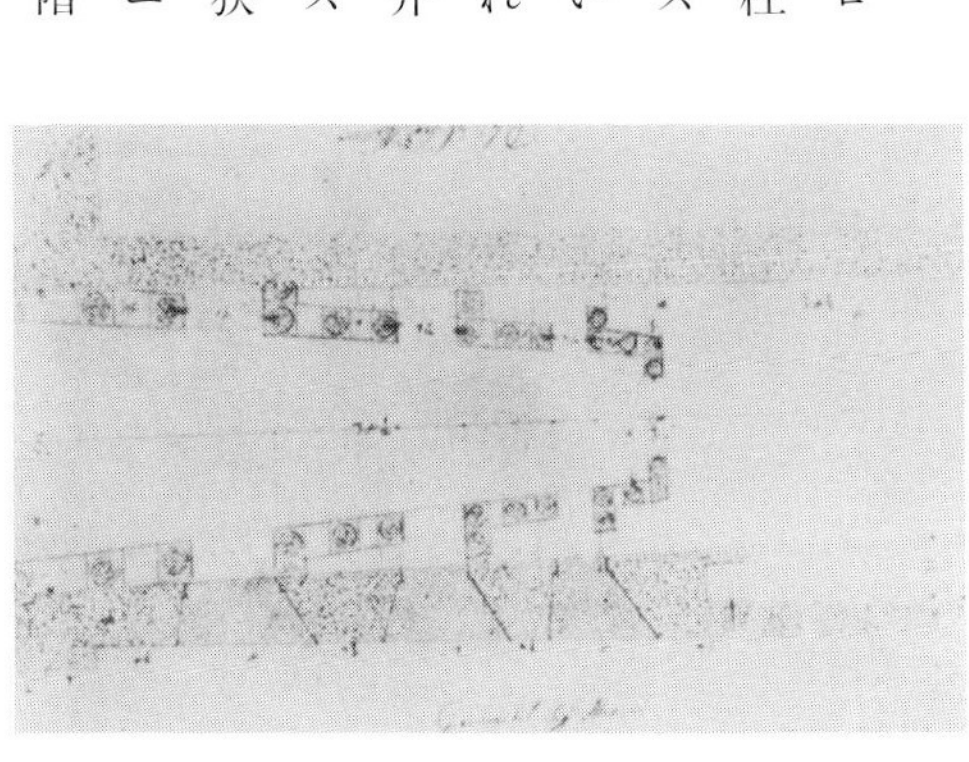
パラッツォ・スパダ、平面図、ボッロミーニによる

楕円というクリシェ

教会堂の基本形においても、惑星軌道においても、楕円は一七世紀の初頭には、時代の共通認識となっていた。それはいずれの領域においても独自の文脈で捜しだされたのだが、最後にひとつの幾何学的形態に収斂していった背後には、この時代を支えている広義の宇宙観の変化があった、というべきかもしれない。惑星軌道は観測事実に適合するための数学的解の検索から導かれている。だがこれは必ずしもこの時代の宇宙観を全面的に支配はしていない。ガリレイの天体が、やはり古代的な巨大な殻の内側に星をはりつかせた有限の宇宙モデルであったことによっても推定できる。だが、ケプラーの惑星軌道説は、その宇宙観のなかにダイナミズムを持ちこんでいる。いずれは彼の惑星三法則はニュートンが万有引力の法則によって証明するとしても、その発表当時は、依然として部分の解であったろう。注目すべきは、太陽と惑星の運動という二つの牽引し合う要素間の関係が問題にされたことだ。教会堂の内部においても類似の事件が起っていた。神の座ともいうべき主祭壇と、人の座ともいうべき身廊部が相互に接近させられながら、ひとつの空間形式のなかにその関係を組み立てるために楕円形が導かれたことである。神と人間、あるいは聖と俗のそれぞれの場をひとつの空間のなかに意味をもって配さねばならない。その場合、楕円形は長軸上に建築の軸線を設定し、中央に主祭壇を置くのが普通であろう。ボッロミーニのサン・カルリーノの楕円は明らかにその配列に従い、長軸の奥に主祭壇を置いている。ところが、キリナーレ通りに面し指呼の間ほどの位置にある、ベルニーニのサン

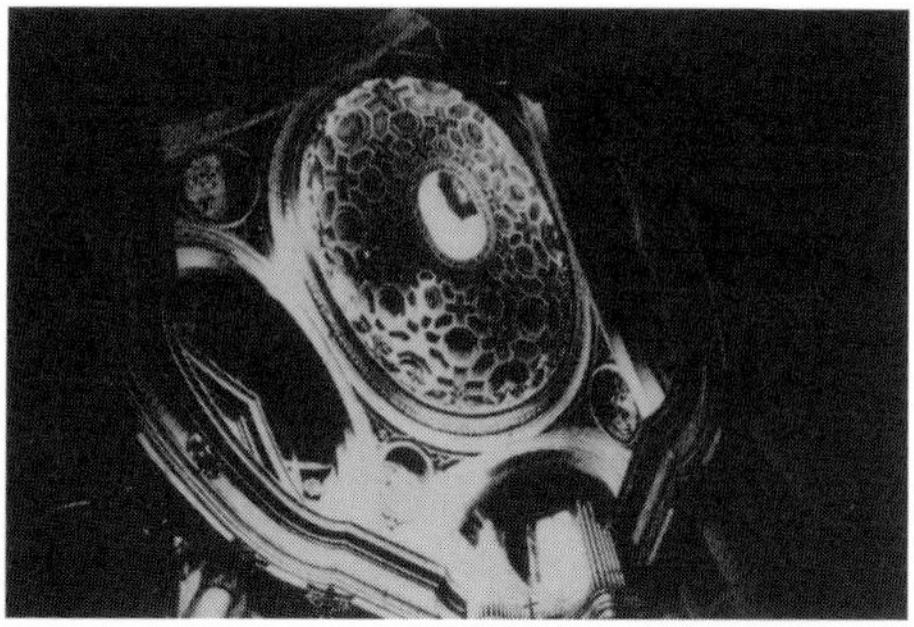

サン・カルロ聖堂、柱頭上部のエンタブラチュアより上方の全景（KS）

タンドレア・アッレ・キリナーレでは楕円型の短軸の奥に主祭壇が置かれているのだ。この小聖堂は一六五八年、すなわちボッロミーニの小聖堂の二〇年後に着工している。ベルニーニという個性が、これまでの比較でも明らかなように、この期間にバロックの空間形式を大きく変質させたといえるかもしれない。

楕円がいったん建築的形式として認知されると、それはただちに操作対象に転落する。とくにベルニーニはあらゆる古典主義的形式をクリシェとして自由に操作したから、楕円についても例外ではない。敷地上の制限からやむなく短軸側に主動線を採ったという説もあるが、それが契機ではあっても、ベルニーニがここでとりだした空間の構造は、複雑でより動的となったともいえる。しかも彼はそれを平易な手法だけを用いて、システマティックに、より劇的に仕上げた。その時代の要請を汲みとり、空間的な特質が明瞭に読みとれるような型を発見する。壮大なスケールをもち、明晰なシステムに支えられた建築が、バロックにおいてはベルニーニによって抽出されたとみていいだろう。今日において無限定空間を格子構造のなかに成立させたミース・ファン・デル・ローエのような役割が、彼によって一七世紀の後半に生みだされた。如才ない性格で法王庁や宮廷を渡りあるいただけではない。その時代の要請に応え、一般化し、システム化され、ひいては制度化できる要因を含んだ建築的方法を彼が案出したためであったといってよかろう。そして宇宙観もこの時期には重要なパラダイムの変転を行なう。宇宙は有限から無限へと、その認識を変えられた。神の座のもとに統括されていた宇宙が崩れたのである。

ベルニーニ以後に建築家たちは、ついに拡散を開始し、無限遠点までの延長を常々意識していた都市空間を埋めるためのタイポロジーの開発にとり組む。今日の都市的建築の基

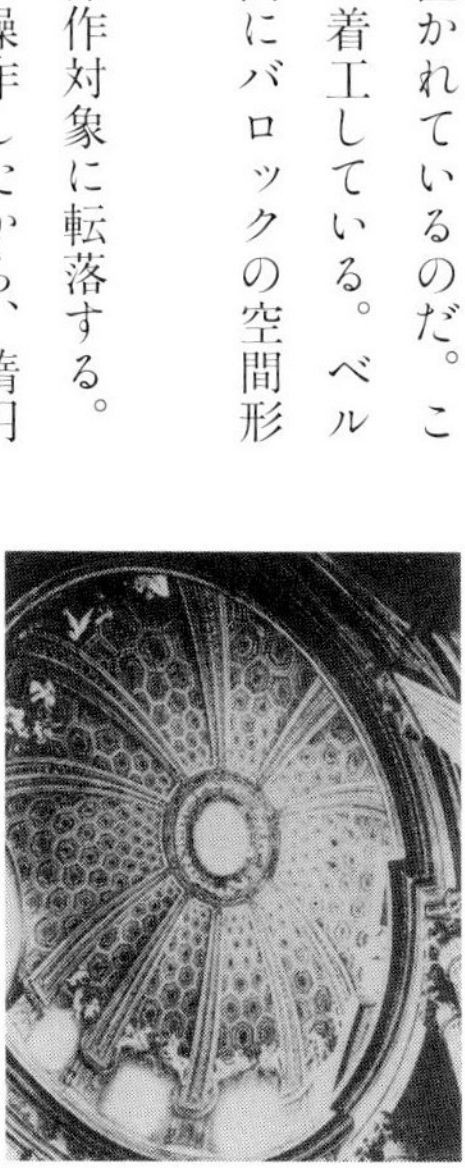

サンタンドレア・アッレ・キリナーレ聖堂のドーム、ベルニーニ（KS）

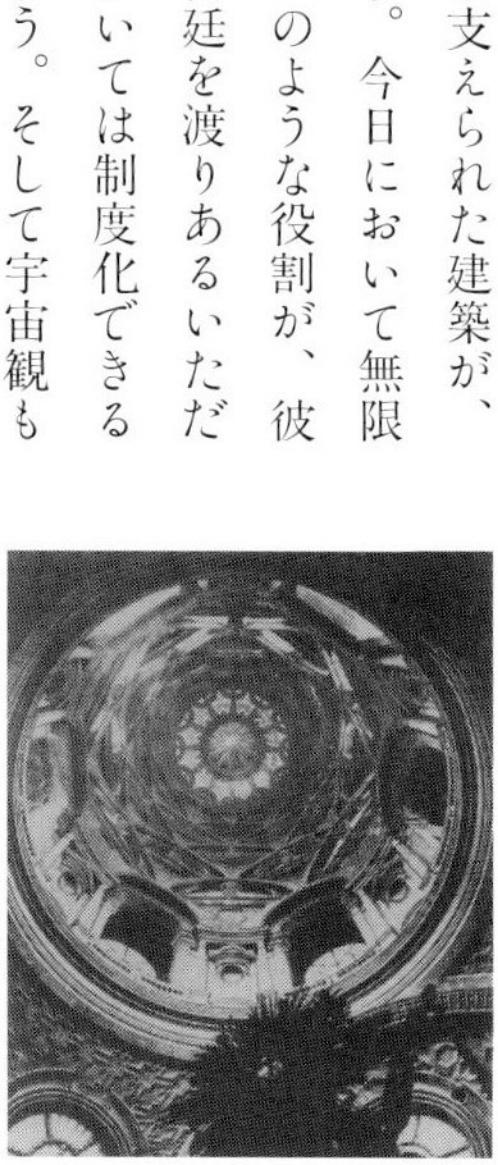

トリノ大聖堂、シンドーネ礼拝堂のドーム（KS）

本型はいずれもこの時期に完成させられている。たとえばその典型はサン・ピエトロ大聖堂前の広場を囲む列柱廊である。ベルニーニは、大聖堂の前面を両腕をひろげるようなかたちで囲いこんだ。その中心にオベリスク、二つの焦点に噴水、そして床を中心にむかってゆるやかにさげる。水勾配と同時に、正面の法王バルコニーにむかって群衆がさえぎられることなく視線を集めるためである。それを囲む列柱廊は勿論楕円形だが、ここでも中心軸にたいして長軸は直交する。正面へとむかう動きをこの列柱廊は左右に伸張させ、よどませる。動的な緊張感を巨大なスケールで生みだす典型的な事例である。ここでも、彼は楕円と列柱廊という、もっとも分りやすい要素を用いて都市を飾る。単一システムの繰り返し、スケールの拡張、動的な構図などが、空間を伸張させようとするバロック都市の目標に適合した。彼は一般化できる道具を生みだしたのである。

サンタンドレア・アッレ・キリナーレの偏平にみえる楕円も、内部空間の処理において同様の評価を与えられる。短軸の奥に主祭壇がもうけられ、玄関はその対面である。進行方向にむかって直角に全体の空間は伸張させられているのだが、長軸の両端には壁龕はもうけられずに、ピラスターで埋められている。伸長する視線はここで遮られるが、その左右の壁龕へ放射状に引きつけられる。楕円の二つの焦点がこの操作によって虚像として浮びあがる仕掛けになっている。建築的な構成要素は、いずれも明確に分節されているので、全体としての楕円形が、それ自体の存在感として強く感知される。だがこの小聖堂の空間の特性は、他のベルニーニの作品にも共通するのだが、空間をはっきりと教義的に意味づけている。楕円形のドームはそっくり天界を象徴する。そしてエンタブラチュア以下の壁部分は俗世である。人間のいる地上がそのまま床となる。ドラマはこの対立する聖なる天界と俗なる地上が、主祭壇上部にのりだすように彫られたサンタンドレアによって結びつけられる。その像は中央のランタン部の神の座をあおぎみている。ドーム下端の採光窓の上部には天使たちの群、彼らは中心から放射する金色の光線をあらわす黄金のリブに導かれて、ランタンの内部に吸いこまれていく。

すなわち、ベルニーニはこの小聖堂の内部を天界と俗界の対立する教義的なドラマの立体的な舞台に仕立てたのである。ドラマの動きは短軸の奥の主祭壇からはじまり、中心の神の座へむかって、垂直に上昇する。街路から水平に流れこんだ軸線が、垂直に転換される。そして躍動感にみちた上昇性の空間ドラマとして結晶する。

この図式的な空間構成は、並列する二つの楕円型小聖堂を訪れて比較してみると、あまりに割りきれすぎていると感じざるをえない。透明感がすみずみにまで行き渡っている。合理的にあらゆる細部が分節され、明示されている。楕円形のドームがそのまま裸の形態をみせてのしかかってくる。具象的な図像が、あまりに直截な表現によって付加され、図式的に過ぎる、とみえる。

これらの項目は、実は完成年度が四〇年さかのぼるサン・カルリーノとの比較から印象づけられるのだ。そこには全体の構成を支配する図像的な彫像はない。数々の異なった形態が重層していて、明確に分節された楕円という印象が薄い。壁面は分節されてはいるが、それに嵌めこまれた別のシステムによって撹乱されている。何より決定的なことは、あらゆる視覚的な形態を超えて、全身体をつつみこむような空間が存在することだ。この小聖堂にふみこんでみると、あらゆる視線の快楽を超えて、肉体がその空間に吸いあげられていくような浮遊感にとらわれる。何故？　ボッロミーニは何を仕掛けたのか。

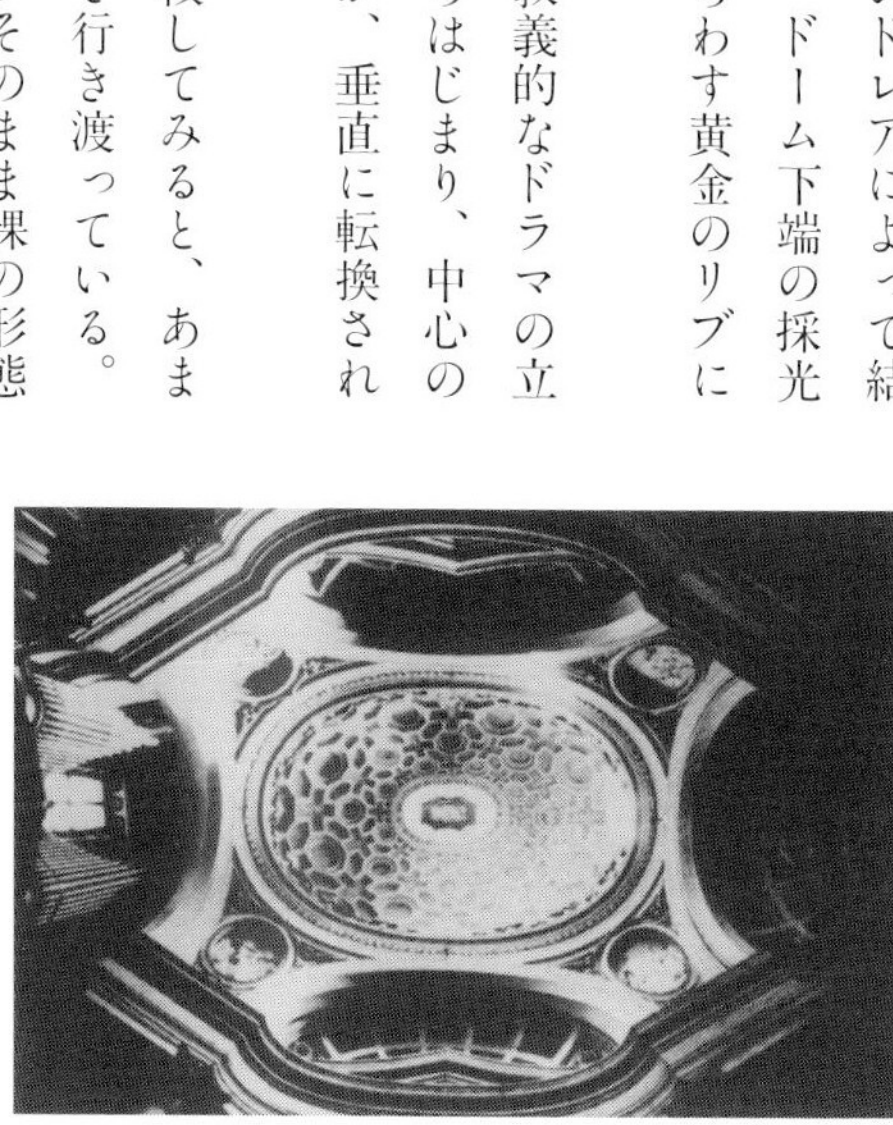

サン・カルロ聖堂、天井全景（KS）

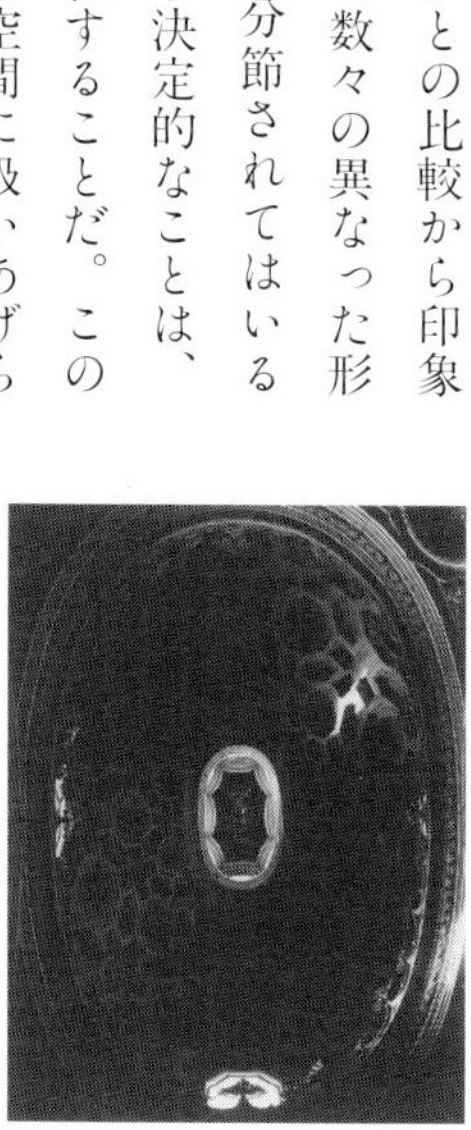

サン・カルロ聖堂、楕円ドームの見上げ（KS）

潔癖と狂気

晩年のボッロミーニレスクと一目してわかる独自の細部は、まだ、サン・カルロ聖堂の内部にはあらわれてこない。最初に着手した修道院棟の聖器室には、天使像などが萌芽的にみえるが、聖堂の内部は、基本的に、西欧の古典主義の正統が所有した視覚言語だけである。外部にはボッロミーニレスクの細部がみえる。勿論これは最晩年に付加した仕事である。

写真をみるとこれらの細部が強く浮びあがっている。これだけのクローズアップに耐える正確さを細部が所有しているのだが、この聖堂内部の印象は、それを超えて、私たちの全身体をつつみこむ。重い石造と彫りの深いプラスター細工でありながら浮遊感があらわれてくる。細部が相互に融け合って、奇妙に連続した曲線にみえてくる。

頂部のランタン、ドーム下端の四隅の採光窓、そして後にパイプオルガンがとりつけられた背後の入口上部にある大きい窓。これだけの限定された開口部からさしこむ自然光が、うねって、波うつ聖堂内部の表面をすべる。床面に到達するときには消えかかるまでに減衰する。すなわち自然光は頂部がもっとも明るく、下方にむけてグラデュエーションする。結果として、内部空間の重心がさがり、ドーム全体が軽く浮きあがってみえる。この微妙に制禦された自然光の分布状態が全体の印象を決定づけているともいえるが、同時にこの建築の内部表層が全面的に白く塗られていることも作用している。

主祭壇と最頂部の天井だけに着色され、他は徹底して白一色である。この色彩計画は、サン・ティーヴォ聖堂においても用いられる。プラスター細工だけしか用いないという限定された低コストの建築であったためだ、といわれるが、この白はそれ以上に意図的で、むしろシンボリックに用いられたというべきであろう。白は、わずかな光線でも反射する。そして表面の浮き彫り、建築的細部、浅い彫りをもつ重なり合う線、それぞれにかすかな陰影を生みだす。聖堂内部の表層部がゆらめくようなさざ波でおおわれる。何よりも重要なことは、上方から、楕円天井の表面を埋める天井格間の変化をもったパターン、そのドームの下端を支持する四つのアーチ、それにはさまれたペンデンティヴ、さらに、この上部構造全体を結びあわせるピラスター上端のうねるようなエンタブラチュア、そして柱間に挿入された壁龕、ともすれば分離した印象を与えかねないこのようなさまざまな建築的細部が、すべて白一色で仕上げられることによって、連続し、融け合う。連続的な一体感が生みだされてくる。

この白は、三位一体修道会がスペイン系であったことによって説明できるという説もある。白い建築と黒い衣裳は、今日においても同様だが、一六世紀以来、スペイン的なるイメージの特徴とされていた。ローマにおいてはカルロス五世の侵入以来、幾度かスペイン風の流行があった。その衣裳は黒が主体で、エキゾティックにみえた。ボッロミーニ自身殆ど生涯を黒衣でとおしたといわれる。彼はこの最初の仕事をとおして、スペイン的なるものへ決定的にかかわったのかもしれない。聖堂内部の白も同様の理由だろう。白が、多色の素材を華麗に用いたバロックの同時代の趣向にたいして、常に対抗的であったことは容易に想像できる。衣裳においても同様である。これは日本流にいって、粋をねらったものなのか。もしくは生得の偏屈と狷介に由来するのか、つまびらかでない。少なくとも白

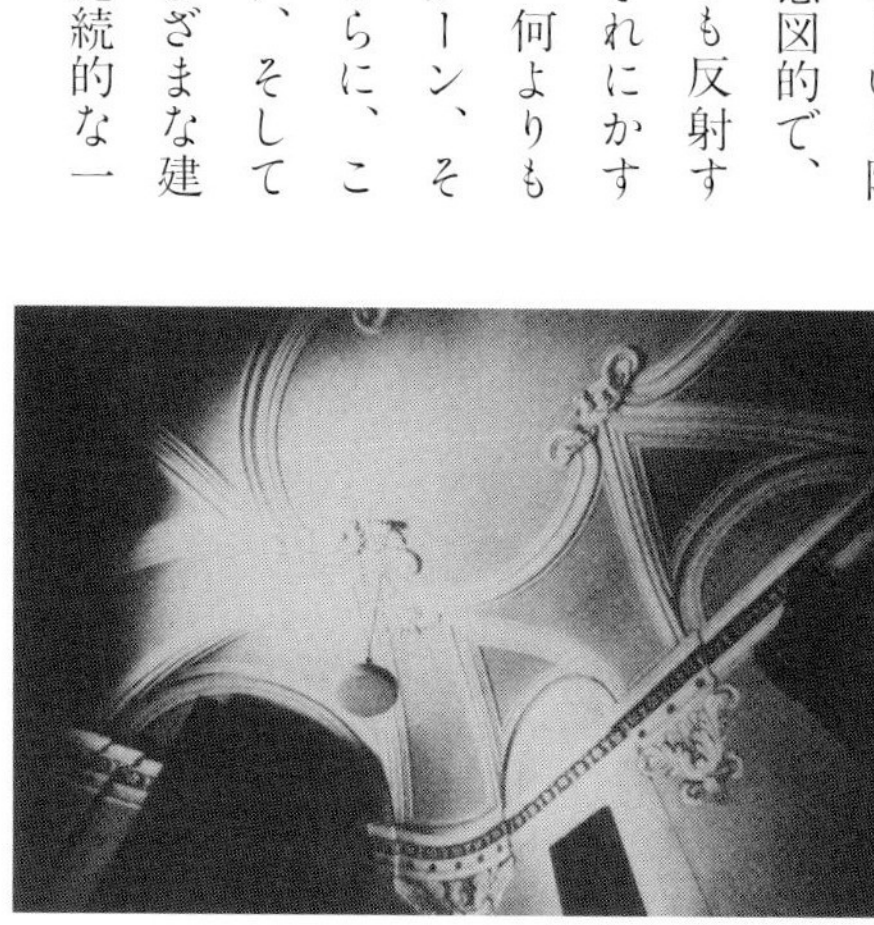

サン・カルロ聖堂、現聖器室天井（KS）

サン・カルロ聖堂、交差点側のエンタブラチュア端部（KS）

殺へと追いこまれるような性格であったとすれば、生得のものといえようが、建築家としては白と黒という反時代的な色彩に固執することが、独自の対抗意識に裏づけられていたというべきであろう。

白い表面と制禦された自然光、このミニマリストのような潔癖性は、セネカのストイシズムへの傾倒と無縁ではあるまい。欲望を制し、放埒を忌む。そして徹底した精神主義。ときに設計の自由を保持するために謝礼さえ拒絶したといったエピソードは、明らかにストイックな生活への渇仰として理解できるが、たとえばサンタニェーゼ解雇の原因のひとつとされている、サン・ジョヴァンニ・イン・ラテラーノの現場における石工の死にいたるまでの打擲といった激怒の噴出や、ベルニーニにたいする絶え間ない嫉妬など、いかにもストイシズムとは矛盾している。むしろ、この内部のときに抑えがたいような激情の在り方を意識しつづけていた故に、彼はストイシズムへとひきつけられていったのではないか。

バロックの時代が実は二つの矛盾する要因をかかえこんでいたというべきだろう。反宗教改革の理論的武装が行なわれたなかで、いっぽうで清貧主義による修道院が建設され、徹底して無私の奉仕による貧民の救済が行なわれたが、同時に大聖堂においては法王庁を中心にして、中世的な声にたいして、近世的な図像による教化が意図され、壮大で時に過剰な装飾が聖堂を埋めつくしていく。バロック的なるものはむしろ後者の過剰のなかに通俗的な特性を発揮することになる。だがその対極に常に清貧主義の実施を願った多くの修道院があったことに注目せねばなるまい。表現のレベルにおいて大きく分裂させられていたのだ。

サン・カルロ聖堂、修道院の中庭(KS)

サン・カルロ聖堂、ファサード上部(KS)

ボッロミーニの仕事のなかであらわれてくるのは清潔な表情の背後に秘めた激情である。屈折した複雑さへの偏向といってもいい。サン・カルロ聖堂の内部空間が、ゆらめくような眩惑をみせるのは、その奇妙ともいえる平面にある。ドームこそ楕円（先述したように擬似的である）であるが、床面の形状は、菱形、十字形、相接する二つの正円、四隅の角のとられた矩形、そのような基本図形が重なり合ってひとつに融合したとしかいえない形状をしている。この形態の特徴は、上部の楕円形のドームを持ちあげる四つのアーチの下端を水平に連続してつなぐエンタブラチュアにあらわれる。ほとんど偶発的な形態が複合したかにみえるこの水平の帯は、下敷きにされた基本形態の特性を部分的に生かしながら、全体としてはまったく奇妙に一体化して、バロック的としか表現できないようなユニークさを示している。後になって、うねるような形態はバロック期の共通の趣向になったため、数限りない変化を生んだが、ボッロミーニがこのサン・カルロ聖堂に着手した時点では、ミケランジェロのサン・ピエトロ大聖堂の壁体にわずかな片鱗をのぞかせていただけであった。ボッロミーニは基本的な平面形のみならず、その上層部にいたるまで、異なった形態をつみあげる。すなわち、うねるエンタブラチュアはこんどは垂直のアーチに転換して、その上方の楕円を支える。この過程で、それぞれ異なった形態をもって彎曲した線が、重なり合い、支え合う。そしてそのうえにドームがぽっかりと浮かぶのである。このドームの楕円形は二つの接する正三角形に内接する正円を結びつけて作図されたと思われるが、実際には長軸側がやや圧縮され、いっそうやんわりとした丸みを帯びている。

ランタンの開口部に至ると、その形は二つの正円だけでつくられたことがはっきりするほどに短軸側が圧縮される。そして、そのうえに載せられる採光窓は、バールベックのヴ

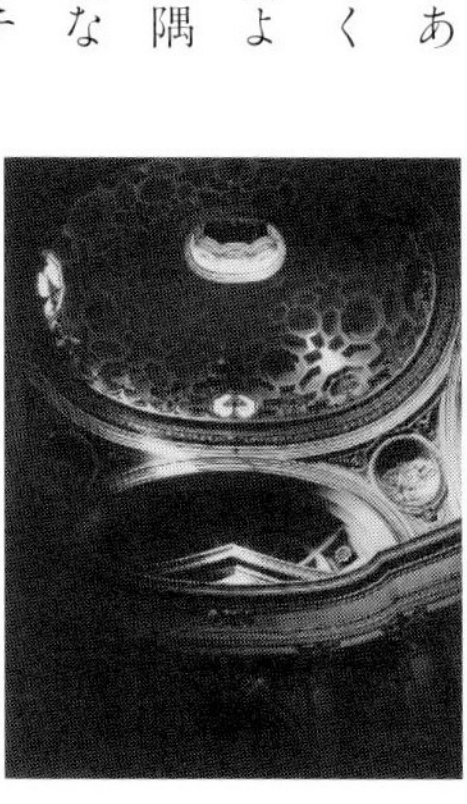

サン・カルロ聖堂、ドームを短軸線上で見上げる（KS）

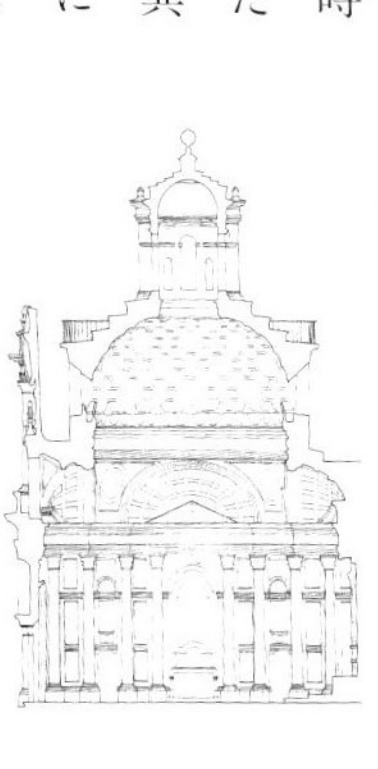

サン・カルロ聖堂、当初の断面図

エヌスの神殿のように、内側にむかって外圧がかかったように彎曲し波うっている。これらの形態が次々に重なり合いながら、視線を上方のもっとも明るい部分にひきあげる。ベルニーニはこのドームに天界をアレゴリカルに表現した。しかし、ボッロミーニは具体的な彫像による直線的な表現をさけ、徹底して形態それ自体だけをあらわにしている。

ひるがえって細部をみても、ここにも数々の工夫がある。たとえば合成式の柱頭で、イオニアの渦巻きが、ペアの柱ごとに相互に逆転させられている。これは回廊部の手摺子が互い違いに並べられたのと同様の効果で、表層に波うつようなリズムを生みだそうとするものだ。リズミカルに分節されている柱間にも同様のことがいえる。決して直線上に並ばず、うねらせてあるだけでなく、そのなかにリズムを増幅するような壁龕が埋められる。すべての細部が埋められる。すべての細部が全体の空間を眩めくような微振動のなかに置く。ボッロミーニの意図は、大きくつつみこみながらもかすかに震えているような空間を生みだすことにあったといえよう。

この聖堂の後にたとえば、フィリッピーノのオラトリオではボッロミーニレスクと呼んでいいような、グロテスクにのびあがるような窓や扉飾りが出現する。彼らしさのデザインとして認知されはじめるのは、この種の独創的な視覚言語の開発にあるが、そのいずれもが、もはや狂気ともみえる奇怪な身振りをしているのだ。サン・カルロ聖堂ではその狂気が噴出することなく、たくみにおさえこまれている。それはほとんど処女作に近い聖堂という二重の限定から、徹底して制禦されたであろうし、狂気をにじみださせるような手法が充分に開発されていなかったともいえるだろう。潔癖性が狂気を抑さえ、ぎりぎりのところで、この空間を成立させた。

サン・フィリッポ・ネーリのオラトリオ

サン・フィリッポ・ネーリのファサード

清貧と華麗、精神性と通俗性、精緻と壮大、静謐と激情、潔癖と狂気、この両面を示していたのがバロックという時代の特性であったとするならば、ボッロミーニは明らかにこの矛盾する二つの極を同時に自らの内部に背負っていたのであろう。ストイシズムへの傾倒は、自らの内側から噴出する狂気を感知したために採った手段ではなかったか。そしてその結果生まれた白一色の空間に、時代の多色性趣向に対抗的に評価されることを知ったうえで、あえて固執したのではなかったか。いいかえると彼は、その矛盾したバロックの時代の特性を同時にかかえこんでいたのである。その意味で、二つの中心をもった楕円の人であった。中心の相互は牽引し合っていたであろう。そして最後には軌道をはみだしていく。彼の内部の楕円は、ついに維持不能となる。自壊、その結末が自殺であった。

第6章

いま、何故アール・デコ

クライスラー・ビル

ゆらめくアール・デコ——クライスラー・ビル

二〇世紀の建築から一点だけをえらびだすことは、他の世紀ほど容易ではない。四分の三世紀を経たとはいえ、この間に生みだされた数々の建築的な企図《プロジェ》の結末はまだついていない。そして、今日の状況に、いずれも強くかかわっている。

その無数にあるリストから、クライスラー・ビルディングがえらばれたのは、次の諸点からである。

まず、これが、いわゆる近代デザインから不当に過小評価されているアール・デコの典型的スタイルをもっていること。

ついで、スカイスクレーパーという、建築をひたすら高さ競争に追いこむことによって生みだされた、すぐれて二〇世紀的な建築型に属していること。

そして、二〇世紀では、都市、それもメトロポリスが文明の中心にたちあらわれ、それを構成しているのは、暗いエネルギー（欲望）に支えられた個人企業による投機性をもった商業建築で、現にマンハッタンのスカイラインは、その集積としてつくりあげられた。クライスラー・ビルは、その群のなかにあって、いちだんとユニークなシルエットをもっている。

もうひとつ付け加えるならば、このビルが完成したときには、全面的な金融恐慌のさなかで、充分な評価のなされるいとまもなく、時代の流れからとり残されてしまっていたが、五〇年を経て、原型へもどそうとする修復が、ほぼ完了しつつある。それを発掘し、記録に残すこと。

これらの理由がとりだされてくる背後には、長期間にわたる近代デザインのイデオローグによる、アール・デコにみられるような、流行性をもった、消費的性格のデザインへの批判の歴史があったわけだが、近代デザインの運動が、いま停止期をむかえつつあるために、その両者の対応を、やや冷静に眺める余裕が生まれてきたことも、そのひとつである。

かいつまんでいえば、近代デザインは、その社会構造の理解を、近代社会のもつ生産―配分の系に重点を置き、主として工業的なイコンをデザインの主要な手がかりとし、機械の仕組みをアナロジカルに用いることが多かった。いっぽう、アール・デコは、消費―交換の系に重点を置き、商業的なイコンを消費的な建築型の表層に、それを装飾として付加することに特徴があった。

このように、社会構造とのかかわりから、具体的な表現にいたるまで、両者は基本的に対立するものであったが、その初期は殆ど同一視されるくらいに近い場所にいた。両者ともがモダンの表象化であると主張していた。

アール・デコは、一九二五年のパリ現代装飾産業美術国際博覧会Exposition Internationale des Arts Decoratifs et Industriels Modernes の際にみられた共通のスタイル、といわれるが、そこには折衷主義的な様式の存在したものから、ウィーン・ゼセッションの影響、表現主義の影響などがみられ、いずれもが幾何学的な繰り返しパターンをもっていた。それと同時に、ル・コルビュジエの殆どはじめての実作によるマニフェスト「新精神館《エスプリ・ヌーボー》」もこのときには含まれており、ときに同根のようにみられる場合もあった。

だが、ヨーロッパにおいては、アール・デコのなかから、近代デザインが徐々にイデオロギー的批判を通じて断絶を深めていく。その主要な論点は、装飾性にあった。商業的な建築である限りにおいて、不特定多数の顧客を誘引するためには、装飾の付加は不可避である。アール・デコは、その新たなスタイルをもった装飾を建築の外部にも内部にも押しひろげただけでなく、衣裳、家具、装身具にいたるまで、時代の気分をあらわすようにひろげていった。

それにたいして、近代デザインは、社会改革的なユートピア指向の視点をうちだすことによって、集合住宅や公共性をもつ施設に取り組んだ。決定的な時代の転換は一九三〇年に訪れる。そのとき全世界は金融大恐慌の波をかぶっていたが、先行きの不安感とからんで、工業的なイコンを操作するなかから生まれてきた美意識である「新即物主義《ノイエ・ザッハリッヒカイト》」の、脱色された、冷たい、金属性のものへの傾斜が、時代の趣向となるにつれて、アール・デコ自身も、流線型をとりいれながら、同じような感性へむかって変質し、ついには近代デザインに同化してしまう。

この傾向を決定づけたのは、一九三二年のニューヨーク近代美術館MoMAにおける「インターナショナル・スタイル展」で、近代デザインがそのユートピア性をうすめることによって、新たに工業社会の主要な表現形式として成立することを確認するものであった。アール・デコはこのときを境にして、マイアミのリゾートホテルや、ロサンジェルスの映画館のような、地方的な消費指向型建築にだけに残存していくことになる。

近代デザインが、今日運動を停止したかにみえるのは、それが近代社会を生産―配分系としてのみ把握していたためである。むしろ今日の社会は、二〇年代にもまして消費―交換系が拡張し、社会的な事象のすべてが、この系が増幅されて生まれる影のシュミレーションになりはじめている。そのなかにあって、消費社会の典型的な産出物であったアール・デコが注目されてくるのは当然のことである。

そのなかで、クライスラー・ビルは、建築型、装飾、建設時期、施主の意向などのいずれにおいても典型的な性格をもっている。

スカイスクレーパーは、ほぼ一〇年くらいを単位として世代交替を繰り返してきた。二〇年代は、最終的には、その高さを競うようになるかたちの尖塔状の型が大勢を占めた。シカゴ・トリビューン・タワー（コンペ一九二二年、竣工一九二五年）が最初の例だが、斜線規制をしたゾーニング・コードに対応して、空中高くのびていく型が生まれた。先細りになるために、内部の空間は使いにくいが、たとえば世界一の高さといった広告的記号性が何よりも優先的に評価基準に置かれていた。そして、そこにはこのような高さを求め、これを誇示するという企画者の潜在的な欲望が明瞭にあらわれていることを認めなければなるまい。建築が実用性だけで評価されて、板状の無性格で均質なものに移行していく三〇年代以後のものの平板さにたいして、この尖塔型スカイスクレーパーは、人間の建築的行為の根源にひそむ、過剰の蕩尽という本性を、その欲望の誇示によってあらわにしたとさえいえる。

何よりもクライスラー・ビルを特徴づけるのは、そのシルエットである。地上七七階でそのうえに尖塔が載り、三一九メートルで完成後一年間だけは世界最高の建造物であった。六七階までは徐々にセットバックする通常の構成をなしているが、そのうえは四方からステンレス板で覆われたアーチが重なり合い、最後に尖塔にむけてしぼられていく。アーチにはジグザグ状の窓があけられ、いまではここに夜間照明が仕込まれて、ニューヨークの夜景を美しく彩っている。この頂部のデザインとともに建物の隅部のステンレス製の彫刻やタイヤのパターンをあらわした煉瓦など、ここにはオーナーであったクライスラーの意向を反映させて、流線型が出現しはじめているといってよかろう。自動車のデザインが流体力学を手がかりに流線型化しつつあったとき、それがいちはやく、幾何学の繰り返しを基本にしていたアール・デコにとりつけられた。にぶく輝くステンレス板の使用が、いっそう、機械時代のイコンであることを、商業的な視点からも強調している。

おそらく、クライスラー・ビルあるいはこれを一年後に追い越したエムパイア・ステート・ビルディングのようなアール・デコのスカイスクレーパーは、その独特のシルエットと、他をしのぐ高さとによって、都市にむかって独特の信号を発信している。これを象徴的な記号と呼ぶことができるが、建築物のこのような記号作用は、建築が古来になわされていたひとつの文化的な役割でもあった。この視点もまた実用主義化された近代デザインによって見失われていた点だが、都市と建築の相互のかかわりを再確認しようとするならば尖塔型スカイスクレーパーは、ここでも絶好のモデルとなるのである。

クライスラー・ビルを浮上させるには

奇妙なことに、近代建築史の数ある著作のいずれにも、クライスラー・ビルディングは殆ど登場しない。ときにふれられていても、せいぜい一年あまり世界の最高建築の記録を保ったという程度で、まあ、無視しつづけられたといってもいい。登場するとすればアール・デコをファッションやデザイン史の観点からみたもののなかである。ただここでは超高層ビルなので、でかすぎて、いかにも坐りが悪い。やっと最近、スカイスクレーパーに関する著作があらわれはじめた。無数にあるスカイスクレーパーのなかでは、そのシルエットのユニークさに焦点があてられている。とくにサーヴィン・ロビンスンとローズマリー・ハーグ・ブレッター共著の『スカイスクレーパー・スタイル』[*1]では、かなり中心的に扱われているが、それはこの本が、アメリカン・アール・デコこそが、アメリカ建築が世界に誇りうる唯一の独自性をもった建築的タイプであるスカイスクレーパーのデザインであり、超高層建築の様式として成立した、という観点からとりあげているためだ。だが、ここでは、その文脈上、近代建築のこれまでに主流とみられていたバウハウス以後のデザインとの関係についてはふれることはない。視点が独立していて交錯しない。

それは、ポール・ゴールドバーガーの『ザ・スカイスクレーパー』[*2]でも基本的に変わらない。もっともこの本はスカイスクレーパーをその出発から、今日の最新の計画にいたるまでの通史として記述することに重点が置かれ、そのいくつかのブームの波がたくみに整理されている。クライスラー・ビルは、そのようなマクロな視点にたつと、その最高記録

*1　Cervin Robinson & Rosemarie Haag Bletter, "Skyscraper Style, Art Deco New York", Oxford University Press, New York, 1975

*2　Paul Goldberger, "The Skyscraper", Alfred A. Knopf, New York, 1981. 渡辺武信訳『摩天楼』鹿島出版会、一九八八年

を一年ほどで追い抜いたエムパイア・ステート・ビルディングの陰にかくれてしまう。同一の建築的タイプで、容量、高度、そしてシルエットの安定感などからみると、どうしてもエムパイア・ステート・ビルの方が勝っている。これはレム・クールハースの『デリリアス・ニューヨーク』[*1]においても同様で、彼は、ウォルドーフ＝アストリア・ホテル、エムパイア・ステート・ビル、ロックフェラー・センターは大きく扱っても、クライスラーはやっぱり、はずされてしまっている。せいぜい有名になったカバーのイラストにエムパイア・ステートに添い寝している有様が描かれるだけだ。ダブルベッドはアメリカ的なるものの典型であるが、そこでは映画にでてくるように、普通、男が枕にむかって左側、女が右側に並ぶのがしきたりなのだが（実際はどうだっていいし、しばしば逆にしていることもある）、何故かこの絵ではクライスラーが男側にエムパイア・ステートが女側に寝かされている。その漂わせている気分からすると、クライスラーこそが女側にいなければおかしいと思うのだが、これも、近代メトロポリスのさかしまの快楽を見果てぬユートピアとして追い求めているレム・クールハース流のアイロニイと解しておいたらいいのか。

ともあれクライスラー・ビルを二〇世紀の建築を語る文脈上に浮上させるには、それが衣裳としてまとったアール・デコと正統派近代建築の理論展開との関係を組み立てる筋書きをつくらねばならない。一九二五年のパリ現代装飾産業美術国際博覧会[*2]では、未だその両者は共存し、同じ範疇のなかに置かれていた。ところが、クライスラー・ビルが完成した一九三〇年には、殆ど決定的とでもいうべき分岐が明らかになってきつつあった。ヨーロッパにおいても、アメリカにおいても、これは平行している。そして、一九三三年以降には、アール・デコはドイツ、アメリカ、ロシア、フランス、そして日本でもほのかにみ

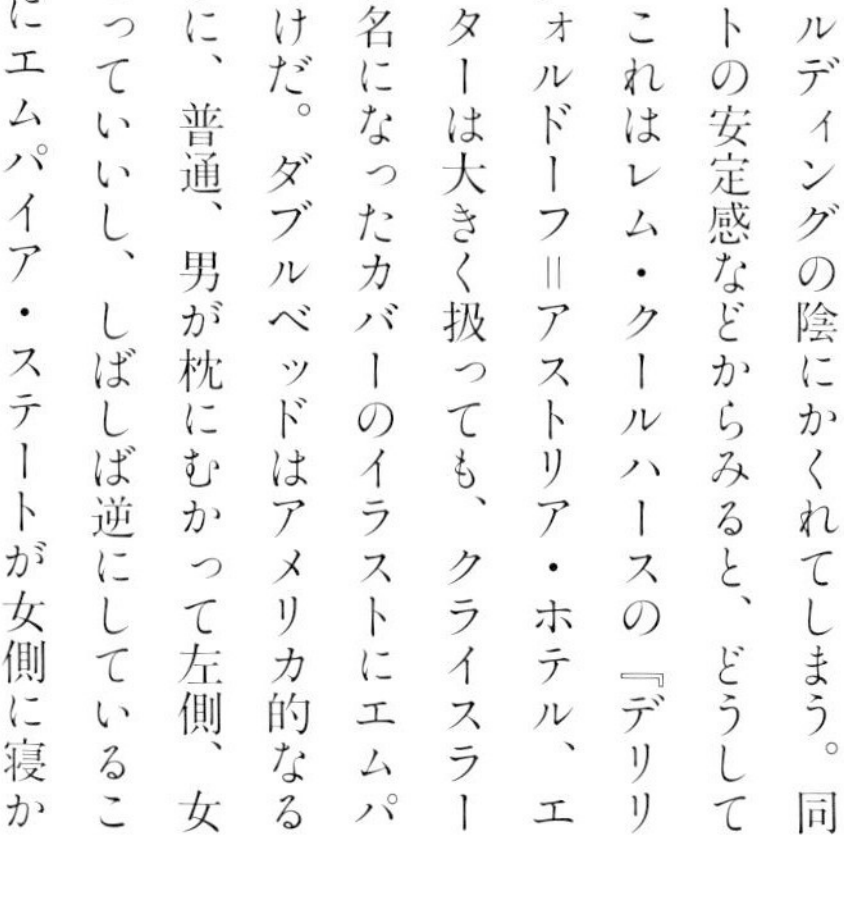

マンデン・ヴリーゼンドープ『現行犯』

＊1　Rem Koolhaas, "Delirious New York", Oxford University Press, New York, 1978

＊2　Exposition Internationale des Arts Decoratifs et Industriels Modernes

近代建築が初心として内包していたユートピア希求は殆ど圧殺されてしまったが、建築におけるモダニズムとして形式化された近代建築が、このインスティテューショナルなあるいは商業主義的な建築と相克するという、英雄的というよりもむしろ悲劇的な神話がこの時期に形成されていく。近代建築の通史の多くは、これまで殆どその視点から書かれていたために、アール・デコを否定することに大わらわで、ついにそれを同じレベルに並べる手続きをとりだしえていない。私にはクライスラー・ビルが浮上しなかった大きい理由がこのあたりに潜んでいるようにみえる。だから、近代建築を金科玉条にする視点も、アール・デコだけにたてこもる視点も、ひとしくズラしてしまわねばならない。というのも、私はクライスラー・ビルを唯一の二〇世紀を代表する建築として、えらびだしてしまったからである。ひとつの建築物として撮影され、分析されるに足りるだけのものとなるには、単なる理論的マニフェストとしての建築でも、やたらに金をつぎこんだ豪華さを誇示したものでも充分でない。建築が生まれる数々の要因が、瞬時に結晶したようなひとつの僥倖としてあらわれていなければならない。何故クライスラー・ビルがえらびだされたのかと問われれば、その瞬間は直観だけしかなかった、といわねばならないだろう。そして、その選択を裏づける説明は、そのあとから捜せばいい。ところがここまでみてきたように、クライスラー・ビルはこれまでの文脈に依存するかぎり、なかなか浮上しないのだ。とすれば、浮上しなかった理由を追いかけてみるのがいい。すると裏がえすように、その陰画として浮んでくるのではなかろうか。

主導権争い——シカゴ派とダニエル・バーナム

ニューヨークのスカイスクレーパーの歴史をたどるとき、いつも、シカゴとのデザインにおける主導権争いが問題とされる。およそ一〇年間隔で、目ぼしいメルクマールとなるような事件もしくは建築作品が生まれている。その最初は一八七一年のシカゴ大火後の、急速におこったビル建設ブームであった。この街は、何にも増して商業の中心地、実利主義の支配下にあったことに注意しておかねばならない。建設スピード、最大の容積の確保と、ひたすら経済効率が重視され、投機対象としての建物の常道として、これが殆ど絶対的な評価基準であった。ボザールに留学することが、この時期からアメリカの主要な建築家の最初の出発であったわけだが、ここで教えられていた古典主義的な装飾を過剰に付加するデザインは、このような急場にたやすく応答できない。そこではエンジニアの知恵が貴重なブレークスルーを生みだす。やっと生産されはじめた鋼材を柱梁に用いて、それをリベットによって剛接合する。鋳鉄は石造または煉瓦造の補助にしかなっていなかったのだが、この剛接合は、構造計画にひとつの革新をもたらした。建物を骨組だけの籠のように組み立て得るようになった。石や煉瓦のような組積造の重量のある建物に比較して、開口部の大きい、軽快な建物を技術的に可能にした。エンジニアに近かったこの初期シカゴ派の建築家たちは、実利的な要請に応えて、近代建築が後年規範に求めたプロトタイプを自動的に生みだした。ルイス・サリバンはここに生まれた新しいタイプを建築として完成させる。シカゴ派にこのような評価を与えたのは、ジークフリート・ギーディオンの『空間・時間・建築』[*1]と、ルイス・マンフォードが編んだアンソロジー『現代アメリカ建築の根』が大きい役割をはたしていた。私が一九五三年に東大建築学科の卆業論文でスカイスクレーパーの発展過程をたどろうとしたときには、参考にするべき著作はこの二冊しか手にいれられなかった。その後に数多くのシカゴ派論があったが、前節で記した一連のスカイスクレーパー論があらわれるまでは、多かれ少なかれ、この二冊の論点を敷衍するにすぎなかった。すなわち、S・ギーディオンは、技術の展開が建築の様式的展開を支えるという信念のもとに、シカゴ派が前時代の様式の枠を、意図せぬままにのり越えていたことを強調する。そして、近代建築へ連なる規範が生まれたことを確認する。そこから、二〇世紀になって、ルイス・サリバンが、早すぎた近代建築家として自己の信念を貫くことによって陥った不遇が、その弟子であったフランク・ロイド・ライトの巻きおこした数々の事件とともに、悲劇的な口調をともなって神話化されていく。シカゴ派の鉄とガラスによる高層建築の直截な表現は、約二〇年しか続かず、二〇世紀にはいるとともに姿を消していく。

ルイス・マンフォードの意図は、このシカゴ派をアメリカの文化的な発展のなかに位置づけようとしたものであった。そこには、スカイスクレーパーという建築的タイプが、何よりも独立して一〇〇年しかたたぬ後進国から、独創的に生みだされたことの自負と、それを正統に評価する脈絡をアメリカの自立した文化の意識のなかに求めようとするものだった。この意図は今日まで連綿と受け継がれていて、ポール・ゴールドバーガーの先述の著作は、これを発生期から今日まで具体的にたどる意図で貫かれている。彼はスカイスクレーパーを「アメリカが生んだ偉大なる建築形式」[*2]といいきることから記述をはじめてい

＊1　Sigfried Giedion, "Space, Time and Architecture", Harvard University Press, Oxford University Press, 1941

＊2　P. Goldberger, ibid, Preface ix

る。

最初の衝突は一八九二年、コロンビア大博覧会の会場計画において起こった。シカゴ派のなかで人望もあり、建築的な信念においても誰よりも勝っていたジョン・ウェルボーン・ルートが死去し、そのパートナー、ダニエル・H・バーナムが後継した時に、変換が起こる。彼は万国博覧会の会場こそは壮大な文化的なものの表現の場とならねばならぬとして、ニューヨークからボザール様式に準拠する建築家たちを大量に招きいれる。会場のデザインは生硬であったが、本場のパリをしのぐような壮大な建築群でその中心地区を埋めつくし、全体を真白に塗ったので、ホワイト・シティと呼ばれた。サリバンなどのシカゴ派の建築家たちは、やっと片隅に参加しただけで、ボザール的な様式建築の圧倒的な支配が目立った。これは、ひとつにはその後のダニエル・H・バーナムの思想と行動とにもつらなっていくのだが、彼は建築は都市を美化する中心的な手段とするべきだと考え、そのためには文化的なるものの象徴でありつづけたボザール的な様式建築こそが、アメリカにとって必要であるとみていた。そして、シカゴ派の骨組を露出した籠のような建物は、単純に技術的、実利的な産出物で、文化の脈絡のなかには位置づけ得ないと考えていたことが、その後の行動でも明らかになる。アメリカ主要都市の美化運動をすすめながら、多くの都市を設計するに至る。その最初に、彼はニューヨークに乗りこんで、その街でスカイスクレーパーと呼べる最初の建築、フラティロン・ビルディング[*1]を設計した。シカゴ派の構造技術で骨組をつくりながら、その外皮はきめ細かく古典主義的装飾でおおわれていた。そしてこの時期までにはシカゴでは、カーソン・ピリー・スコット・デパートメント[*2]を最後にして、ルイス・サリバンはその不遇の予兆がみえはじめる。シカゴ派に加担した

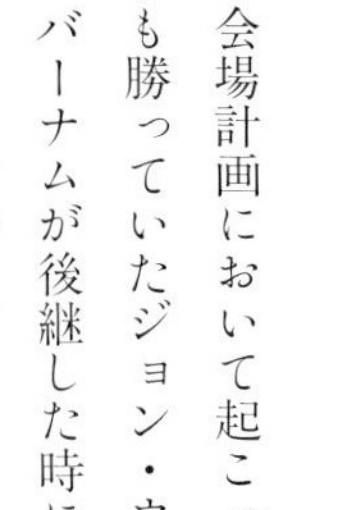
モナドック・ビル、バーナム&ルート

*1 Flatiron Building, Daniel H. Barnham and Co. 設計、New York, 1903

*2 Carson Pirie Scott Department Store, Louis H. Sullivan 設計、Chicago, 1899-1904

見方をするならば、ダニエル・H・バーナムのボザール派の導入と彼らの側への寝がえりによって、シカゴ派は息の根をとめられる。バーナムの転身は、明らかな裏切り行為で、おかげで、アメリカが近代建築によって全世界を制覇する機会を永久に失なってしまった、ということになる。

だが、ボザール的な古典主義を採用することは、成熟へ急速にむかおうとしていたアメリカのメトロポリスが必要とした衣裳であったと見る視点をとりあげねばならないだろう。その言説は七〇年代になって、近代建築そのものが行詰りをみせはじめた頃から強く意識されはじめる。ニューヨークの近代美術館が組織したボザール派の展覧会[*1]で、その復権がほぼ完了する。

ニューヨークがシカゴ派の構造方式などを完全にとりこんで、はじめて自らのスタイルをもつスカイクレーパーとして生みだしたのは、カス・ギルバートによるウールワース・ビルディング[*2]である。

これはウールワース・ゴシックと呼ばれたことで示されるとおり、外皮に細い垂直線をつけ、その頂部にゴシックの尖塔をもっていた。シカゴ派のスカイスクレーパーの構成原則は柱梁の骨組を表現の基本にしていたので、むしろ古典主義的な水平線を強くみせるものが多かった。バーナムのフラティロン・ビルが頂部に水平のコーニスをまわす古典主義的なものであったことは、彼がやはり広い意味でのシカゴ派の感覚を保持していたといえるかもしれない。そして、やはりシカゴ派のなかから生まれた建築家、アーネスト・グレアムがニューヨークに建てたエクイタブル生命保険ビルディング[*3]が板状の建築形式を、最大の容量を獲得するという実利性だけの追求から生みだし、絶賛をあびると同時に、その

＊1　The Architecture of the Ecole des Beaux-Arts展、The Museum of Modern Art, New York, 一九七五年一〇月二九日～一九七六年一月四日

＊2　The Woolworth Building, Cass Gilbert設計、New York, 1913

＊3　The Equitable Life Assurance Building, Ernest R. Graham設計、New York, 1915

容量の都市にたいする圧倒的な支配に驚いて、ゾーニング法を制定する契機となった。それも、同じく古典主義的な衣裳をまとっていた。

ウールワースの工事中の写真をみると、その骨組は鉄骨の籠である。それに外皮として、ゴシックの線材が大量に貼りつけられている。構造と衣裳が殆ど別物として分離された。その点ではこれ以前につくられた古典主義的なスカイスクレーパーとさほど変わらないが、特徴的なのは、垂直線を強調するために、その全シルエットを塔状に編成したことである。塔は、ゴシックの聖堂のように箱型の基底部から、空中にむかって細まりながらのびていく。全高の六割程度を占める基底部で必要な部屋を確保して、塔状の部分は、ひたすら垂直のシルエットを獲得するためにとりつけられているといってもいいだろう。垂直の上昇感を強調するためにゴシック的な外皮をまとうようになったのか、ゴシック的様式を採用した故に、箱型の骨組の原則を突き破って、塔状にのびあがったのか、そのいずれにも解釈できることは、ここにスカイスクレーパーの新しいデザインの型が生まれたことを示すものである。ゴシックの垂直上昇運動感がニューヨーク派を特徴づけるようになったといっていい。

シカゴ派が水平線を基本にして、せいぜい立体格子にして上方へのびていったのに、古典主義の建築形式のもつ水平的な均整感が裏打ちされているとみるならば、ニューヨーク派は垂直的な運動感を強調することによって、ゴシックの建築形式を、同じく背後にイメージし、それぞれが特徴的な展開を開始する。そして、本稿の主題であるクライスラー・ビルが完成する一九三〇年までは、ニューヨークの垂直的な塔状のイメージが圧倒的な伸張をしつづける。

ウールワース・ビル、カス・ギルバート

シカゴ・トリビューン・コンペとレイモンド・フッドの軌跡

一九二二年、シカゴ・トリビューン本社屋が、国際コンペにだされた。このときに世界各国から二六三案が寄せられた。そこにみられる多様な提案は、殆ど今日にいたるまでのスカイスクレーパーのデザインの全スペクトラムを示しているといっても過言ではない。このときの一等はニューヨークの建築家レイモンド・フッドであった（ジョン・ミード・ハウエルズと共同であるが、デザインはフッドが中心になってまとめられた）。そして、あのウールワース・ゴシックの系譜をひいて、完全にネオゴシックの様式でまとめられていた。まず興味深いのは、シカゴの本拠地で、ニューヨークの、しかもネオゴシックという、シカゴ派と決定的に決別した様式的な衣裳をまとった案がえらばれたことである。このとき、一九二〇年代から三〇年代にかけての、様式的なスカイスクレーパーの展開を一身に引きうけたような活躍をするレイモンド・フッドが登場した。一八九三年のコロンビア大博覧会以後この時期までのシカゴ派の動向のなかで、その変質と衰退とを一身に体現したのが、ダニエル・バーナムであったように、二〇年代から三〇年代にかけてのニューヨーク派の変質と展開は、このレイモンド・フッドを追跡することによって殆ど完璧にとらえることができる。

この視点は、殆どのスカイスクレーパー論に共通している。たとえば、マンフレッド・タフーリの『呪法の解けた山――スカイスクレーパーと都市』*という、都市のなかにおけるスカイスクレーパーの概念の展開史においても同様で、ロックフェラー・センターの共

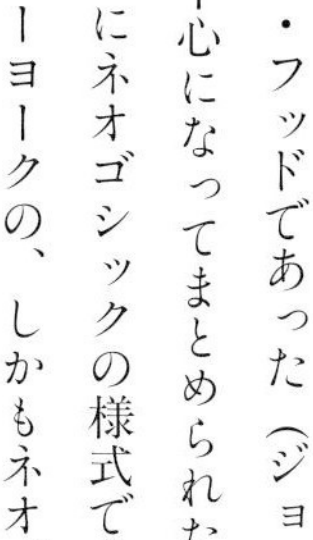
レイモンド・フッド案

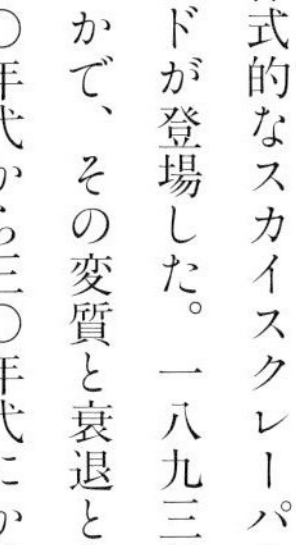
エリエール・サーリネン案

* Manfredo Tafuri "The Disenchanted Mountain――The Skyscraper and the City", The American City, from the Civil War to the New Deal所載, MIT Press, Cambridge, 1979

同設計チームのなかで主導的な役割をはたすことになるこの建築家が二〇年代においては唯一人焦点をあてられている。その理由は明らかで、フッドが、時代の変化を段階的に示すような、典型的なスカイスクレーパーを順々にデザインしていったからである。そして興味深いことは、その典型となるデザインは、すべてシカゴ・トリビューン・コンペの応募案のなかに含まれていたのである。

一等案はそのまま実施に移された。それはウールワースよりも徹底され、中心になる塔は隅をけずって八角型をしており、頂部にはフライング・バットレスもあらわれ、全体がひとつの彫刻的な完結性を示すことに注意がはらわれている。だが、サン＝マルコの鐘楼をそっくり写しとったようなメトロポリタン・ライフ・タワー*とは異なって、明らかにオフィスを内側に容量として含んだ塔が、外観に様式的統合性を与えたことがみてとれる。だが、そのようなデザインの有機的な統合は、二等になったエリエール・サーリネンの案の方が傑出していた。それはモノリシックな印象をいっそう強調している。同時にヨーロッパにおけるユーゲントシュティール以来のデザインを咀嚼して、細部の装飾が、全体の有機的なリズムのなかに吸収されている。ここで近代建築の展開をたどる文脈をもつ著作はいずれも、落選案のうちのマックス・タウト、ワルター・グロピウス、ヒルベルザイマーらの、柱梁を格子に組んでそれをそのまま露出させたルイス・サリバンや、かつてのホラバード・アンド・ロシュ（この事務所は三等になっているが、縦線を強調した窓割の頂部に、古典主義的ペディメントとゴシック調のアーチをのせるという奇怪な案をつくっている）などの一八九〇年代の仕事に類似した案を採りあげて論じるのが普通である。だが、このエリエール・サーリネン案が均衡といい、細部を全体のシルエットに溶けこませ

マックス・タウト案

* The Metroplitan Life Tower, Napoleon Le Brun and Sons 設計、New York, 1909

ワルター・グロピウス案

アドルフ・ロース案

る、これまでにスカイスクレーパーのデザインに出現していなかった決定的に新しい性格をもっていたのを見抜いたのは、外ならぬ、ルイス・サリバンであった。

「集約化された意図を強固なものにまとめあげるなかで、新しい秩序の論理、生きるものの論理がにじみでている。そして、この生命体のもつ不変の論理が、まことに優雅に容認されている。大地から湧きあがる吐息のように、また人間の叡智のように、それはシカゴがゆるす限界にいたるまで、高く、美しく、のびあがっていく*」

* Louis Sullivan, "Chicago Tribune Competition", Architectural Record vol. 53, 一九二三年二月号所載

とサリバンはこの案を絶賛する。おそらくグロピウスやマックス・タウトの案は、すでにカーソン・ピリー・スコット・デパートメントで二〇年前に完璧な表現にまで高められていたもののロジックを抽象化し、システム化したものにすぎないとみえたのであろう。サリバン自身は、有機性をもった機能主義とでもいえるような、新しい構成に関心を移していた。この時期には、まだこのような呼称はなかったが、エリエール・サーリネンの案は明瞭にアール・デコと呼んでいい特徴を示していた。ヨーロッパにおいて醸成されていたアール・デコが、アメリカのスカイスクレーパーのシルエットを決めるスタイルとして決定的なイメージを組み立てていく。その契機となるような架橋をエリエール・サーリネン案がなしたのである。

おそらくその頃に細部が単純化され、シルエットが溶けたようにみえる特徴的なデザインを生みだしたベルトラム・グロスヴナー・グッドヒューが、アール・デコ・スカイスクレーパーを予感させていた殆ど唯一の建築家であった。彼のデザインはサーリネンのフィ

ンランドでの仕事やアムステルダム派、さかのぼってオットー・ワグナーの郵便貯金局など、一九〇〇年代から一〇年代のヨーロッパの新しいデザインを参照することから独自に生みだされたものだが、それがスカイスクレーパーの原型に結びついていくにも、やはりシカゴ・トリビューンが媒介する必要があっただろう。グッドヒューのマジソン・スクエア・タワー計画案は、サーリネンの一九二三年にシカゴのレイクフロントの明快な構成に及ばないが、尖塔部は、後のエムパイア・ステート・ビルのシルエットを予感させるものだった。

　サーリネンの二等案が有機的な、アメリカン・アール・デコの到来を示したという証明は、一等当選者であったレイモンド・フッドが、未だシカゴ・トリビューンの工事中に(それは一九二五年に竣工)アメリカン・ラジエター・ビルディング*を設計、いちはやく完成したことにみられる。全体を黒色の煉瓦タイルと黒色の花崗岩で仕上げ、やはり隅部が削られて、塔状に完結するシルエットが強調され、頂部は黒にたいするコントラストとして金色のトリムがつけられた。トリムの装飾は、位置からすると垂直性を強調するゴシックのスタイルに一致しているが、形態それ自体は、やわらげられ、変形して、殆どアール・デコの到来をおもわせる。黒と金という色彩は一九二〇年前後にすでにヨーロッパでアール・デコの特徴的な趣味をあらわしていた。それが家具になれば、たとえばアイリーン・グレイのこの時期の室内装飾にみられるように、黒漆と金の組み合わせのスクリーンやテーブルとなってあらわれていたものである。

　レイモンド・フッドはニューヨークを舞台にして、スカイスクレーパーの新しいタイプの創出を徹底した実務家として推進する。彼は近代建築家のように建築家としての理想像

マジソン・スクエア・タワー計画

* The American Radiator Building, Reymond Hood設計、New York, 1924

アメリカン・ラジエター・ビルディング

として、自己の理論と方法に確信をもち、しかもこれをプロフェッショナルに実際の設計の場で実現するという意味で、建築に自己の独自のスタイルをもっていたわけではない。むしろ、スカイスクレーパーが現実の都市のなかにおいて実現していく際に、効率、経済性、採算性といった徹底した実利を追求するクライアントと同格の立場にいて、彼らの論理を抽出し、それを具体的な建築の姿にまとめあげていくなかで、その時代の動向の核心をいちはやく表現化できる才能を有していたというべきかもしれない。彼はニューヨーク・デイリー・ニューズ社を設立したシカゴ・トリビューンの社主の従弟ジョセフ・メディル・パターソン[*1]のために、デイリー・ニューズ社屋の設計の依頼を受ける。このときまでにレイモンド・フッドは外部のシルエットはゾーニング・コードに従って、セットバックはしているが、その端部からいっさいの装飾的細部を排除した、純粋な箱型の構成に近づいていく。二〇年代の後半になって、彼はアメリカン・ラジエターの関連会社のビルの一連のものを設計していたが、ロンドンのナショナル・ラジエター・ビルディング[*2]は、アドルフ・ロース調の厳格な箱型の建物で、全面的に黒花崗岩が貼られていた。その彼が手がけた最初の本格的なスカイスクレーパーがこのデイリー・ニューズ・ビルディング[*3]で、タイル貼りの垂直の帯だけがその外観をかたちづくっていた。そしてつぎに手がけたマグロウ＝ヒル・ビルディング[*4]は玄関まわりと最頂部に典型的な後期アール・デコの横縞がみられるが、全体としては、柱梁の格子の骨組がそのまま直截に表現されている。いわば、マックス・タウト、ワルター・グロピウスらのシカゴ・トリビューン応募案が、そっくりここで実現したとみていい。コンペ以後一〇年の間にその一等当選者が、ここで示された多くのスカイスクレーパーの可能性を、ひと通りこなしてしまったわけである。シカゴ・

＊1　Joseph Medill Patterson 1879-1946

＊2　National Radiator Building, S. Gordon Jeves 設計、London, 1928

＊3　Daily News Building, Raymond Hood 設計、New York, 1930

＊4　McGrow-Hill Building, Reymond Hood 設計、New York, 1932

トリビューン社屋だけは、前時代のネオゴシック的な性格を保存しているが、その後の仕事は、彼が最終的に共同設計者として重要な役割をはたすことになる、おそらく今日にいたるまでアメリカ最大の建築的・都市的達成として賞賛されているロックフェラー・センター（一九三一―一九四〇年）をも含めて、すべてアール・デコの広義の範疇に至ることができる。その過程で細部の装飾を徐々にけずり落し、徹底した内部の執務空間の居住性、それは直接的には不況に際しての空室率にはねかえっていくので、むしろ効率性とも実利性とも呼びかえていいが、そのようなディベロッパーの経済性優先の論理にも迎合しながら、唯一のスカイスクレーパーの社会的な成立要求を開拓し、それを形態化した過程が、このようなひとりの建築家の個人史のなかに反映しているのである。レイモンド・フッドにとって、装飾性を強くみせたのは最初の二作品だけで、以後はアール・デコ的な細部や壁面などが玄関ロビーなどに出現しても、徐々に量を減じている。

ロックフェラー・センターは、一九三〇年代の全期間をかけて建設されたが、スカイスクレーパーの巨大な複合体である。個々のビルの平面計画、群としての構成、そしてニューヨークの中心を占めるスーパーブロックの全体にわたる都市的な諸配慮は、すべて、徹底した合理的な研究と分析に基づいている。それだけでなく、事務空間の外に、もっともアメリカ的な見世物、ラジオ・シティ・ミュージック・ホールとセンター・シアターを含んでいる。ミュージック・ホールのロケットガールは、量の増大が通常の枠を超えるとまったく別種の視覚的な効果を生んだという点で、流れ作業の大量生産、世界の最高を競うように建設されていったスカイスクレーパーの超絶的な高度と量的な拡張に呼応する見世物の典型でもあった。

マグロウ＝ヒル・ビルディング

ロックフェラー・センター

このような特性を圧倒的なスケールでロックフェラー・センターが獲得して一〇年以内に完全にスカイスクレーパーのイメージを変更してしまったことから、レイモンド・フッドの軌跡へと注目があつまってくるのは当然かもしれない。彼は様式的な衣裳をまとった古い時代に所属する最初の作品からスタートして、二〇年たらずのうちにアール・デコの時代を駆け抜けて、アール・デコそのものまでの存在感をうすめてしまったのである。しかも、そのロックフェラー・センターに至るスカイスクレーパーの計画とデザインは、ヨーロッパの近代建築の推進者たちが提案していた装飾性を排除して、建築をその構成素材の生まの特性へと還元していく「新即物主義《ノイエ・ザッハリッヒカイト》」的な思考を一歩おくれながら、着実に追いかけるものであった。そしてヨーロッパで、三〇年代の反動化の波に洗われて、一様に近代建築およびその建築家が受難の道を歩むなかで、ニューディール政策によって、不況に対処しながら、それでもロックフェラー・センターのような前代未聞の計画を実現する底力をもっていたアメリカの都市とめぐり逢うことができたため、その後発性を逆に有利に展開させたといえるかもしれない。

それにしても、このスカイスクレーパーのスタイルの変化を決定づけている動機が、不況の波をかぶりながらも、それさえ切り抜けていく最高効率を追求してやまない実利主義にあったことはあらためて強調されねばなるまい。シカゴ派が独自の柱梁を露出した立体格子の原型を生みだしたのも、既成の文化的価値という退嬰的な建築観にこだわる余裕さえなかったことが原因だったように、(都市が自らの余裕を生みはじめると、文化的な概念を盾にして、ダニエル・バーナムのようなボザール流都市美化運動を生みだした)二〇年代の末から三〇年代にかけてのニューヨークのスカイスクレーパーは、実務的な建築家の、同じく実務的なディベロッパーとの密接な協同関係からつくりだされる。いわば、シカゴ派を生みだしたアメリカ的な実用主義が、ここにおいてもその転換の過程に作用している。シカゴ派の成果をそっくりその表現形式へとまとめあげ方法化していったヨーロッパ、とくにドイツを活躍の舞台とした近代建築家たちが、その本国の政変でアメリカに亡命してくるのは三〇年代の中期からである。彼らはアメリカが中途半端ではあったが近代建築の諸原理を受け容れ、それを指向していきつつあるのを発見する。そして、一気にその指導者にむかえられる。戦後になってのスカイスクレーパーはかくして、シカゴ派以来の定型に従った立体格子の箱となる。そしてすべての歴史的な記述もこの立体格子のスカイスクレーパーの出現とその正当化の過程に集中するのである。ニューヨークの三〇年代のスカイスクレーパー・デザインがその前史となるが、レイモンド・フッドに照明があてられるのも実はかなり最近のことで、彼は実利的要請をひたすら受け容れる有能な商業建築家とだけ評価されている。事実、そういう一面はあった。だが、その一面が強かったからこそ、彼は近代建築の全盛時代までの中間ランナーの役割をはたすことができたともいえる。アール・デコを徐々に脱色させていったからである。とすると、ここで、クライスラー・ビルにまったくふれる余裕のないような文脈になっているのに気づくだろう。レイモンド・フッドは一面ではアール・デコの建築家なのだ。にもかかわらず、彼の軌跡をたどると五〇年代の近代建築に直通して、あの華やかであったアール・デコ・スタイルのスカイスクレーパーがいっさい浮上しないのである。これにはもうひとつの理由をあげねばならない。二〇年代の後半においてはアール・デコとモダン・デザインは未だ決定的に区別されるまでは分離されてなかった。だが、一九三〇年を境にして、この両者間のデザイン・コンセプトにおいて繰りひろげられていた戦いが、変質していくのである。それはアール・デコが包含していた表層性にかかわるものとみていい。モダン・デザインはその出発時にいだいたユートピア性が、実現しないまま、その理論的特性をいっそうラジカルにしはじめる。おかげで実現の機会をつかめない。それにたいして、アール・デコは装飾の表層性のうえに成立しているために、かえってインスティテューショナルな建築の表面を決定づけるようになる。そして、自ら時代の新古典主義好みのなかに解消していくのである。一九三〇年代の世界的な主流は、アール・デコ的新古典主義と呼んでいい。そして、各国で民族主義的性格を極端に強めさせられていく。

欲望という神話

前出のサーヴィン・ロビンスンとローズマリー・ハーグ・ブレッター共著の『スカイスクレーパー・スタイル』は、「ニューヨークのアール・デコ」という副題がついているように、一〇〇あまりのマンハッタン内にあるアール・デコ建築をリストアップしている。このリストをみて気づくのは、建物の建設年度が、一九二七年頃から徐々に増え、二九、三〇年でピークに達し、それ以後は急激に下降していることである。ここで示されている年度は着工年であるから、建築事務所で設計されている時期をむしろ適確に示しているといっていい。そのなかから理解できることは、アール・デコは二〇年代にヨーロッパで最盛期をむかえていたのにたいして、アメリカは、パリの一九二五年の現代装飾産業美術国際博覧会に自国には適切な実例がないとして不参加であったほどにおくれ気味であった

マンハッタン中央の超高層群（KS）

が、ほんの数年以内の二〇年代の末にはスカイスクレーパーの決定的なスタイルにまでひろがり、圧倒的な流行現象になっていたことを、この統計の数字が示している。だがそれが消えていくのも早い。一九二九年の大不況のあと、三〇年代にはすでに建設ブームが去っていた。一九三〇年代の初期にまでその盛況が統計的にはつづいたようにみえるのは、建設業の常として、その企画から建設に時間がかかるので、経済の波からは少しだけ後にズレていく。そして長期にわたる分析と数々のフィードバックをともなうロックフェラー・センターのような、巨大だが計画性をもった理詰めのデザインへと移行するなかで、感覚的で表層的なアール・デコは忘れ去られていく。流行はたった五年間であったといってもいいほどだ。

スカイスクレーパーのような巨大な投資を必要とする建築的タイプは、たとえばひとつの極端なアイディアがあって、それが住宅や記念碑や小さい公共建築でときに実験的に建設されるというわけにいかない。今世紀になってからのヨーロッパにおける近代建築のうちパイオニア的な役割をはたしたものは、いずれもこの種の機会をとらえたものばかりだ。リートフェルトのシュレーダー邸、メルニコフの一九二五年のパリ現代装飾産業美術国際博覧会のソヴィエト・ロシア館、同じくル・コルビュジエのエスプリ・ヌーボー館、グロピウスのデッサウのバウハウス校舎、ミースのバルセローナ・パビリオン、ピエール・シャロウのガラスの家・ダルザス博士邸。いずれも自らの方法を適確に反映させながら、それをマニフエストのようなデザインにまとめ得たものだが、殆ど全建築的細部までを自らコントロールできるほど小規模な建物である。

だがスカイスクレーパーは本来、オープン・エンドの設計機構のなかにおいてはじめて

クライスラー・ビル、頂部(KS)

可能になる種類の建築的タイプである。設計者がひそかに温めたアイディアを、密室的な作業によって実現するような状態ではとても対応できない。設計事務所の内部に数多くのコンサルタントやスタッフを擁していればできるというものでもない。基本的にこれらのオフィス・ビルやアパートメントは投機の対象であるから、その企画をつくりあげるクライアントは、この建物の行く末を常に採算という視点で見すえておかねばならない。ここで生みだされる貸すための空間は、そのマーケットのなかで、他との競争のなかにあって優位に立たねばならないから、効率においても、厳密なチェックがなされていなければならない。設計者―コンサルタント―クライアント―ユーザー、この今日の自由競争を基本とする社会において組み立てられる、諸々の関係者が相互に作用し合っている。そんな状況のなかで設計という作業が編成されることになる。対応する設計事務所の規模も大きくなり、多数の専門職への分化も起る。こんななかにあって、突如として（二、三年のうちにといおうか、それでも建築の世界においては信じられないほどの急ピッチだ）数多くの建築家の設計するものがひとしく流行的に新しいスタイルを採用することは、建築家にもクライアントの側にも特殊な事情が醸成されていたとみるべきだろう。それを「不思議な、殆ど夢遊病的だった」（イザベル・レイトン）二〇年代のニューヨークのメトロポリスとしての急激な成熟と経済的繁栄、そして雑誌『虚栄の市《ヴァニティ・フェア》』にみられるような知的スノビズムの横溢《おういつ》などにからませて説明するのが適切なのかもしれない。だがそのような現象の深部には、近代社会がその論理的な展開の結末としてメトロポリスを生みだし、そのなかでは制御されつづけてきた人間の欲望を発散させる数々の機構が仕掛けられていったことに基本的にかかわるといっていい。

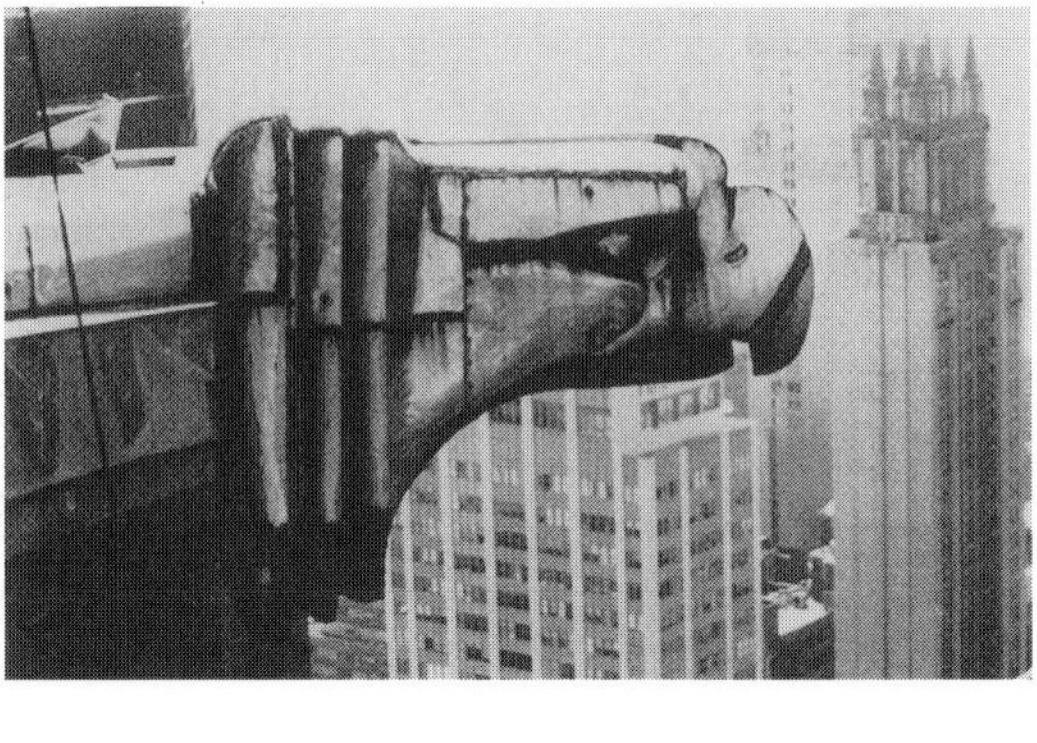

クライスラー・ビル、六一階隅部の鷲の頭部（KS）

アール・デコは、この深部にひそむ欲望が表層にふきあげて来たときの、うわずみの結晶のようでもある。それは建築物に装飾というレベルでとりついていたのだが、いつの間にか本体の骨組までを犯し、シルエットを完全に変えてしまった。変化にはたやすく対応できない商業的な大設計事務所までが、こぞってそのスタイルに変わっていけるだけの簡便さをアール・デコがそなえていたこともその特徴であろう。それはひたすら表層面だけにかかわる衣裳であった。背後の骨組を空中高く組みあげていく建設技術はそんな表層部とはかかわりなく、着々と技術的革新がなされつづけていた。シカゴ派の発明以来、一直線にすすみ、二〇年代の末には三〇〇メートルを超える建物を一年半という信じられぬスピードで建設できるようになっていた。

歴史主義的な様式的細部も、アール・デコの新しい幾何学的で、ときに流線型的な細部も、いずれもその骨組のうえに貼りつけられるものであったから、商業主義的な大設計事務所でも、本質的な変化を自ら課すこともなく、流行の衣裳の着せかえのように対応が可能だったといってもいい。それにもまして、ニューヨークのアール・デコを特徴づけるのは、その高さ競争である。ウールワース・ビルが一七年間最高記録を保ってから、これを追い抜いたのがクライスラー・ビルであった。そして、一年後にはエムパイア・ステートに抜かれる。この高さ競争は今日にも続き、ふたたびニューヨークとシカゴの争いが起っている（目下のところシカゴが圧倒的に高さで追いこしている）。

最高競争は、厳密な採算を重視するといった、合理的な解釈ではまったくとらえることができない。近代建築の正統性を主張する言説からは一蹴されるのが普通であった。殆ど幼児的といってもいいような非合理的な意図だけである。マンハッタン、いや世界で最高

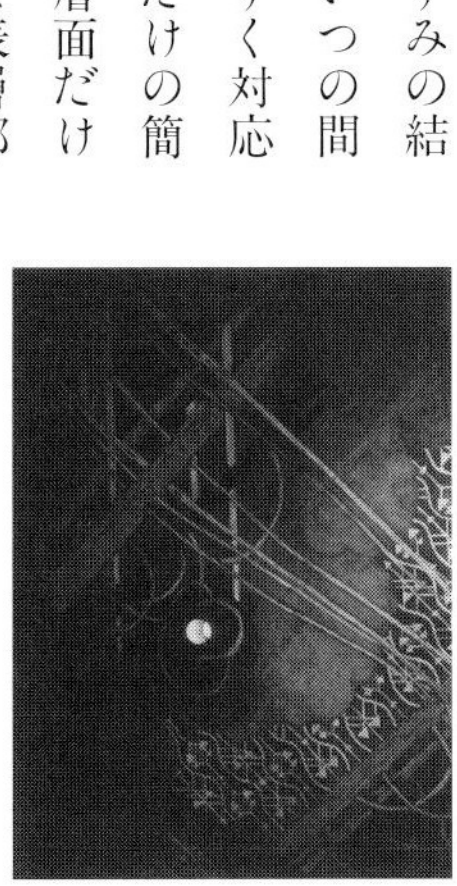

クライスラー・ビル、メインロビー
天井画の一部（KS）

だという点は、だがその建物を社会的な話題とするには絶好である。社会的に流されていくイメージを形成するうえで、この単純な事実ほど強いものはない。ＰＲ効果という広告的な判断を加えるならば、それしもあらゆる事象に合理的な解釈を下してあまることのない今日のアメリカ文明の特性といえるが、この事実はかなりの無理と無駄を超えてなお余りあるものだ。二〇年代の突如におとずれた好況の生んだ建設ブームの結末がこの高さ競争であったことは興味深い。それは、採算性や、効率性を突き破ってあらわれる深部にひそむ欲望としかいいようがない。クライアントがオーナーとして最高をねらうのも当然であろう。同時に、それを設計する建築家が、その与えられたせまい枠のなかで、知恵をしぼり同調しながらその実現をはかるのも、やはり欲望そのものであろう。さらに、相互に競争しながらも、世界最高を生みだしていこうとするメトロポリスも、やはり自らが最高の建築をもって世界に君臨したがっているとも考えられ、それもまた社会の総体がかかえている欲望なのだ、といっていい。

その視点を追いつめていくと、本来都市が農村から分離して発生したことも、その都市がメトロポリスへと成長していくことも、そのなかで常に有用性の枠を超えるかたちで生みだされる建築物を、すべてこの消費社会の仕組みのなかで、社会的な余剰を蕩尽しつくそうとする欲望にかかわっているとみることができよう。いやこれだけの巨額の資金を、危険をおかしてまで投機しながら、なおその通常の枠を超えてしまう。殆ど幼児性ともみえる単純な欲望は、余剰の蕩尽という経済人類学的な視点を導入しないかぎり説明がつきそうにない。そしてアール・デコは蕩尽を象徴し装飾するのに、もっとも適切なスタイルであったというべきか。

建設ブームが最高頂に達し、同時に最高の競争が熾烈となった二〇年代の後半にアール・デコが急激にひろがり、同じくデザインの流行のブームをかたちづくったのは、それが、消費社会の特性を典型的にもったスタイルだという間接的な証拠にもなり得るだろう。ひたすら消費されるだけのために採用されたスタイルだったのである。建築的には最高を競うようなスカイスクレーパーに多用されたのはニューヨークであったが、ロサンゼルスでは同じく消費社会の典型的な産業である映画館になり、マイアミではリゾートホテルにアール・デコが適用された。スカイスクレーパー、シネマ、リゾートホテル、それはいずれも二〇年代から三〇年代にかけて、新しい社会的環境のなかから生みだされた建築的タイプである。しかもいずれも消費社会が生んだ新しい産業の形式に結びついている。ここでは建築物が閉ざされた用途だけにむかうものと異なって、大量の不特定多数の顧客層の関心を惹きつけねばならない商業的な性格のものであることに注意しておこう。大衆の視線を誘引することが、そして彼らの関心を惹きつけておくことが、先験的に要求されるものであった。

そこにこれまで、たとえばギーディオンに代表されるような近代建築の通史において、アール・デコが無視され、とりあげることがなされなかった原因があったといえよう。アール・デコは商業的な文脈のなかにおいて評価され、その目的のために使用された。同時に、短期間に商業的な建築家が、流行現象としてどっと流れこみ、たちまちのうちにそのイコンを消費してしまった。とりつくのも早かったが、消費されるスピードも早かった。その消費対象としての脆弱さは、またみずからの成立する基盤と方法を論理的に説明できるだけのイデオローグもいなかったこととかかわっている。美術、日常的オブジェクト、家具、室内装飾、工業デザイン、衣裳、装身具とあらゆる生活環境を形成する視覚的構成体にそのスタイルを与え、二〇年代のイメージをノスタルジックにつくりあげる役割をした。だが、やはり仇花であり、一瞬の光芒のようにみえるはかなさがどこかにある。これはアール・デコが、その時期に最初の姿をあらわした消費社会がその仕組みを垣間みせたときに生まれたスタイルであることに由来しよう。消費社会そのものが三〇年にはいって、大不況のあとにしばらくの間、急転換してしまっていたこととかかわってもいる。それ故に、明瞭なかたちで産業社会が変質して、消費社会が組み立てられてきた六〇年代の中期までは浮上させる手がかりもなかった。このような視点を立ててみるとクライスラー・ビルが竣工した一九三〇年は、つまり前年に大不況という決定的な波をかぶり、急激な消費社会への移行という先行の不安感に裏づけられて、国家的な制禦のもとでのゆりもどしが進行しはじめる気配をみせており、その前後にこれまたデザインの世界では微妙な戦略的な投企がイデオローグたちの手によって試みられはじめていた。その結果がアール・デコの急激な衰退となってあらわれた。少なくとも、いまクライスラー・ビルのアール・デコが関心を惹くのは、この一九三〇年の時点での社会状況―デザイン状況の奇妙な変質が、一応それなりの結末を告げ、そのあとに二〇年代に姿を垣間みせた消費社会が、その特性と仕組みを明らかに露《あら》わして、大衆的レベルで圧倒的に登場してきたためである。いまはいったん一九三〇年にたちもどり、この変換の事情をさぐってみることにする。

ノイエ・ザッハリッヒカイトとインターナショナル・スタイル

周知のようにアール・デコは、一九二五年のパリの現代装飾産業美術国際博覧会に、圧倒的な大勢を占めていたスタイルに命名されたものである。同じくパリで一九〇〇年の世紀の変わり目に世界博覧会が催されたのだが、そのときにはギマールがメトロのデザインをシリーズとして行ったように、フランス流の曲線が全盛だったわけだが、同じ装飾レベルにおいては、立体派や未来派を通過していたので、著しく幾何学的性格があらわれている。

そのときのパビリオンには、ピエール・パトゥーやルイ・ボワローのように、明らかにシンメトリカルな古い建築形式が、単純化して数々の直線的幾何学模様で装飾されているものから、ロベール・マレ＝ステヴァンのように、殆ど近代建築に分類されながらも、後にふりかえって、典型的にアール・デコを代表している建築家や、メルニコフやル・コルビュジエのように、明らかに近代建築家として分類されている建築家の仕事も含まれていた。少なくとも、ここでは、古い建築形式の細部を単純化して、それは幾何学的な模様をとりつけたものから、基本的に新しい近代デザインの骨組を提示したものに至るスペクトラムがあった。この種の博覧会に、いつの時代でも共通することは、その大多数は、これが計画するはるか以前に、殆どその時代に共通の趣向になったものだということである。その点において、メルニコフやル・コルビュジエは、断絶感をもつほどに全体の趨勢からはずれていた。

とはいっても、もしアール・デコの図集をひろげてみると、そこに収録される家具は、おおむね、ヨーゼフ・ホフマン、コロマン・モーゼルなどのウィーン・ゼセッション後期の仕事にはじまり、ジャン・デュナン、ピエール・シャロウのような典型的にアール・デコと呼べる幾何学的なモケット張りや漆塗りのものから、パイプを用いたアイリーン・グレイやミース・ファン・デル・ローエやル・コルビュジエの工業製品を用いたものに至るまでが網羅されている。ここには、ゼセッションからモダンに至るまで、しばしばアール・ヌーボーと近代デザインの分類にそれぞれ所属することになっている家具のデザインが、アール・デコという名目でひとまとめにくくられているのに出くわすのだ。アール・デコはそれだけに特性のはっきりしない、二五年を中心とする時代の様式とみられているふしがあるわけだが、これが変質する過程で、明確な意図によるふるいわけがなされていく。それが博覧会からわずか五年以内におこっている。

そのシフトを発生させたデザイン上のキャッチフレーズは「新即物主義《ノイエ・ザッハリッヒカイト》」である。それは一九二五年のパリ現代装飾産業美術国際博覧会でのル・コルビュジエによる「新精神《エスプリ・ヌーボー》」館ですでに闘争的に表明されていた。先述したアイリーン・グレイ、ミース、コルブらの金属パイプを用いた家具はそれを典型的に示している。この名称は、この期間に徐々に明瞭になってきた好みに基づいているといってもいいが、この数年間のうちに、雰囲気にまったくかまわない厳格さ、冷たく、脱色された色彩、渋い金属的な光沢、なめらかな曲線といった、ひたすら即物的に正確に表現する仕事が目だってくる。そして、この傾向は、大不況の波がヨーロッパにも押し寄せた一九三〇年に、突如として眼にみえるかたちで決定的な転換を起させる。『一九三〇年スタイル*』という図集を編纂した

バルセロナ・チェア、ミース・ファン・デル・ローエ

* Klaus-Jürgen Sembach, "Style 1930" Universe Books, New York, 1971

クラウス・ヨルゲン・ゼンハッハは、その現象がこの年の前後に突然発生したことを指摘する。

「二〇年代は最初は表現主義で特徴づけられていた。そして、後半は革新的なものの発酵期だと一般化できる。これについで、一九三〇年頃、突然、感情的な休止が訪れる。それは一種の折り返しや成熟でもなく、むしろ、あらゆる感情的な表現を不吉なかたちで消去し去ろうとするものだった。それはおそらく多くの人びとにとって、その周辺にある物事の真の価値を見失なわせてしまうような、希望のない未来が訪れかけていることへの恐れに由来するものだった」*

というのだ。突然に熱狂的な表現への意欲が、潮がひくように消えていく状況が個人のレベルではなく、全面的にデザインの世界に発生するなどとは、私に一九七〇年前後の記憶がなければ、ただちに信ずることもできないような記述である。だが、おそらくこのような急激なデザインにおける趣味の全面的なシフトは実際に起るのである。たとえば六〇年代は、美術においてもデザインにおいても、ホットで多彩色で、華やかでむしろ脱領域的な突出をこそ評価する時代だったが、六八年の文化大革命の全面的な余波を受けたせいか、一九七〇年を過ぎると、建築やデザインは、寡黙で、脱色された、むしろデザインを放棄してしまったような表現があらわれた。ミニマルなレベルまで表現が還元されている。コンクリートの枠、単純な窓の繰り返し、表情を殺して、地中に埋める。いや全般的には徹底した無名性をもつ技術をそのまま概念化させて建築と呼ぶ。ゼロ度の表現が語ら

* K-J. Sembach, ibid, P. 17

れた。それは六〇年代のサイケデリックと呼ばれたような色彩の乱舞に比較すると、クールで、凍りついたようにさえみえた。このシフトは全世界を急激に覆いつくす。六〇年代のたとえば超高度な技術を用いた大げさな身振りや、凹凸のはげしい熱っぽいシステムなどが、いちどきに古ぼけて見えはじめたのである。

一九三〇年がこれと同じ現象をあらわしたということは想像可能である。一九二九年の金融大恐慌が、二〇年代の消費社会への急激な傾斜に歯止めをかけたといっていいかもしれない。

その消費社会は、各国によって事情は異なるが、いずれも一九世紀以来メトロポリスの主役をかたちづくりはじめたブルジョアジーによって担われていた。そのメトロポリスにおいては、商品を単純に消費するのではなく、全歴史的な文化さえも消費対象に組みこまれていた。一九世紀のヴィクトリアンで典型的にみられるのは、歴史的様式のリバイバルやその折衷であったが、いいかえると、これは全建築史を消費対象にする思想でもあった。都市生活者としてのブルジョアジーが、みずからの都市の尊厳をかたちづくるために採用した装飾手法であった。アール・ヌーボーからアール・デコにいたるデザイン上の変化は、ヴィクトリアンの時代の建築の表層を、装飾のスタイルとして変質させるものだった。世紀末象徴主義から、印象派を経て立体派・未来派へとつづく美術の流れが、ことごとくデザインの流れに変化を与えている。二〇年代のメトロポリス文化の急激な開花は、殆どその最終的な段階であった。

近代デザインの主張はこの全期間を通して、産業社会としてかたちをなしてきたものに、その独自のスタイルを与えようとするものだった。その文脈は表層部における装飾性の強調にたいして、常に抵抗的な姿勢をもちながら、産業社会の根幹である工業的なるものからイコンをひきだし、それによって生産物全体に新しいかたちを賦与しようとする動きを追跡する。アーツ・アンド・クラフト・ムーブメント、ドイツ工作連盟《ドイッチェ・ヴェルクブンド》などの、工業的なるものに密着した思想に照明があてられる。そしてバウハウスが殆どその集約的な運動体として登場する。一九二五年のパリ現代装飾産業美術国際博覧会の年にデッサウに新しい校舎が計画され、開校されている。私たちはその後にバウハウスが歩んだ苦難の道を後の時代から眺めて熟知しているわけだが、近代デザイン運動は全体として産業社会が生活の近代化をめざして徹底して変革を推進しようとするユートピア思想に裏づけられていた。だから、常に抵抗的であり、改革的であり、実験的であった。「新即物主義《ノイエ・ザッハリッヒカイト》」は、そのような変革を推しすすめる過程で、デザインが機械のメタフォアをとりあげ、工業的イコンを確立しようとしたときに、いっさいのブルジョア的な装飾的なるもの、メトロポリスの消費的なるものを否定して、絶望的なまでに原素材へと環元させていくときに生みだした美意識だった。アール・デコはそれにたいして、工業的な素材の導入をはかり、その表現も機械の生産に適合したような幾何学的な形態に基づいてはいても、所詮、装飾の領域を脱することはなかった。それ以上に、徹底してメトロポリスの消費的文明のメカニズムに組みこまれていた。生産のレベルに密着して、それを社会的変革にまで展開しようとする近代デザインと、本質的に対立するものであったのだが、一九二〇年代の後半は、まだその仕分けが明瞭につかない混淆《こんこう》のなかにいたわけだ。金融大恐慌は、工業的な生産（一九世紀においては都市化の象徴であったが、ウォール街にみられるように都市が商業的な活動舞台に転化するにつれて、反都市的な象徴という意味合いが増加してくる）にたいする商業的な消費が、そのメカニズムを自壊させた出来事だったとみることができる。自由経済の原則は危機が訪れ、アメリカも含めて、殆どの先進国家が、国家単位での制御を行なう体制に移行する。三〇年代は管理経済の時代となるわけだが、その兆候がここにきて一挙にふきあげてきた。

デザインのみならず、美術、写真、映画などのあらゆる関連する表現領域において、いっさいの思い入れや、華麗な雰囲気づくりまでが突然に凍りついたようにクールとなり、物体や素材がそのまま投げだされる。そして、工業製品に流線型が支配的になる。二〇年代の幾何学的アール・デコは、流線型のスムーズな表面づくりと新古典主義のニュアンスを消し去った厳格な構成のなかへと解消されていく。それしも三〇年代のアール・デコと呼ぶことはできるのだが、ここには消費社会型のフランボワイアン風の開放的な欲望の対象とはまったく異質で、徹底した工業主義と、国家主義、社会主義、ニューディールを問わず、いずれも管理国家が冷く制御する、硬直した新古典主義とが奇妙に混り合ったものである。「新即物主義《ノイエ・ザッハリッヒカイト》」は近代デザインのとりだした美意識ではあったが、同時にアール・デコの変質までを媒介してしまったのである。その背後には社会構造の変動が大きく横たわっていることはこれまで指摘したとおりだ。

この変動の影響をまともに受けたのがマンハッタンのスカイスクレーパーであったことはいうまでもない。投機的対象とされているから、変化の波を一挙にかぶる。現実に計画され着工しているものは止めようがなく完成させられたが、新たな計画は殆ど放棄された。ロックフェラー・センターは勿論不況にいたる前から計画されていたが、着工以前に幾度となく検討が繰り返され、変更が行なわれている。同時にこのヨーロッパにおける

実験住宅模型、バックミンスター・フラー

「新即物主義《ノイエ・ザッハリッヒカイト》」の台頭と、アール・デコの突然の退潮は、アメリカにおいて、より注意深く観察されていた。一九三二年、ニューヨーク近代美術館において、H・R・ヒッチコックとフィリップ・ジョンソンの両者をキュレイターとして開催された、「インターナショナル・スタイル」展である。これは、一九二二年（ル・コルビュジエのはじめての住宅ができた年である）以降の建築という副題をもっているが、全世界にひろがって行きつつある近代デザインのなかから、約四〇人の建築家がえらばれ、展示されたわけだが、明らかに明瞭な評価基準が設定されている。すなわち、二〇年代の初期に圧倒的な流行をした表現主義的なもの、デ・スティール的なもの（リートフェルトさえ含まれていない）、勿論、いわゆるアール・デコ的なもの（ロベール・マレ＝ステヴァンも含まれていない）が一切排除され、純粋主義《ピューリスム》の系譜のうち、工業的なデザイン特性を強調したものに限られている。ヒッチコックとジョンソンはこの選択を正当化するために、一冊の本とカタログを著した。そこには次のような三つの基準をもうけている。第一原理・ヴォリュームとしての建築、第二原理・規則性に関して、第三原理・装飾付加の忌避。

　これは、その後の近代建築の評価基準に殆ど合致する。そして工業的なイコンとそこから導きだした手段によってつくりあげられる建築の特性をかなり明瞭にいいあてている。全世界的に同時発生的に出現していた趣味の変化の兆候が、整理され、正当化されて、これこそが新しい建築であるという主張が、選択のしかたによって明示されていたのである。このなかでアメリカからは極く少数しか選ばれてない。一九二五年のパリ装飾産業美術国際博覧会にそれに相当する実作もデザイナーもいないことが理由で参加できなかったアメリカが、数年以内にどっとアール・デコ化していながら、それがここであらためてひ

ロッテルダムのタバコ工場、ブリンクマンとファン・デル・フルフト

とまとめに否定されようとしている。そのカタログには、展示されていたはずのフランク・ロイド・ライトの仕事は収録されていない。彼の弟子であったノイトラは含まれているが、この他には二つのスカイスクレーパー、レイモンド・フッドのマグロウ＝ヒル・ビルとハウ&レスケーズのフィラデルフィア救済基金協会がみえる。それにつけられたコメントで、後者はこの時点では完成してないために単純な説明におわっているが、フッドのマグロウ＝ヒル・ビルには、水平のスパンドレルが強調されていることを評価しながら、唯一アール・デコ的な要素が残留している頂部に関しては、

「重い装飾的な冠は、全体の規則性のシステムにおいて、没―論理的で好ましくない破調であり、デザイン全体の質を低下させている」*

と酷評されている。それ以後にレイモンド・フッドによって設計されたロックフェラー・センターは、その外観はほぼ単純な窓の割付けだけで、シルエットは板状で、内部のエレベーターが不必要になる分だけセットバックするという、いたって論理的な処理が外観をきめ、アール・デコを想わせるのは単純に壁画などだけにとどまってしまう。スカイスクレーパーのシルエットは以後、完全なまでに、この展覧会で示された近代デザインの原理に従っていく。

この「インターナショナル・スタイル」展の影響の強さは、その後のアメリカ建築の方向を決定し、五〇年代に至ってはこれがアメリカニズムの代名詞ともなって、全世界に浸透していくに至ったことでも知ることができる。全世界にモダニズムの建築として広がっ

* Henry-Russell Hitchcock & Philip Johnson, "The International Style" W. W Norton & Company, 1966. 武沢秀一訳『インターナショナル・スタイル』SD選書　鹿島出版会　一九七八年

てその内部批判が七〇年代に至って顕在化するまで、殆ど爆発的な拡張がなされていったわけだが、それだけこの展覧会は急激に二〇年代の消費社会的なデザインとしてのアール・デコに決定的な打撃を与えた事件でもあった。

この「インターナショナル・スタイル」展にたいしては、近代デザインの初心にある今日の社会が生産する物体にその本来もつべきユニークなかたちを与えることによって、配分の構造に変動を起して、デザインを権力を握っている少数者の趣向から奪回するという、ユートピアへむかっての革新を同時に遂行する内的な意図に支えられていたにもかかわらず、そのユートピア指向の部分を切り捨てて、そこから生まれたひとつの趣味とその形成手法を、スタイルという用語でみえるように、表層形成の技法に限定してしまった、という批判が行なわれるのが通説となっている。アール・デコが二五年スタイルと呼ばれたように、ここでは三〇年スタイルとしてその相違を明確にしただけではなかったか、というのである。ヨーロッパで発生した前衛的なるものを、できあがったひとつの型として、輸入していた文化的な後進国アメリカがもっている特殊事情がある。奇妙なことに、ヨーロッパの近代建築は、そのアイディアをしばしばフロンティアとしてのアメリカの生産物に求めている。ヨーゼフ・ホフマンと同年生まれのアドルフ・ロースがウィーン・ゼセッションの全盛期にあえて自国の華やかなデザイン活動に背をむけてアメリカに渡り、シカゴ派、とりわけルイス・サリバンの仕事を発見したこと、そして自らの無装飾の仕事をその体験を媒介にして展開しながら、ルドルフ・M・シンドラーやリチャード・J・ノイトラのようなアメリカ西部でもっとも早く近代建築を生みだした若い建築家たちを、サリバンのところに送りだしたこと（彼らはサリバンが不遇のもとに仕事をはなれていたた

健康住宅、R・ノイトラ

めに、F・L・ライトの下に行く)、あるいは、ル・コルビュジエが、二〇年代の近代デザインの方向づけに決定的な影響を与えることになるポレミカルな著作『建築をめざして』に引用している建築の先例は、アメリカの無名の倉庫やサイロ建築で、彼もまたアメリカにたいして、パイオニアとしての賞賛を送っていたのである。

そのアメリカが、実は実利的工業主義の直接的な反映として生みだしていた建築形式を、野蛮で後進的なものとして卑下し、ヨーロッパのボザール風の、折衷主義的な高級文化に血道をあげていたことは、アイロニカルといわねばならない。彼らは折衷主義のつぎの衣裳としてアール・デコを、えらびとっていたのである。そして、無自覚のまま、みずから生みだしていたスタイルが、ヨーロッパの知的前衛主義者の操作を経て(F・L・ライトの草原住宅の仕事もまたドイツ、オランダの近代デザインに強い影響を与えた)、新たに社会変革をめざすユートピアを構築するイデオロギーとして編成されたものを、そのイデオロギカルな部分をたくみにすりぬけて、実用的な、しかも簡便なスタイルとして受容したのである。この移入の過程は、この展覧会以後、一〇年間くらいの時間を必要とする。この間に主要なヨーロッパの近代デザインの担い手たちが、数多くアメリカに亡命する。そして彼らが、アカデミックな場を介して、移植したものが一九五〇年代に一挙に世界的なまでにひろがっていく。インターナショナル・スタイルが文字どおり実現したのである。

いつの時代でも、新しいスタイルの決定的な認知には、一定のストラグルを経た時間が必要である。ローズマリー・H・ブレッターは、アール・デコが一九三〇年を過ぎてからはじめて正当に評価されている事情を、フォレスト・F・ライスルの一九三三年シカゴ博

へむけての文章を引用して説明している。それによると、

「一九三〇年代のアメリカ建築にたいする歴史的または批評的な評価の大体の傾向(まだ折衷主義が主流を占めていたのだ)に反して、近代建築(それはアール・デコを意味していた)がアメリカの国家的施設、伝統、理想の観点からして、もっとも論理的で、《適切な》様式的選択といえるだろう。すなわち、近代の発展とその受容について基本的だったのは、民主主義的で、平等で、中産階級、商業的、自由競争企業、民衆文化などの存在を認め重要視することであったし、そのことを明示することになるからでもある」*

彼はアール・デコがアメリカの大衆文化を表現するのに適切であるとともに、国家的な施設の様式ともなりうるだろうとのべているのである。一九三〇年代のアメリカは大不況のあとに、国家的な統制を強化するニューディールの政策をとりつづけることになるが、この時期にはスカイスクレーパーの狂乱するような高さの誇示ではなくて、より冷静に計画された社会的施設が重視された。失業救済も兼ねて、画家たちにパブリックな空間に多くの壁画制作の注文がなされたが、その表現は社会主義的で、スタイルは明らかにアール・デコであった。アール・デコが曲りなりにも立体派や未来派のような近代絵画の影響をうけ、アカデミックな描写から離れながら、大衆的な理解を求めるためにかなりの具象性を保持していた。そのようなスタイルが、公共の場での社会的な主題をもつ表現に適していたことはいうまでもない。また、サーリネン、グッドヒューの初期アール・デコの建

* H-R Hitchcock & P. Jonson, ibid, P40

築デザインが、シンメトリイを重視して、モニュメンタルな均衡感をもっていたことから、それが政府あるいは州が建てるインスティテューショナルな建物に多く採用されていく。三〇年代型のアール・デコと呼んでいいが、ここで特徴的なのは、すでにあの三〇年スタイルにみたようなクールで、脱色された、寡黙な特性をあきらかに示している。ただいわゆる近代デザインと区別されるのは、配置や量感の形成が著しく新古典主義的で伝統的な手法に基づいており、当然ながら表面も、工業的素材の使用を誇示するに至っていない。だがそれも殆どなしくずしに、近代デザインに屈服してゆくのである。たとえばロックフェラー・センターをそのような移行過程にあるものと位置づけることは可能である。F・L・ライトのジョンソン・ワックス本社ビル[*1]と落水荘[*2]は、いずれも流線型アール・デコに分類してもいいのだが、インターナショナル・スタイルとしてもおかしくない。こんな過程を経て、一九四五年に第二次大戦がおわってみると、アール・デコは殆どみあたらなくなっていた。四〇年代から五〇年代にかけて、近代デザインが大衆化した、ポップ的な、コカコーラ・モダンとでもいうようなスタイルに変質していたのである。

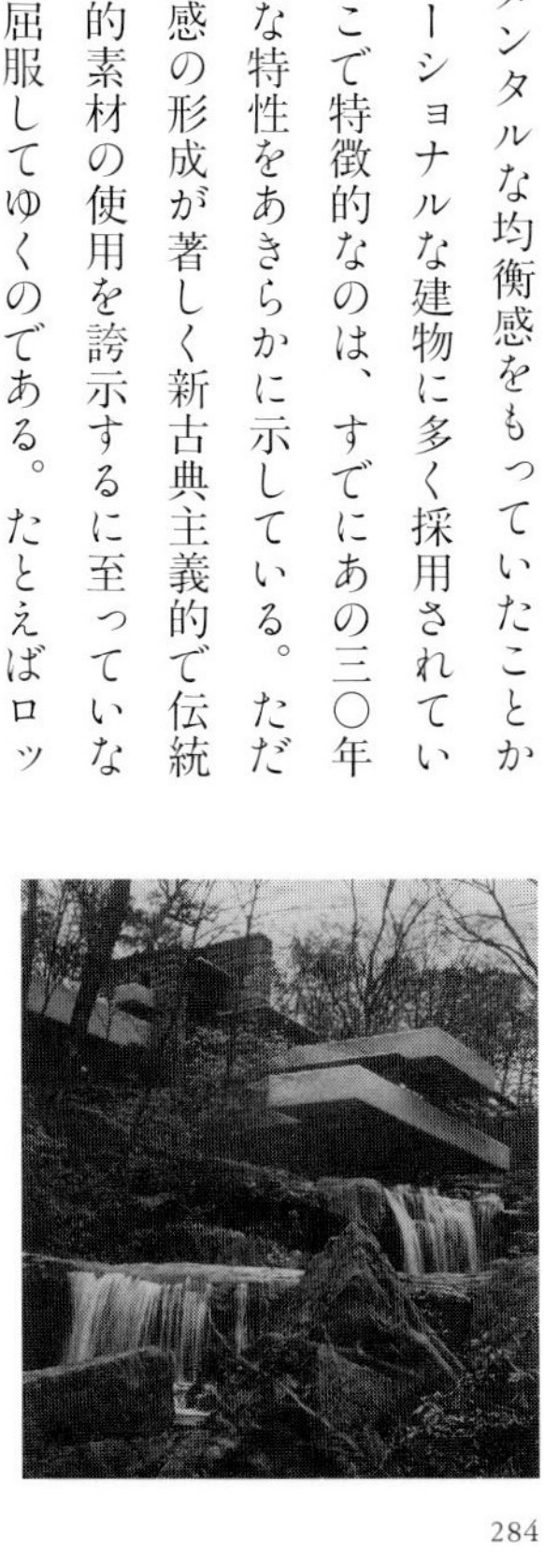
落水荘、F・L・ライト

＊1 Jonson Administration Building, F. L. Wright 設計、Wisconsin, 1936-1939
＊2 Edgar J. Kaufmann House, "Fallingwater", F. L. Wright 設計、Pennsylvania, 1936

デザインの消費

ボザール的な折衷主義、アール・デコ、インターナショナル・スタイル、コカコーラ・モダンと、たとえばアメリカの建築やデザインが今世紀の前半にたどったスタイルの変貌過程をみると、近代建築の成立と発展にかかわる言説の展開とはかかわりなく、明らかに大衆化されたレベルにおいて、都市の表層を支配しつづけている共通のスタイルがあり、これがかなりのスピードで変遷しているのが知れよう。このために単純に流行現象にすぎない、という非難があり、それに応え得ているのは近代デザイン運動が内包しているユートピアの論理だけだという立論もある。だが、この抗議も、実はパラドックスなのだということに注目しなければなるまい。ユートピア希求は、その語の由来のように、どこにもない場所を求めることである。現況を批判して、そこにないものを提示する。それが未来にあるという暗黙の主張があるのは、近代社会が、結末を常に先送りし、そちらに向けての運動を生みだすことによって、破局を回避するメカニズムを組み立てているからに外ならない。その前進へのオブセッションを進歩と呼んでいるわけだし、それがこの社会の総エントロピーを増大する結果となっている。つまり、この近代社会は、ユートピアの描きだす幻影を、走る馬の鼻先に下げた人参の役割にさせ、際限なく走りつづけているのである。

そこで、近代デザイン運動が、この近代社会の成立の根源にたちかえり、それを工業的な生産の生みだすイコンに直接結びつけていたことは、二〇世紀の前半においては、この近代社会の前進を加速させるのに、生産を高度化し、その配分を社会的に正当化させることがまだ有効であったために、説得力が充分に存在したといっていいだろう。だがすでに二〇年代のアメリカの急激な消費社会への成長と、メトロポリスが集中的にその消費の中心地として浮びあがってきていたような消費社会のなかでは、生産と配分だけのメカニズムが必ずしも有効ではなく、むしろ交換と消費という、別のサイクルが強まっていたと考えねばならない。しかし、二〇年代末の大恐慌が、生産を国家的管理へ引きもどさせる。そこでは生産の論理が、はるかに消費の論理を引きはなす。近代デザインが主張していた

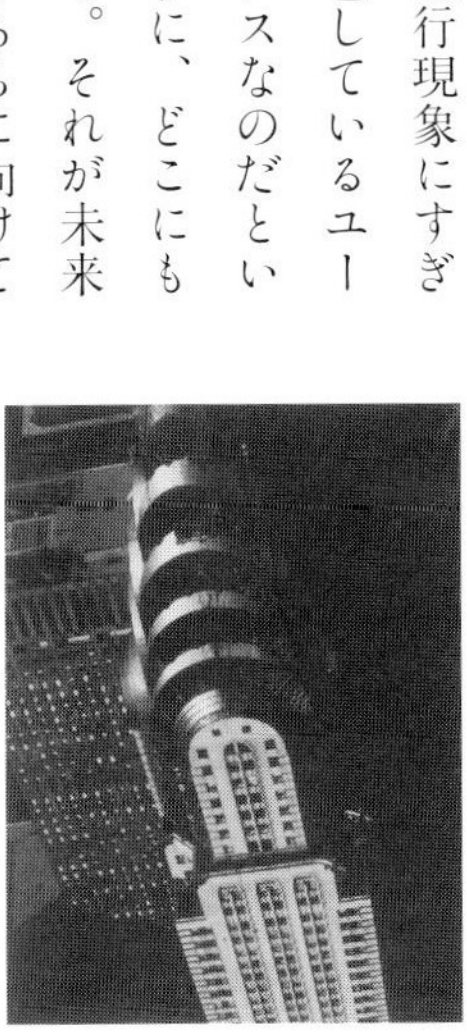
クライスラー・ビル、北側上方からの眺め（KS）

工業的に生産されていく物体にかたちを与えていくという視点が、重視されたのは当然のことだったろう。

実は近代デザイン運動のユートピアがそもそも移植されるときに脱け落ちていたのではないかという指摘は、このデザインさえひとつのスタイルとみなされて消費されていったという事実で確認できる。生産のユートピアをかかげることによる前方への加速が、この成熟した社会には必ずしも必要とされなかったというべきかもしれない。コカコーラ・モダンの時期には、消費をまったく大衆レベルに拡張している。生産よりも再生産、配分よりも交換が社会を支配する。そして消費という絶え間ない祝祭が、カタストロフを先送りする主要な手段とされる。その兆候は、二〇年代に大きくひろがり、以後大恐慌や戦争の波をかぶりながらも、今日ではますます特徴を明確化している。そして現実に再生産レベルに発生する数々のメディアがふくれあがり、それが消費を極端にはやめているだけでなく、社会の構造までも崩しつづけ、混沌へと導いているとみていいだろう。とすれば、二〇年代に明確に消費のために生みだされ、そして、急速にそれ自身もまた消費の対象とされ、消滅していったアール・デコが、新しい状況下においてリバイバルのひとつのモデルとして注目されることは当然予想できることである。

ここで社会現象としてのアール・デコ以上に、それ自身が、先行する諸々のデザインを消費することによって成立していたスタイルであったことに注目しておくべきだろう。アメリカのアール・デコにたいして、ローズマリー・H・ブレッターは、フランス、とくに二五年のパリ装飾産業美術国際博覧会、ウィーン・ゼセッション、ドイツ表現主義、プレ・コロンビア、実験映画や科学技術の展開といった数々の影響の下に成立したスタイル

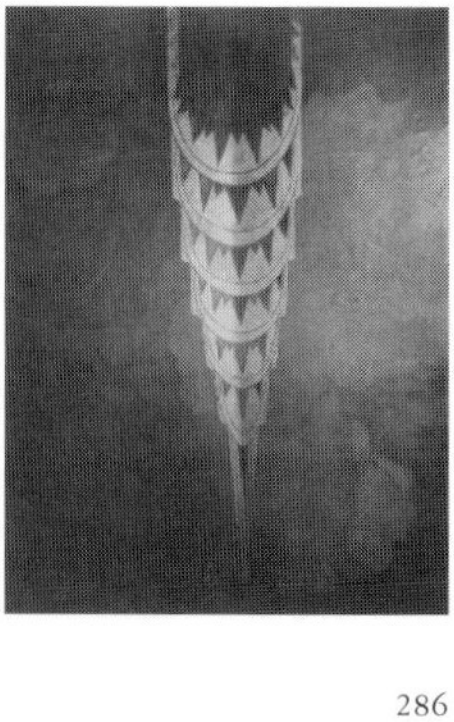

クライスラー・ビル、レキシントン側入口上部の天井画（KS）

クライスラー・ビル、レキシントン側入口をロビーより見る（KS）

だとのべている。またベヴィス・ヒリヤーはその著『アール・デコ』*において、キュビズム、表現主義、未来主義、渦巻主義、ロシア・バレー、アメリカ・インディアン、古代エジプトなどの影響を数えあげている。このような影響源をもっていたことは、アール・デコは必ずしも独自のユニークなスタイルを根源的に生みだしていたのではなく、先行する諸様式をとりこみ、変形していた、文字どおりの応用美術の範疇に属する現象だったとみていいだろう。一九世紀において、新古典主義以降、数々の歴史的様式のリバイバル、折衷が繰り返されてきたのと同じく、アール・デコは、なめらかで輝くような表面をもち幾何学的な繰り返し紋様を用いていたというその表層の表情の下に、手あたり次第に先行様式を消費していたとみてもいい。次々に新たなデザイン源を捜す必要があったのは、デザインそのものが、消費対象になっていたからである。その場合の消費とは、具体的につくられたデザインが、発表され、出版され、多くの目にふれていくことによって当初それが所有していた新奇性がうすれ、陳腐度が増していくことによって説明がつく。ひとつの原型となるようなデザインが生まれたとすると、それの改訂、コピー、複製化がただちに進行する。その過程で、もはや原型あるいはオリジナルは重視されなくなり早い時期に失なわれて、増幅する過程だけが浮かびあがる。アール・デコに数々のデザイン源が指摘されているが、それも最初の一瞬のかかわりであって、借用の後はたちまちアール・デコというスタイルのなかにのみこまれ、自己増殖を繰り返す。その過程がすなわちデザインの消費なのである。この現象はアール・デコに限らず、一九世紀以来、姿を変えながら次々と繰り返されて来たといっていい。近代デザインは、見方をかえると、その過程に、他領域の土着言語、すなわち工業的な技術の産物をとりこんだものであったとみることもでき

* Bevis Hillier, "Art Deco——of the 20s and 30s", Studio Vista, London 1968.西澤信彌訳『アール・デコ——一九二〇—一九三〇の様式』パルコ出版局　一九七七年

クライスラー・ビル、入口上部詳細 (KS)

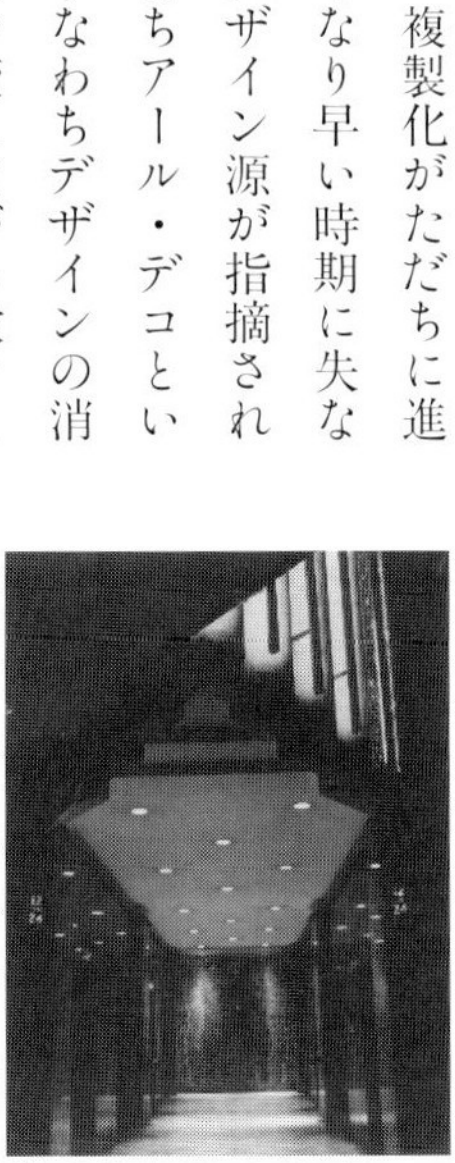

クライスラー・ビル、エレベータ・ホール (KS)

る。そしてすべての建築デザインの展開が、歴史的な建築の様式と形式を基幹にして、それの変形または変奏をしていたときに、その基本形式までもを否定しようとする主張がなされたところに特徴があったが、それもいったん運動の全過程を殆ど終了してみると、表層部を排除して、内側の構造にむけて抽象化されただけで、先行的形式の借用とその消費という点においては同様だったともいえる結果を私たちは知ってしまった。

デザインを消費するというこの自己撞着を起している運動は、ソシュールが指摘するように、言語が基本的な恣意性をもったアナグラムによって構成され、その変換操作が無限に繰り返されているのと同様に、空間的な秩序形式の方式である建築というメタレベルの概念が、実は限定された構成要素しかなく、その組み換えの無限の繰り返しを要請して、その都度、特定のスタイルを生んでいるわけだが、その際にみられる一般的な原理とみれなくもない。アール・デコはその過程を典型的に示しているだけでなく、文字どおりの消費社会に直接的に対応していることから、いま新しい型の大衆的消費社会が生まれてきたなかで、ひとつのモデルとして再度、関心を集めているとみていいだろう。

消費される建築

このようにたどってくると、最初の設問のように、クライスラー・ビルはいっこうに浮上しないのだ。すなわち、スカイスクレーパーの展開史のなかにあって、クライスラー・ビルはいたずらにその高度を競う争いが熾烈化したその最終段階に属しているが、いったん手にした世界最高記録も、わずか一年後にエムパイア・ステート・ビルによって、一気

クライスラー・ビル、エレベータ内部 (KS)

に追い抜かれる。しかも存在感を強める容量においても、大きく差をつけられてしまった。この高さ競争のために、平面計画的にも無理を重ね、シルエットを無理に先細りにした尖頭型にしたあたり、まったく非論理的であるといわねばならない。そして趨勢は、論理的な平面型の生む版状スカイスクレーパーへと移って行き、尖塔型は存在理由を失なう。

さらに、アール・デコそのものが、スカイスクレーパーのスタイルとしてはわずか数年間しか続かない、短命のものであった。アール・デコは、表層的なモダンさの背後には、単に先行する諸様式を、恣意的にとりこみ消費するだけの非創造的なものにすぎなかった。さらにこれは消費社会において、消費指向型の建築型に集中的に適用された装飾だった。この軟弱な論理的基盤しかないアール・デコは、勿論近代デザインの立場からは、全面否定がなされねばならない。

いずれの脈絡からいってもクライスラー・ビルは浮上しそうにないのだが、実は、ここに展開された論理は、すべて逆転されねばならない。すなわち、平面的な合理性を捨て去ってまで、最高をねらうための尖塔を生みだそうとしたその欲望こそが、本来はスカイスクレーパーという呼称にもっとも忠実であったことに注目されねばならない。欲望とは、投機という経済行為を内側からささえている過剰の蕩尽を導く根源なのだ。それをもっとも素直に建築形式に抽出し、かつ圧倒的な規模において世界最高を実現するという企図の集積が実はマンハッタンの光景であるし、尖塔型こそはその典型だったといわねばならない。そしてかりにエムパイア・ステート・ビルに追い越されたとしても、デザインの質の高さ、密度、にこそ注目されねばならない。

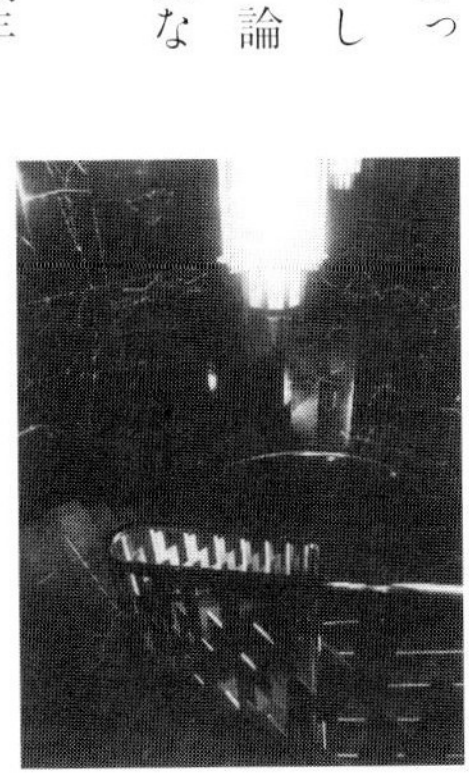

クライスラー・ビル、階段（KS）

そして、アール・デコが先行する諸様式を消費するにすぎないという批判にたいしては、これは決して特殊な例ではなく、近代デザインをも含めて、いかなる様式の運動過程にもみられる共通の現象にすぎない。むしろ、大衆消費社会のなかにあって、生産―配分の概念が消費―交換の概念にとってかわられ、そのサイクルを新しく中間領域に発生した諸メディアが加速させ、複製を増幅させているときに、アール・デコはより魅力的なモデルの役割をはたしはじめている、とみることもできる。クライスラー・ビルが浮上するのは、これらの論理的な逆転がなされたあげくなのだ。

私は直観的にクライスラー・ビルを二〇世紀の建築から唯一の代表作品としてえらびだした。それには生産―配分型の直線的な展開をしつづけた近代社会が、メディアの支配によって反転し、その建築、デザインのイデオロギー的な部分を担ってきたはずの近代建築が、その脱イデオロギー的あらわれであるインターナショナル・スタイルをも含めて運動を停止したと思われる今日、それらに所属している建築作品が、相対的に魅力を失なってみえはじめたという状況の気分がいくらか反映していたことだろう。

しかし個人的な欲望に裏づけられ、商業的で広告的意図に含まれている負のエネルギーが、二〇世紀文明を象徴し、殆どその唯一の記念碑を生みだしている事実は、何にもまして、スカイスクレーパー群がかたちづくるメトロポリスの空間のなかを通過することによって実感される。計画されてもいなかったし、統制されてもいない。空間の存在形式としては基本的に均質空間でありながら、その均質性を絶えまなく破る装飾を生みだし、それが流行しながら蔓延すると再び均質にみえはじめる。そして新たな試み、たとえば異なった建築型の提案、シルエットの改変、と手を変え品を変えて、無限に非均質化への攪拌を

クライスラー・ビル、頂部夜景(KS)

繰り返して行く。この際限のない蟻地獄のような進行が、いつかはカタストロフへとむかうはずだが、それにたいしてもこのメトロポリスは絶えず補塡を行い安全装置を組み立てる。再開発、再利用、再再修理と内部へむかって回転のサイクルをスピードアップしとどまらないだろう。そしていつか或る日突然にこのメトロポリスは捨てられているのに気づく、といった具合にカタストロフは訪れるだろう。一九三〇年や一九七〇年に、急に視界が脱色していったような、説明のつきかねる位相の転換が起こるにちがいないと私には感じられる。

すなわち、この大衆社会化した超消費社会はメトロポリスをそのままそっくり消費のサイクルに組みこんでいるのだ。アール・デコで部分の装飾を消費していたように、メトロポリスがその部分ともみえる建築を急激な速度で消費しているといいかえることもできよう。マンハッタンを空中から眺めたとき、あるいは対岸から遠望したときに感ずる通常の感覚を超えた、未知の何かがひそんでいるような量塊感は、スカイスクレーパーが群体化して、全体がひとつの器官に組み立てられていることを示している。そして内側にはいりこむと、信じられない速度で細部が増殖したり消滅したりしている。アール・デコはそのような器官の最初の成熟期にあらわれたスタイルだった。そしてこのメトロポリスがもういちど内的な成熟へとむかうとき、新しい型の装飾を必要としはじめていることは、いまのマンハッタンに群生する新しい建築群をみると理解できよう。それ故にアール・デコは、そしてそのなかでもっともソフィストケイトした、優雅さをもつクライスラー・ビルが、あらためて注目をあびることになるのである。

クライスラー・ビル、イースト・リバー対岸のクィーンズ区からの夜景（KS）

あとがき

鹿島出版会の長谷川愛子さんの肝いりで、私の久しぶりの著作『見立ての手法』(一九九〇)がまとめられて以来、装丁・鈴木一誌、編集担当・吉田昌弘により、同じスタイルで九冊目がでることになった。当初は単行本で二、三冊を、という予定だったと思うけど、いつの間にか私の著作集のシリーズになりはじめ、かつて美術出版社からでていた版までが移行して、私の建築にかかわる主要なエッセイはここにすべて含まれることになった。シリーズのようにみえはじめたのは、鈴木一誌の箱のデザインにかかわる。このデザインが私の文章にあまりにぴったり合ったためだが、輪郭としての形式が内容をきめるだけでなく、内容を生成させていったとさえ思える。

六〇年代に建築家として出発するとき、設計の仕事だけでは充分に表現できないと考えて文章を書いた。それが四〇年間にわたって、私のライフ・スタイルになってしまった。デザイン以上に文章を書く建築家とみられたりした。いくらか悪のりもした。だがその文章が一冊にまとまった本になるというたぐいではないことは本人が自覚している。研究にせよ論文にせよ、ひとつのメッセージをこめてこれを一冊にまとめるのが普通のやりかただろうが、私の文章にはそんな可視的救心性はない。むしろ、さだかではないぼんやりした主題の周辺を旋回し続けるだけで、ばらばらのエッセイによっていつかこの主題を浮かびあがらせたいと考えつづけたその軌跡が九冊の本になった。

世紀が変わるまでにはこの旋回する作業を終わらせていたいと思っていた。まだ未完だということは誰にもわかってしまうけど、あのぼんやりした主題がとどのつまり、ごく常識的に《建築》と呼ばれているものらしい事実は、私が自覚している。もう日付が変わってしまったが、この最後のものも勿論、前世紀に書かれたものだから、まあ区切りにしていいだろうと考えることにした。《建築》との愛憎まじえた乱戦、いや情交というべきか、こんな記録である。

ウエッブ・サイトを含めて、いまさまざまな情報伝達手段が生まれてきた。だが、私は建造物というもっとも古風な形式と同様に、本という従来のまんまのやりかたが好きだ。どっちもモニュメントになる可能性を秘めている。モニュメントなどもうないといわれる新しい世紀のなかにあって、私はやはり建造物と本という形式が好きだ。消えかたがおそい、ぼろぼろになっても残っている。その姿がいじらしい程で、そこが好きだ。《建築》を、建造物と本の両側から浮かび上がらせたいと考えてきたその一方側が、鹿島出版会よりでた箱にはいった九冊の本だ、と受け取っていただきたい。それだけの重みがこのエッセイのシリーズにはこめられている。これからやる仕事は別のスタイルになるだろう。それだけに私には、この箱のシリーズはモニュメントのようにみえてしかたない。その制作にかかわった多くの方々にここであらためてお礼をいいたい。

二〇〇一年七月七日

磯崎　新

磯崎 新

シリーズ書名リスト（刊行順）

■見立ての手法――日本的空間の読解
■イメージゲーム――異文化との遭遇
■始原のもどき――ジャパネスキゼーション
■造物主義論――デミウルゴモルフィスム
■空間へ――根源へと遡行する思考
■建築の解体――一九六八年の建築状況
■手法が――カウンター・アーキテクチュア
■人体の影――アントロポモルフィスム
■神の似姿――テオモルフィスム

■初出一覧

降臨の形式（カルナック神殿）　「建築行脚」第一巻『ナイルの祝祭』六耀社
闇に浮ぶ黄金（サン・ヴィターレ聖堂）　「建築行脚」第四巻『きらめく東方』六耀社
排除の手法（ル・トロネ修道院）　「建築行脚」第五巻『中世の光と石』六耀社
示現の装い（シャルトル大聖堂）　「建築行脚」第六巻『凍れる音楽』六耀社
楕円の背後（サン・カルロ・アッレ・クアトロ・フォンターネ聖堂）　「建築行脚」第九巻『バロックの真珠』六耀社
いま、何故アール・デコ（クライスラー・ビル）　「建築行脚」第一二巻『揺らめくアール・デコ』六耀社

磯崎　新　いそざき・あらた
一九三一年大分生まれ。一九六一年東京大学数物系大学院建築学博士課程修了。一九六三年磯崎新アトリエ創設。日本建築学会賞・作品賞（一九六六、一九七四）、日本建築年鑑賞（一九六七）、毎日芸術賞（一九八三）、英国ＲＩＢＡゴールド・メダル（一九八六）、朝日賞（一九八八）ヴェネチア・ビエンナーレ建築展・金獅子賞（一九九六）など受賞。
代表作――大分県立図書館（一九六六）、群馬県立近代美術館（一九七五）、北九州市中央図書館（一九七五）、つくばセンタービル（一九八三）、ロスアンゼルス現代美術館（一九八六）、水戸芸術館（一九九〇）、バルセロナ市オリンピック・スポーツホール（一九九〇）、ティーム・ディズニー・ビルディング（一九九一）、奈義町現代美術館（一九九四）、ラ・コルーニア人間科学館（一九九五）、豊の国情報ライブラリー（一九九五）、京都コンサートホール（一九九五）、静岡県コンベンションアーツセンター（一九九八）、なら一〇〇年会館（一九九八）、秋吉台国際芸術村（一九九八）、ＣＯＳＩ（二〇〇〇）
著書――『空間へ』『建築の解体』『手法が』『見立ての手法』『イメージゲーム』『始源のもどき』『造物主義論』『人体の影』『神の似姿』（鹿島出版会）、『対論　建築と時間』（共著、岩波書店）、『磯崎新の建築談議』（六耀社）、『ＵＮＢＵＩＬＴ／反建築史』（ＴＯＴＯ出版）、『反回想Ｉ』（ＡＤＡ　ＥＤＩＴＡ・ＴＯＫＹＯ）、ほか

神の似姿

発　行　二〇〇一年一〇月一五日©

著者――磯崎　新
発行者―井田隆章
印刷――壮光舎印刷　製本――牧製本
発行所―鹿島出版会　107-8345 東京都港区赤坂6丁目5番13号
電話〇三（五五六一）二五五〇　振替〇〇一六〇-二-一八〇八八三

ISBN　4-306-09365-4　C3052
Printed in Japan